**적응하라
기후위기는 멈추지 않는다**

일러두기

- 참고 문헌 중 국내 출간 도서는 번역 출간된 제목과 원제목을, 국내 미출간 도서는 번역하여 원제목과 함께 기재하였다.
- 독자의 편의를 위해 본문의 피트, 마일 등의 도량형 단위는 미터법으로 환산하여 옮겼다.

CLIMATE FUTURE
AVERTING AND ADAPTING TO CLIMATE CHANGE, FIRST EDITION
ⓒ Oxford University Press 2022

CLIMATE FUTURE was originally published in English in 2022. This translation is published by arrangement with Oxford University Press. Secret House is solely responsible for this translation from the original work, and Oxford University Press shall have no liability for any errors, omissions or inaccuracies or ambiguities in such translation or for any losses caused by reliance thereon.

Korean translation copyright ⓒ 2025 by Secret House
Korean translation rights arranged with Oxford University Press
through EYA Co., Ltd.

이 책의 한국어판 저작권은 EYA를 통해 Oxford University Press사와 독점 계약한 시크릿하우스에 있습니다. 저작권법에 의하여 한국 내에서 보호를 받는 저작물이므로 무단 전재 및 복제를 금합니다.

경제학으로 본 생존과 회복의 기후 극복 해법

적응하라
기후위기는 멈추지 않는다

MIT슬론경영대학원 석좌교수 **로버트 핀다이크**
이지웅 옮김

CLIMATE FUTURE

추천의 글

기후변화에 관한 최고의 책 중 하나. 핀다이크는 우리가 얼마나 많은 것을 알지 못하고 있으며, 왜 그것을 알지 못하는지를 탁월하게 설명한다. 또한 그 많은 의문 속에서 우리가 무엇을 해야 하는지도 보여준다. (힌트: 적응!) 흥미롭고, 지혜로우며, 없어서는 안 될 책이다.

캐스 R. 선스타인, 하버드대학교 교수, 《대재앙 막기(Averting Catastrophe)》 저자

다른 책들과는 매우 다르다. 다른 책들은 전혀 현실적이지 않은 낙관적인 생태 전환을 그리거나, 과도한 기술 낙관주의에 빠져 있다. 이 책은 위험관리가 우리의 기후 정책을 최적화하기 위한 핵심 도구가 되어야 한다는, 중요하고 새로운 메시지를 전달한다.

크리스티앙 골리에, 툴루즈경제대학 교수, 〈제4차 및 제5차 IPCC 보고서〉 공동 저자

기후변화에 대한 관심이 증가함에 따라 이와 관련된 책과 기사가 폭발적으로 늘어나고 있으며, 그중 일부는 읽을 만한 가치가 있다. 하지만 핀다이크의 새로운 책은 학자, 정책 입안자, 기자, 또는 관심 있는 일반 대중 모두가 읽어야 할 책이다. 이 책은 기후변화에 대해 우리가 알고 있는 것과 모르는 것, 그리고 기후변화에 대한 회피와 적응의 가능성을 정직하고 체계적으로 평가한다. 저자는 세계적인 경제학자이자 에너지 및 환경경제학의 최고 권위자이다. 이 책은 탄탄하면서도 신선하고, 폭넓으면서도 깊이 있는, 엄청난 가치를 지녔다.

로버트 N. 스타빈스, 하버드대학교 케네디스쿨 교수

이 책은 기후변화의 완화뿐만 아니라 적응, 그리고 불확실성까지 포괄해 기후변화 대응 방향을 제시했다는 점에서 다른 책들과 구분되는 특징이 있다. 특히 온실가스 감축 정책 수단으로서 탄소세, 배출권 거래제와 같은 탄소 가격제를 비롯해 보조금과 연구 개발까지 설명하고, 미국이나 유럽 등 주요 국가의 기후변화 정책을 소개함으로써 일반 독자들은 물론 정책 설계자들, 전문가들에게도 기후변화 정책 이해에 매우 유용한 책이 될 것으로 생각된다.

노동운, 한양대학교 국제학부 교수·한국기후변화학회 전 회장

기후변화에 대한 통찰력 있는 분석과 현실적인 해결책을 제시하는 필독서이다. 저자는 기후변화의 불확실성을 직시하며, 온실가스 감축을 넘어 적응에 투자해야 하는 이유를 설득력 있게 설명하고 있다. 일반 독자도 이해하기 쉽게 풀어 쓴 이 책은 그 자체로 탁월한 최신 기후변화 교과서이다.

김영재, KDI국제정책대학원 교수

옮긴이 서문

기후, 미래, 그리고 희망

기후변화와 에너지 문제를 연구하면서 마음 한편에는 늘 기존과는 다른 방식으로 기후변화를 다루는 책을 쓰고 싶다는 바람이 있었다. 기후변화가 얼마나 무시무시한지를 강조하거나 다음 세대를 생각하지 않는 현세대의 비도덕성을 힐난하기보다는 우리가 기후변화에 관해 알고 있는 것과 그 지식의 한계는 어디까지인지, 그리고 그 한계 안에서 지금 우리가 할 수 있는 일은 무엇인지를 차분하게 짚어가는 내용이기를 바랐다.

연구년 동안 집필을 준비하며 자료를 수집하던 중, 핀다이크 교수의 《Climate Future》를 접하게 되었다. '와우!' 이 책은 내가 기후변화에 대해 막연하게 품고 있던 생각을 명확하게 정리할 수 있는 기회를 주었다. 처음에 구상했던 집필 계획을 접고 이 책을 번역하기로 한 것은 무척이나 쉬운 결정이었다.

핀다이크 교수는 파리협정의 목표를 달성하는 것이 현실적으로 어렵다는 점, 그리고 변화하는 기후에 '적응'하기 위한 철저한 준비가 지금 당장 필요하다는 점을 풍부한 연구와 정교한 경제학 이론에 기반해 설득력 있게 논증한다. 이러한 저자의 핵심 주장은 기후변화 대응의 중심에 있는 이는 기후변화에 관한 정부 간 협의체(Intergovernmental Panel on Climate Change, IPCC) 평가 보고서의 흐름 속에서도 분명히 나타난다. 초기의 제1차, 제2차 보고서에서는 적응이 탄소 감축에 비해 부차적인 이슈로 여겨졌지만, 보고서가 개정되면서 그 비중은 점차 커졌고, 가장 최근의 6차 보고서에서는 현재의 규모와 속도로는 기후변화를 충분히 줄일 수 없다는 점, 그리고 미래의 위험에 대비하는 조치가 시급하다는 점을 분명히 하고 있다.

저자는 '적응'을 강조하는 것이 자칫 지금 당장 온실가스를 줄이기 위한 '감축' 노력의 필요성을 부정하는 것으로 오해되는 것을 극도로 경계한다. 감축을 위한 노력은 지금보다 더 강화되어야 한다. 그러나 그는 동시에 2050년 탄소 중립은 현실적으로 달성이 어려운 목표이며, 이미 현실화하고 있을지 모르는 기후변화에 적극적으로 적응하는 것이 합리적인 판단이라는 점을 역설한다.

결국 저자는 기후변화가 매우 어려운 문제이긴 하지만, 그래서 이전의 세계로 되돌아갈 수는 없을지라도, 인류는 지금까지 그래왔듯 어떻게든 이 문제를 극복해나갈 수 있으리라는 인간 이성에 대한 낙관적 신뢰, 그리고 '희망'을 이야기한다. 무시무시한 기후변화에 대해서도 말이다.

희망. 영국의 역사가 에드워드 기번이 말했듯, "인간이 처한 불

완전한 상황에서 희망만이 가장 완벽한 위안이다(Hope, the best comfort of our imperfect condition)". 그렇지 않은가?

이 책은 연구년 동안 미국 오스틴에서 번역했다. 아내와 두 아들의 도움이 없었다면, 이 작업은 2050년 탄소 중립만큼이나 어려운 일이었을 것이다. 또한 체류 기간에 아낌없는 도움을 주신 텍사스주립대학교 서태원 교수에게 깊이 감사드린다. 마지막으로, 이 역서는 2022년 대한민국 교육부와 한국연구재단의 지원을 받아 수행된 연구이다(NRF-2022S1A3A2A01088457).

이지웅(국립부경대학교 교수)

내 손주 노아, 앨마, 레비, 레브,
그리고 앞으로 태어날 손주들에게

추천의 글   004
옮긴이 서문_ 기후, 미래, 그리고 희망   006
서문_ 재앙적인 기후변화에 대비하려면   014

1장. 서론: 어떻게 기후변화에 적응할 것인가?

1   회피하고 적응하라   021
2   기후변화 위협을 줄이는 '적응'   036
       적응에 대한 우려 | 탄소 제거와 격리
3   다음 단계   050
4   더 읽어보기   053

2장. 근본적인 문제

1   몇 가지 기본 사실과 수치들   060
2   낙관적인 시나리오   067
3   결론   075
4   더 읽어보기   077

3장. 기후변화, 우리가 알고 있는 것과 모르는 것

1   탄소의 사회적 비용   084
2   기후변화에 대한 기본적 사실   088

3 우리가 알고 있는 것　　　　　　　　　　　　　　　　093
　　이산화탄소 배출의 원인 | 대기 중 이산화탄소 농도를 높이는 요인
4 우리가 모르는 것　　　　　　　　　　　　　　　　　111
　　기후 민감도 | 기후변화의 영향 | 재앙적 결과
5 더 읽어보기　　　　　　　　　　　　　　　　　　139

4장. 불확실성이 기후 정책에 끼치는 함의

1 불확실성의 의미　　　　　　　　　　　　　　　　147
　　불확실성의 처리 | 불확실성은 기후 정책에 어떤 영향을 끼칠까? |
　　기후 보험의 가치 | 비가역성의 영향
2 더 읽어보기　　　　　　　　　　　　　　　　　　169
3 부록: 비가역성의 효과　　　　　　　　　　　　　　172

5장. 우리가 기대할 수 있는 것들

1 이산화탄소 감축은 가능할까?　　　　　　　　　　　182
　　미국 | 영국과 유럽 | 중국 | 글로벌 상황
2 이산화탄소, 메테인, 그리고 온도 변화　　　　　　　204
　　이산화탄소 배출로 인한 온난화 효과 | 메테인 배출 |
　　메테인 배출로 인한 온난화 효과
3 온도 변화 시나리오　　　　　　　　　　　　　　　214
　　온도 변화 | 기후 민감도값의 불확실성
4 해수면이 상승하는 이유　　　　　　　　　　　　　226

5	탄소 제로 달성 가능성은 낮다	230
6	더 읽어보기	231
7	부록: 온도 시나리오	233

6장. 해야 할 일, 감축

| 1 | 탄소 배출을 줄이는 방법 | 243 |

탄소세 부과 | 정부 보조금 | 직접 규제 | 배출권 거래제 |
탄소세의 적정 수준 | 국제 협약 | 연구 개발

| 2 | 탈탄소화의 대안 원자력발전 | 265 |
| 3 | 이산화탄소 제거 후 격리 | 274 |

나무, 숲, 그리고 이산화탄소 | 탄소 제거 및 격리 | 결론

| 4 | 더 읽어보기 | 293 |

7장. 기후변화에 적응하라

| 1 | 농업에서의 적응 | 300 |

데이터로 알 수 있는 것 | 역사 속에서의 실험 |
무엇을 기대할 수 있나?

| 2 | 허리케인, 폭풍, 그리고 해수면 상승 | 308 |

홍수와 그 영향 | 홍수 방지 물리적 방벽 | 홍수 위협에 대한 자연 방벽 |
사적 및 공공 적응 | 홍수 보험 | 아시아의 홍수 위험 |
홍수 위험에 적응하는 가장 쉬운 방법

3 지구공학의 활용	327
작동 방식	비용은 얼마일까?	지구공학의 문제점	어떻게 다뤄야 할까?	
4 적응은 기후 문제를 해결할 수 있을까?	344
5 기후의 미래	346
6 더 읽어보기	351

감사의 글	355
참고 문헌	359

서문

재앙적인 기후변화에 대비하려면

이 책은 지난 10여 년 동안 필자가 수행해온 기후변화, 보다 일반적으로는 환경경제학에 관한 연구에 기초하고 있다. 내 연구의 초점은 기후변화 문제에서 불확실성(uncertainty)의 본질과 함의에 관한 것이었다. 기후변화 그 자체와 그로 인한 경제적·사회적 영향에 대해 우리는 얼마나 알고 있는가? 기후변화와 그 영향에 관한 불확실성은 지난 10~20년 동안 늘었는가, 또는 줄었는가? 앞으로는 어떻게 변할까? 이러한 불확실성이 기후변화 정책에 시사하는 것은 무엇일까? 지금 당장 과감한 조치를 하지 않고 더 많은 것을 알 때까지 기다려야 할까, 아니면 그 반대, 즉 최악에 대비해 보험에 가입하듯 지금 당장 행동해야 할까?

이 책은 또한 시중의 많은 책과 논문, 그리고 언론 보도가 기후변화와 그 영향을 우리가 실제보다 더 많이 알고 있는 것처럼 만드는 현상에 대한 개인적 반감이기도 하다. 논평가와 정치인들은 종종 이산화탄소 배출량을 급격히 줄이지 않을 경우 실제로 어떤 일이 일어날지 확실히 알고 있는 것처럼 말한다. 우리는 이들에게서 어떤 일이 '일어날 수도 있다(might happen)'보다는 '일어날 것이다(will happen)'라는 말을 훨씬 자주 듣는다. 사실 인간은 불확실성보다는 확실성을 선호하며, 앞날을 알 수 없을 때 불편함을 느낀다. 우리 대부분은 "기온이 섭씨 3도 이상 상승할 확률은 30퍼센트, 그 미만으로 상승할 확률은 70퍼센트다"라는 진술보다는 "2050년까지 기온은 섭씨 3도, 해수면은 5미터 상승할 것이다"라는 진술을 선호한다. 그러나 다소 곤혹스러울 수도 있지만, 분명한 진실은 기후변화의 결과, 즉 기후변화의 정도, 그리고 그것이 경제와 사회에 끼치는 영향은 대부분이 생각하는 것보다 훨씬 불확실하다는 것이다.

나는 사람들이 불확실성의 정도와 그 성격을 이해하는 것이 매우 중요하다고 믿는다. 그리고 기후변화에 관해 우리가 알고 있는 것들이 분명히 있지만, 알지 못하는 것들도 있으며, 어쩌면 오랫동안, 아니면 영원히 알지 못할 수도 있다는 것도 말이다. 나는 이 책이 우리가 아는 것과 모르는 것, 그리고 우리가 직면한 불확실성의 성격과 그 함의에 관해 누구나 이해할 수 있는 설명이 되기를 바란다.

이 책은 또한 잠재적 재앙의 경제적·정책적 함의에 관한 연구의 결과물이기도 하다. 현재 우리는 핵 테러, 생물학적 테러, 주요 전염병 등 다양한 잠재적 전 지구적 재앙에 직면해 있다. 심각한 사회적 혼란을 수반하고 경제가 크게 위축되는 기후 재앙은 또 다른 지구적 재앙이다. 이 책에서 주장하겠지만, 기후 재앙의 가능성이 바로 기후변화 정책의 주요 동인이 돼야 한다.

이 책의 내용

지금까지 기후변화 정책에 대한 논의는 온실가스 배출을 줄이는 방법에 주로 초점을 맞추어왔다. 탄소세, 배출권 거래제, '녹색' 에너지 기술 도입 등을 이용해 온실가스를 줄이는 것은 중요한 목표이며, 앞으로도 기후 정책의 핵심이 될 것이다. 또한 이는 환경 정책 연구자에게도 중요한 주제로서 배출량을 어떻게 줄일 것인지, 그리고 여러 감축 정책의 장단점이 무엇인지 자세히 연구할 필요가 있다.

동시에 다음 질문에도 답해야 한다. 우리는 무엇을 할 것인가? 물론, 우리는 온실가스 배출을 줄일 것이다. 그런데 얼마나 많이, 그리고 얼마나 빠르게 줄여야 하는가? 이번 세기말까지 섭씨 1.5도 또는 섭씨 2도 이상의 온도 상승을 막을 수 있을 만큼 충분할 정도로? 그런데 만약 최선의 노력에도 불구하고 섭씨 2도 이상의 온도 상승을 막을 수 있을 만큼 배출량을 줄이지 못한다면? 그냥 어깨를 으쓱하며 "아쉽군요"라고 말할까? 만약 최선의 노력에도 불구하고 섭씨 2도 이상의 상승 가능성이 매우 클 것으로 판단된다면 우리는 무엇을 해야 할 것인가?

나는 작금의 정치적·경제적 현실을 고려할 때 세계가 현재의 이산화탄소 배출 감축 목표를 달성할 가능성은 극히 낮다고 주장할 것이다. 일부 국가(예: 미국, 유럽)는 목표를 달성할 수 있겠지만, 어떤 국가(중국, 인도, 인도네시아, 러시아……)는 목표를 달성하지 못할 것이며, 심지어 감축 목표를 아예 설정하지 않을 것이다. 나는 가장 낙관적인 이산화탄소 배출량 감축 전망하에서도 대기 중에 상당한 양의 이산화탄소가 축적될 것이며, 그 결과 전 세계 기온이 점진적으로 상승할 것이라고 생각한다.

　이 책은 기후변화와 관련된 기본적 사실을 설명하고, 기후변화와 그것이 경제와 사회에 끼치는 영향에 대해 우리가 알고 있는 것과 모르는 것을 설명한다. 사실, 수십 년에 걸친 연구에도 불구하고 우리는 기후변화에 대해, 그리고 높은 온도와 해수면 상승이 끼칠 영향에 대해 잘 모른다. 간단히 말해, 어떤 기후 정책을 채택하든 그 결과로 어떤 일이 일어날지 큰 불확실성이 존재한다는 것이다. 나는 불확실성이 왜 그리 큰지, 그리고 그것이 기후 정책 설계에 시사하는 것이 무엇인지 설명한다.

　전 세계가 이산화탄소 배출을 크게 줄이는 데 성공하지 못한다면 어떤 일이 일어날까? 방금 말한 것처럼, 우리는 정확히 알지 못하며, 단지 가능한 결과를 예상할 수 있을 뿐이다. 그럼에도, 나는 현실적인 이산화탄소 배출량 시나리오하에서 향후 50년 동안 지구 평균온도가 섭씨 3도 또는 그 이상 상승할 가능성이 상당하다는 것을 보여줄 것이다. 기온이 상승하면 해수면이 상승하고, 날씨의 변동성이 커지며, 폭풍이 더 심해지는 등 다양한 형태의 기후변화가 발생할 수 있다. 이러한 변화의 영향은 무엇일까? 총생산이나 사망률, 유병률 같은 사회 후생에 어떤 영향을 끼칠까? 다시 말하지만, 아직은 알 수 없다. 하지만 모른다고 해서 안일하게 대처해도 된다는 뜻은 아니다. 우리가 이에 대비하지 않는다면 그 결과는 재앙일 수 있다.

이러한 사실이 기후 정책에 무엇을 시사하는가? 나는 불확실성이 너무 크기 때문에 감축에 좀 더 많은 노력을 기울여야 한다고 주장할 것이다. 그러나 감축(mitigation)만으로는 충분하지 않다. 재앙적인 기후변화의 결과에 대비하려면 우리는 당장 적응(adaptation)에 투자해야 한다. 새로운 잡종 작물 개발, 홍수 및 산불 취약 지역에서의 건설 금지, 방파제와 제방 건설, 지구공학 등이 적응의 예다. 감축을 위한 신기술과 정책을 개발하는 것은 여전히 중요하겠지만, 앞으로 기후변화 관련 연구와 정책은 '적응'에 좀 더 큰 비중을 둘 필요가 있다.

1장

서론:
어떻게 기후변화에
적응할 것인가?

CLIMATE FUTURE

기후변화에 관한 대부분 책과 기사, 그리고 공적 토론은 대체로 두 가지 질문에 집중돼 있다. 첫째, 전 세계가 온실가스 배출을 지속한다면 앞으로 기후는 어떻게 될까? 기온은 얼마나 상승할까? 온난화는 해수면, 폭풍과 허리케인의 강도와 빈도, 가뭄의 정도, 그리고 기후의 다른 측면에 어떤 영향을 끼칠까? 무엇보다 이러한 변화로 인한 경제적·사회적 피해는 얼마나 될까?

둘째, 기후변화를 막기 위해 무엇을 해야 할까? 온실가스 배출을 얼마나, 그리고 어느 정도 빠르게 줄여야 하며, 이를 위해 어떤 정책 수단을 써야 할까? 탄소세가 최선의 정책 수단일까? 만약 그렇다면 세율은 어느 정도 수준이어야 할까?

그러나 이 두 질문만큼이나 중요한, 추가적인 질문이 두 가지 있다. 첫째, 무엇을 해야 한다는 데는 동의하더라도, 기후변화를 피하거나 줄이기 위해 무엇을 할 것인지 질문할 필요가 있다. 각국이 온실가스 배출을 대폭 줄이는 데 동의하더라도, 현실적으로 가능한 배출 시나리오는 무엇일까? 향후 수십 년 동안 전 세계 배출량이 심각한 기후변화를 막을 수 있을 만큼 급격하고 빠르게 감소할 것으로 믿는 것이 과연 타당할까?

둘째, 전 세계 온실가스 배출이 빠르게 줄어들지 않고, 우리의 최선의 노력에도 불구하고 우리(또는 자녀와 손자)가 더 높은 기온과 해수면 상승을 경험할 가능성이 크다고 한다면 우리는 어떻게 대응해야 할까? 현실적인 배출 시나리오하에서 발생할 수 있는 기후변화의 영향을 피하거나 줄이기 위해 지금 당장 무언가를 해야 할까? 만약 해야 한다면 어떤 종류의 조치가 가능할까?

  이 두 가지 질문이 바로 이 책의 초점이다. 나는 앞으로 무슨 일이 일어날지에 대한 불확실성이 크다는 점을 설명할 것이다. 운이 좋으면 기후변화가 경미한 수준에 그칠 수도 있겠지만, 운에 기대는 것은 그리 현명한 선택은 아니다. 사실 지금의 경제적·정치적 현실을 고려할 때 온난화를 막는 데 필요한 온실가스 배출 감소를 기대하는 것은 현실적이지 않으며, 온난화로 인해 예상되는 피해를 줄이기 위해 우리는 지금 당장 행동을 해야 한다고 할 것이다. 그리고 이러한 행동에는 다양한 형태의 적응이 포함된다. 나는 이러한 결론에 어떻게 도달했으며, 내가 염두에 두고 있는 적응의 형태는 무엇인지 설명하고자 한다.

1. 회피하고 적응하라

이 책의 기본 주장은 매우 간단하며 여섯 항목으로 요약할 수 있다. 대부분의 독자는 처음 세 가지에는 (바라건대) 쉽게 동의하겠지만, 어쩌면 다른 세 가지에는 책을 다 읽을 때까지는 동의하지 않을 수 있을 것 같다. 내 주장은 다음과 같다.

(1) 온실가스 배출과 기후변화

첫째, 전 세계가 이산화탄소를 비롯해 메테인(methane)을 포함한 다량의 온실가스를 계속 배출하고 있다는 사실에는 이견이 없다. 온실가스 배출은 지난 세기 동안 꾸준히 증가해왔으며, 배출된 이산화탄소는 이번 세기에도 대기 중에 남아 있을 것이다. 그 결과, 이산화탄소와 다른 온실가스의 대기 중 농도도 꾸준히 증가하고 있다. 온실가스 배출이 대기 중에 축적되면 결국 기후변화를 초래할 것이라는 점에 대해서도 큰 이견이 없다. 이는 지구의 전반적인 온난화를 의미하며, 그 결과 많은 지역에서 해수면 상승, 강력하고 빈번한 폭풍과 허리케인, 심각한 가뭄, 그 외 여러 극단적인 기상 현상이 나타날 수 있다.

그림 1.1에서 볼 수 있듯이, 지난 세기 온실가스 배출로 인해 지구 평균온도가 상승했다. 1960년 이후 기온은 섭씨 1도 상승했는데, 상승의 대부분은 1980년 이후, 즉 지난 40년 동안에 발생했다. 세계는 온난화되고 있으며 온난화 속도는 점점 빨라지고 있는 것으로 보인다. 그리고 확실하지는 않지만, 이러한 기온 상승이 지난 10년간 나타난 극단적 기상에 부분적으로나마 영향을 끼쳤을 수 있다.

앞으로 얼마나 더 많은 기후변화가 예상되며, 얼마나 빨리 일어날까? 우리는 알지 못한다. 이는 우리가 완벽히 이해하지 못하고 있는 기후 시스템에 달려 있다. 또한 향후 수십 년간 전 세계의 온실가스

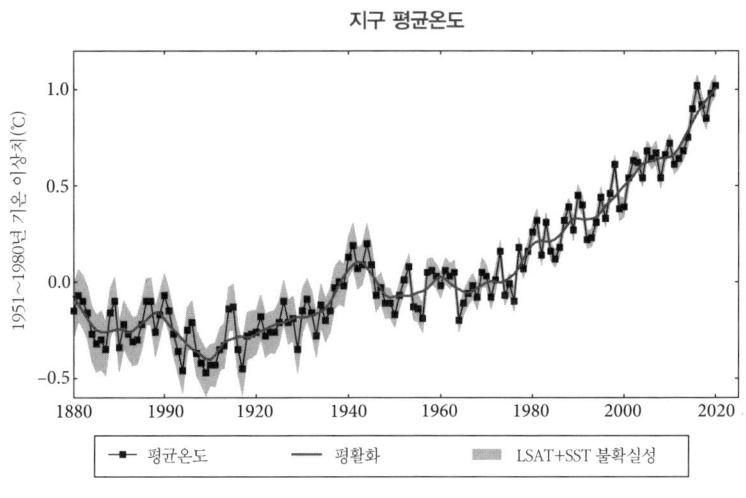

[그림 1.1] 1880년부터 2020년까지의 전 세계 기온 변화. 들쭉날쭉한 선은 전 세계 연평균, 매끄러운 선은 5년 평균을 나타낸다. 대부분의 기온 상승은 1970년 이후 발생했다.
출처: NASA, GISS 표면 온도 분석

배출량에도 달려 있으며, 이는 다시 배출량을 줄이기 위해 어떤 정책을 채택하는지에 따라 달라진다. 단기적으로, 즉 향후 10~20년 동안은 미국, 유럽, 일본 등의 지속적인 감축 노력에도 불구하고, 전 세계 온실가스 배출량은 계속 증가할 것으로 보인다.

적어도 앞으로 10년은 세계 온실가스 배출량이 계속 증가할 것으로 봐야 할까? 미국과 유럽은 이미 배출량 감축에 일부 진전을 이루었고, 앞으로도 더 많은 진전을 이룰 가능성이 크다. 문제는 그림 1.2에서 확인할 수 있다. 이 그림은 지역별 이산화탄소 배출량을 보여주는데, 중국, 인도, 말레이시아, 인도네시아, 태국, 베트남 등 아시아 국가의 배출량이 급격히 증가하는 것을 확인할 수 있다. 1980년 이

전에는 이들 국가의 경제 발전 수준이 높지 않았기 때문에 전 세계 이산화탄소 배출에서 차지하는 비율이 상대적으로 적었다. 그러나 경제가 빠르게 성장하면서 배출도 함께 증가했으며, 이들 국가의 배출량 증가분은 미국과 유럽의 (상대적으로 적은) 배출량 감소분을 완전히 상쇄했다.

또한 1인당 기준으로 본다면, 대부분의 아시아 국가(아프리카와 라틴아메리카도 포함) 배출량은 여전히 미국과 유럽의 수준보다 훨씬 낮다. 높은 감축 비용을 고려할 때, 인도와 같이 상대적으로 가난한 국가는 미국과 같은 부유한 국가와 같은 비율로 감축하라는 요구에 당연히 반대할 것이다.

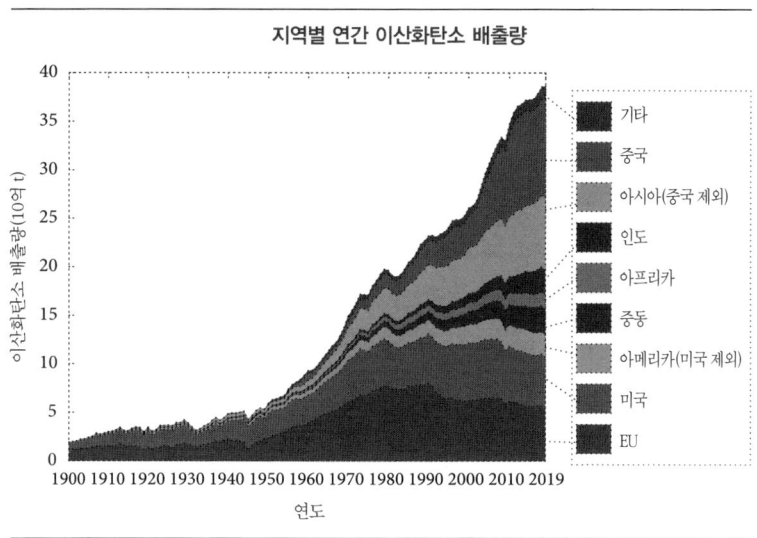

[그림 1.2] 지역별 이산화탄소 배출량. 1995년 이후 북미와 유럽의 배출량은 다소 감소했지만, 아시아의 배출량은 급격히 증가하고 있다.
출처: 글로벌 탄소 프로젝트, 보충 데이터, 글로벌 탄소 예산, 2021

물론 당신은 그림 1.2는 과거 배출량을 보여주는 것일 뿐이고, 실제 중요한 것은 미래 배출량이라고 생각할지도 모른다. 그럴 수도 있고, 아닐 수도 있다. 그럴 수도 있는 것은, 향후 10년 동안 전 세계 이산화탄소 배출량을 절반으로 줄인다면(실현 가능 여부와 무관하게), 대기 중 이산화탄소 농도의 축적을 상당히 늦춰 지구 평균온도의 상승을 늦출 수 있기 때문이다. 분명히 2050년의 이산화탄소 농도와 지구 평균온도는 향후 몇십 년 동안의 배출량과 온실가스 감축 정책에 따라 크게 달라질 것이다.

하지만 문제는 그림 1.3에서 볼 수 있듯이, 대기 중 이산화탄소 농도가 이미 엄청나게 증가했다는 것이다. 이산화탄소 농도는 1950년에 약 300피피엠(ppm)이었으나 현재는 420피피엠에 육박하고 있다. 이산화탄소는 100년 이상 대기 중에 머물기 때문에, 배출을 즉시 영(0)으로 줄이고 앞으로도 계속 영(0)이라고 해도 대기 중 이산화탄소 농도는 향후 수십 년 동안 400피피엠 이상을 유지할 것이다. 그리고 이산화탄소 농도 증가와 온도 상승 사이에는 20년 이상의 시차가 있으므로, 배출량을 즉시 영(0)으로 줄일 수 있다고 해도 이미 증가한 이산화탄소 농도로 인해 온도는 계속 상승할 것이다. (이 시차의 특성에 대해서는 나중에 설명할 것이며, 지금은 그냥 당연한 것으로 받아들여주길 바란다.)

나는 당신이 이산화탄소 배출량이 당장 영(0)이 될 수 없다는 점에 동의하리라 생각한다. 사실, 나는 가능한 모든 현실적인 시나리오 하에서 전 세계 배출량이 향후 몇십 년 동안 영(0)으로 줄어들지 않

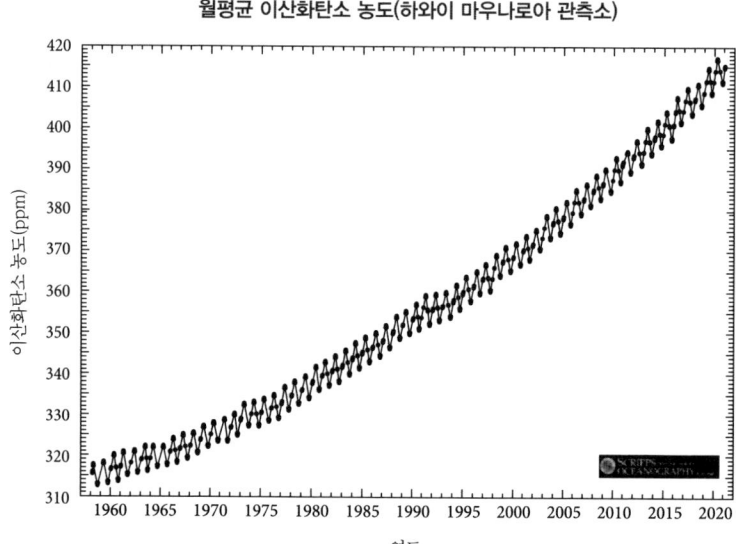

[그림 1.3] 지구 대기 이산화탄소 농도. 톱니 모양 패턴은 이산화탄소 수준의 계절적 변화에 따른 것이다.
출처: 스크립스 해양학 연구소, www.scrippsco2.ucsd.edu

을 것이라고 주장할 것이다. 오히려 그림 1.2에서 볼 수 있듯이, 전 세계 배출량은 지난 수십 년 동안 빠르게 증가해왔으며, 이러한 추세가 갑자기 방향을 바꿀 것으로 믿을 이유는 없다. 대기 중 이산화탄소 농도는 앞으로도 수십 년은 계속 증가할 것으로 예상해야 한다. 2030년에는 이산화탄소 농도가 440피피엠에 가까워질 가능성이 매우 크다. 안타까운 사실은 과거의, 그리고 미래의 이산화탄소 농도 증가는 온도를 계속해서 상승시킬 것이며, 해수면 상승과 극단적인 기상으로 이어질 것이라는 점이다.

어쩌면 당신은 내가 지나치게 비관적이라고 생각할 수도 있다. 유럽연합은 이미 2050년까지 이산화탄소 순 배출량을 영(0)으로 줄이 겠다고 약속했고, 중국도 공약(pledge)은 아니지만, 최근 2060년까 지 순 배출량을[1] 0으로 줄이겠다는 의사를 밝혔다. 그러나 결과가 약속과 반드시 일치하지는 않을 것이다. 그 약속이 각 국가에서 법률적 성격을 가질지라도 말이다. 예를 들어, 영국 정부는 2050년까지 순 배출량을 영(0)으로 줄이도록 명문화한 '기후변화법(Climate Change Act)'을 채택했다. 하지만 2050년이 되어도 순 배출량이 여전히 영(0)을 훨씬 넘긴다면 어떻게 될까? 누가 감옥에나 갈까? 이와 관련해 5장에서 가능한 결과에 대해 더 자세히 논의하고, 온도 상승을 막는 데 필요한 수준의 배출량 감소를 기대할 수 없는 이유를 설명할 것이다.

(2) 기후변화는 나쁘다

두 번째 주장에 대해서도 역시 이견이 없을 것이다. 기후변화(온난화, 해수면 상승, 극단적 기상 등)는 우리에게 좋지 않다. 그런데 얼마나 나쁜가? 다시 한번 말하지만, 우리는 모른다. 답은 부분적으로 거주 지역에 따라 달라질 것이다. 온난화 정도가 너무 심하지 않다면 일부 지역(예: 캐나다 북부, 러시아)에서는 오히려 기온 상승으로 편익을 누릴 수도 있다. 기후가 덥고 해수면에 가까운 지역에 위치한 국가는

---

1. 순 배출량은 나무를 심거나 다른 방법으로 대기에서 이산화탄소를 제거한 배출량을 제외한 양이다. 다음 장에서 탄소 제거에 대해 설명한다.

(예: 방글라데시, 태국) 아마도 훨씬 더 큰 피해를 입을 것이다. 전 세계적으로 볼 때, 기후변화는 많은 비용을 낳을 것이다. 그리고 그 비용은 작을 수도, 매우 클 수도 있다.

기후변화로 인한 비용은 무엇일까? 높은 기온과 극단적인 기상은 농업 생산량을 감소시키고, 폭풍, 홍수, 화재로 인한 재산 피해와 인명 손실을 초래하며, 다양한 방식으로 경제 전반의 생산성을 떨어뜨릴 수 있다. 기후변화는 총생산의 수준과 성장률을 감소시켜 우리의 생활수준을 낮출 것이다. 따뜻한 기후에서는 유해한 미생물과 기생충이 활발히 번식하고, 극심한 고온 자체도 건강에 해롭기 때문에 사망률과 유병률이 증가할 수 있다. 그리고 기후변화가 심각해지면 사회 불안과 정치적 격변으로 이어질 수도 있다.

기후변화가 얼마나 큰 비용을 초래할지는 매우 불확실하다(이유는 나중에 설명한다). 어쩌면 당신은 이러한 불확실성에 대해 지금 당장 걱정하기보다는, 상황을 더 지켜보고 나중에 판단해도 된다고 생각할 수 있다. 아니다! 오히려 불확실성 자체가 우리에게 더 많은 걱정거리를 던지고, 조속히 행동해야 할 이유가 된다. 이 역시 나중에 설명하겠다.

(3) 조치를 취할 필요가 있다

세 번째 요점 역시 논란의 여지가 없기를 바란다. 심각한 기후변화의 가능성을 줄이기 위해 전 세계가 행동을 취해야 한다는 데에는 이견이 없을 것이다. 하지만 어떤 행동을 취해야 할까? 기후변화에 대한 거의 모든 정책 분석이나 권고안은 온실가스 배출량을 급격히 줄여야 한다는, 하나의 행동에 초점을 맞추고 있다. 또한 모든 국가가 온실가스 배출을 줄여야 한다는 데 일반적으로 동의하고 있다. 이는 현재 전 세계 배출량의 약 15퍼센트를 차지하는 미국 같은 부유한 국가들뿐만 아니라, 현재 가장 큰 단일 온실가스 배출국인 중국, 그리고 인도와 같은 개발도상국도 포함된다.

배출량을 줄이는 방법은 다양하다. 탄소세나 배출권 거래제는 가장 직접적인 (그리고 가장 경제적으로 효율적이라고 간주되는) 방법이다. 하지만 현재 미국이나 다른 나라에서 탄소세는 그다지 정치적으로 인기가 없는 듯하며, 배출을 줄이는 유일한 방법도 아니다. 정책 분석가와 정치인들은 탄소 가격 이외의 수단으로 자동차 연비 기준 같은 목표 기반 규제와 '친환경 기술(태양광 및 풍력발전, 전기 차 등)' 및 관련 연구 개발에 대한 보조금을 함께 고려해왔다.

하지만 구체적인 내용이 무엇이든, 지금까지 기후 정책의 기본 목표는 온실가스 배출량을 가능한 한 많이, 그리고 최대한 빨리 줄이자는 것이었다. 물론 좋은 일이다. 하지만 나중에 설명하겠지만, 그것만으로는 충분하지 않다.

(4) 배출량 감축만으로는 충분하지 않다

지금까지 내가 말한 것은 어느 정도 상식적인 내용이기에 독자가 그리 의아해할 것 같지는 않다. 하지만 여기서부터 논란이 될 수 있다. 나는 앞으로 몇십 년 동안의 전 세계 온실가스 배출에 대한 어떠한 현실적인 시나리오를 고려하더라도(심지어 몇몇 비현실적인 시나리오를 포함해서) 기후변화는 피할 수 없을 가능성이 크다고 주장할 것이다. 그렇다. 우리는 배출량을 줄이기 위해 열심히 노력해야 하며, 실제로 많은 국가가 배출량을 크게 줄일 수 있는 정책을 채택할 것이다. 하지만 충분하지 않을 것이다.

현실적인 시나리오하에서는 물론, 대부분 국가가 상당한 수준의 감축에 동의하는 매우 낙관적인 시나리오에서도, 대기 중 온실가스 농도는 향후 수십 년 동안 계속 증가할 가능성이 크다. 실제로 현재 온실가스 농도는 이미 지구 평균온도를 크게 상승시킬 만큼 아주 높다. 온도가 얼마나 많이 상승할지는 정확히 예측할 수 없지만, 어느 정도의 온난화(아마도 상당한)를 피하기는 어려울 것으로 보인다. 그리고 이러한 온난화는 해수면 상승, 극심한 기상이변 등 다양한 기후 재앙을 초래할 수 있다.

일부 독자는 온난화를 막기에는 온실가스 감축이 충분하지 않을 것이라는 비관적인 전망에 이의를 제기할 것이다. 왜 미국이나 다른 국가들이 배출량을 급격히 줄이는, '그린 뉴딜' 같은 정책을 채택하지 못하겠는가? (다시 미국이 참여한) 파리협정을 확대하는 것만으로 대부분 문제를 해결할 수 있지 않을까? (미국은 2025년 트럼프 취임 이후 다시 파리협정에서 탈퇴했다—옮긴이) 가능할 수도 있고 불가능할 수도 있다는 나의 평가는 단순한 패배주의로 보일지도 모른다. 그러나 독자가 약간의 인내심을 가지고 이 책을 계속 읽는다면, 결국 내 견해에 고개를 끄덕이게 될 것이라 믿는다.

강조하건대, 나는 온실가스 감축을 포기하자고 주장하는 것이 아니다. 또는 배출량 감축의 중요성이 애초에 과대평가됐다고 말하려는 것도 아니다. 오히려 모든 국가는 감축을 위해 전력을 다해야 한다. 이상적으로는 국제적인 합의를 통해 탄소세를 도입하고, 이를 주요 배출국에 적용하는 것이 바람직하다. 나아가 감축을 위한 다양한 정책 수단 역시 적극적으로 모색해야 한다. 그러나 동시에 우리는 현실적인 접근이 필요하다는 점도 잊지 말아야 한다. 앞서 설명했듯이, 현재의 기술적·경제적·정치적 제약을 고려할 때, 배출량 감축만으로는 기후변화를 막기에 충분하지 않을 것이다. 아니, 결코 충분하지 않다.

슬프게도, 향후 수십 년 동안 전 세계 온실가스 배출량은 증가할 것이며, 이에 따라 대기 중 온실가스 농도 역시 증가할 것이다. 이는 상상할 수 있는 모든 현실적인 기후 정책 아래에서도 마찬가지다. 현재 설정된 감축 목표는 다양하지만, 그중 가장 야심 찬 목표조차도 대기 중 온실가스 농도 증가를 막기에는 불충분하다. [예를 들어, 파리협정의 일환으로 중국은 2030년까지 배출량 증가 속도를 줄이겠다고 약속했지만, 배출량 수준(level)을 줄이겠다고 약속하지는 않았다.] 더 나아가 세계는 더 야심 찬 목표는커녕 현재의 감축 목표도 달성 못 할 가능성이 크다. 향후 50~70년 동안의 기온 상승은 기후과학자와 정책 분석가들이 임계치로 제시하는 섭씨 1.5~2도를 훨씬 넘는 3도 이상이 될 수 있다. 이러한 온난화는 해수면 상승, 기상 변동성의 증가, 더 강력한 폭풍, 그리고 이 밖에도 다양한 형태의 기후변화를 초래할 수 있다.

(5) '기후 결과'는 매우 불확실하다

기후변화에 관한 책, 논문, 그리고 언론 보도 등 수많은 문헌은 우리가 기후변화와 그 영향에 대해 이미 많은 것을 알고 있다는 착각을 불러일으켰다. 이는 거대한 컴퓨터 모형을 개발해 사용했고, 이러한 모형이 과학적 정밀성과 정당성을 보장하는 듯 보였기 때문이다. 그러나 보다 근본적인 문제는, 우리 인간이 불확실성보다 확실성을 선호한다는 데 있다. 예를 들어, "2050년 온도가 섭씨 X도 상승하면 해수면은 Y미터 높아지고, 그 결과 GDP는 Z퍼센트 감소할 것이다"와 같은 예측은 우리에게 심리적 안정감을 준다. 하지만 이런 유형의 예측은 오해의 소지가 크다. 설령 미래 온실가스 배출량을 정확하게 예측할 수 있다고 해도, 그로 인해 기온이나 해수면이 얼마나 상승할지 우리는 알지 못하며, 현재로서는 알 수도 없다. 또한 설사 기온과 해수면 상승 폭을 정확하게 예측할 수 있다고 하더라도, 그것이 GDP나 다른 경제·사회 후생에 어떤 영향을 끼칠지 알 수 없다.

'기후 결과(climate outcome)', 즉 기후변화의 정도와 그것이 경제·사회에 끼치는 영향은 통상 사람들이 생각하는 것보다 훨씬 더 불확실하다.

이러한 불확실성의 정도와 그 이유에 대해서는 3장에서 자세히 설명하겠다. 하지만 지금은 내 말을 우선 믿어주길 바란다. 우리는 기후변화가 얼마나 광범위하고 심각할지 알지 못하며, 기후변화의 범위와 시기를 예측할 수 있다고 해도 그 영향이 어떤 것인지에 대해서는 결코 알지 못한다.

이를테면, 2050년이나 2060년까지 지구 평균온도가 섭씨 3도 상승한다고 가정해보자. 이는 IPCC의 중심 전망치(central estimate)보다 높고 빠른 온도 상승이지만, 여전히 가능한 범위 내에 있는 수치다. 그렇다면 이 경우 해수면이 얼마나 상승할까? 홍수는 세계 각지에서 어느 정도 빈도로 발생할까? 가뭄과 폭풍의 강도와 빈도는 얼마나 증가할까? 농업과 경제활동 전반에 어떤 영향을 끼칠까?

이 모든 질문에 대한 답은 단 하나다. 아직 우리는 모른다. 기후변화가 아무리 심각하더라도 그 영향이 생각보다 미미하거나 제한적일 수도 있다. 그러나 반대로, 우리가 운이 나쁘고 또 사회적 준비가 부족하다면, 심각하고 심지어 재앙적인 결과를 겪게 될 가능성도 배제할 수 없다.

기후과학에 관한 연구가 계속되면서 우리는 더 많은 사실을 알게 되고 불확실성도 점차 줄어들기를 기대한다. 그러나 그것은 시간이 걸리는 일이며, 현재로서는 불확실성이 매우 크다. 그렇다면 이러한 불확실성은 무엇을 의미하는가? 우리는 앞으로 무슨 일이 일어날지 그냥 지켜보기만 해야 한다는 뜻일까? 기후가 얼마나 변할지 모르고 그 영향이 무엇일지도 모르는데, 굳이 지금 당장 비용이 많이 드는 조치를 취할 필요가 있을까?

탄소세와 같은 감축 정책에 반대하는 많은 이가 실제로 그렇게 주장한다.[2] 그러나 이러한 주장은 잘못된 것이며, 본질을 뒤집는 것이다. 사실, 불확실성 자체가 우리가 지금 행동해야 하는 이유다. 앞으로 몇 년 안에 화재나 홍수로 집이 손상될 가능성과 그 피해 규모를 정확히 예측할 수 없다고 해서 주택 보험에 가입하지 말아야 한다고 생각하는가? 신중한 집주인이라면, 잠재적인 손해를 보상할 수 있을 만큼의 보험을 들어야 한다고 생각할 것이다. 마찬가지로, 기후변화로 인해 미래에 얼마나 큰 비용이 발생할지 지금은 알 수 없다. 하지만 그렇다고 해서 이 문제를 무시하고 아무런 조치를 취하지 말아야 한다는 의미는 결코 아니다. 오히려 우리는 미래에 매우 높은 비용이 발생할 가능성에 대비해 지금 행동해야 한다.

(6) 적응에 투자하기

기후 결과가 심각할 가능성이 있고, 지금 당장 행동하는 것이 중요하다는 내 주장이 타당하다면, 이산화탄소 배출을 줄이는 것 외에 우리는 무엇을 해야 할까? 다시 한번 강조하건대, 이 질문에 대한 내 대답은 일반적으로 통용되는 상식과 다르다. 나는 재앙적인 기후 결과의 가능성에 대비하는 것이 필수이며, 감축만으로는 충분하지 않기

---

2. 나는 핀다이크(Pyndick, 2013a)에서 통합 평가 모형(IAM)이 "정책 분석 도구로서 결정적인 결함이 있으며"(p.860), 이런 모형이 마치 우리가 정밀한 지식을 갖고 있는 것처럼 착각하게 만든다고 주장한 바 있다. 물론 나는 불확실성이 기후변화에 적극적으로 대처하지 말아야 한다는 의미는 아니라는 점을 분명히 밝혔음에도 불구하고, 이 논문과 후속 논문[핀다이크(Pyndick, 2017b)] 때문에 일부에서는 나를 '기후 부정론자'로 낙인찍기도 했다.

때문에 지금 당장 '적응(adaptation)'에 투자하는 것이 최선의 방법이라고 주장한다.

적응이란 이산화탄소 농도 상승으로 인한 온난화, 그리고 그로써 발생할 수 있는 다양한 기후변화의 여러 측면에 대응하기 위한 일련의 조치를 의미한다. 아래에서 자세히 설명하겠지만, 적응에는 고온에 견딜 수 있는 새로운 잡종 작물 개발, 홍수나 산불 위험이 높은 지역에서의 건설 금지, 방파제나 제방 같은 방재 인프라 건설, 온실효과를 줄이기 위한 지구공학 등 다양한 형태가 있을 수 있다. 물론 감축을 위한 기술 개발과 정책 추진도 여전히 중요하고 적극적으로 병행해야 하지만, 이제 기후 정책과 연구는 적응에 훨씬 더 많은 비중을 둘 필요가 있다.

이러한 적응 정책은 비용이 많이 들지 않을까? 그렇지 않다. 이 책의 후반부에서 설명하겠지만, 적응에는 반드시 큰 비용이 들 필요가 없다. 실제로 많은 경우 적응은 배출을 줄이는 것보다(특히 급격한 감축보다) 훨씬 더 저렴한 수단이 될 수 있다. 물론, 풍력과 태양광 같은 재생에너지원의 비용이 급격히 하락했고, 자동차와 비행기의 연료 효율도 크게 향상됐다. 주택과 건물의 단열 성능, 조명·냉장 시설·에어컨의 에너지 효율 역시 개선됐다. 덕분에 우리는 앞으로 10~20년 동안 온실가스 배출량을 20퍼센트, 30퍼센트, 심지어 40퍼센트까지 줄일 수 있을 것이며, 그 비용도 합리적인 수준에 머물 수 있을 것이다. 하지만 배출량을 80퍼센트까지 줄일 수 있을까? 기술적으로는 가능할지 몰라도 그에 드는 비용은 막대할 것이다. 그렇다면 적응은 어떨까? 당신이 이 책을 조금만 더 읽는다면, 적응의 비용이 훨씬 더 낮을 수 있다는 사실을 확인하게 될 것이다.

이것이 내 주장의 핵심 요약이다. 우리는 향후 50년 동안 지구 평균온도가 섭씨 2도 '한계'를 초과할 가능성을 진지하게 받아들여야 한다. 실제 기온 상승은 섭씨 3도 또는 그 이상으로 나타날 수도 있다. 이러한 수준의 온난화는 해수면 상승, 날씨의 변동성 확대, 더 강력한 폭풍, 그리고 다른 형태의 기후변화로 이어질 수 있다. 이러한 기후변화의 정도와 영향은 매우 불확실하며, 운이 좋다면 그 영향이 비교적 완만하거나 중간 수준에 그칠 수 있지만, 우리 사회가 준비되지 않은 상태라면 그 결과는 재앙적일 수 있다. 그렇기에 이러한 위험에 대비하는 가장 현실적이고 효과적인 방법은 바로 적응에 지금 투자하는 것이다. 탄소 배출을 줄이기 위한 기술 개발과 실행은 여전히 중요하며, 적극적으로 추진해야 한다. 그러나 동시에 우리는 감축만으로는 충분하지 않다는 사실을 직시해야 한다. 따라서 기후변화 연구와 정책 논의는 지금보다 훨씬 더 적응에 중점을 두어야 한다.

이제 적응의 의미에 대해 좀 더 자세히 살펴보자.

2. 기후변화 위협을 줄이는 '적응'

적응은 결코 새로운 개념이 아니다. 실제로 파리협정 역시 기후변화의 영향에 대응하는 조치에 상당히 주목하고 있다. 파리협정은 협정

당사국이 온실가스 감축 계획을 제출하는 것과 마찬가지로 적응 노력을 계획·실행할 것을 요구하며, 당사국이 그 진행 상황을 보고하도록 장려한다. 그러나 문제는 '적응'이라는 개념에 정확히 무엇이 포함되는지는 여전히 모호하다는 점이다.

기후변화의 위협을 줄일 수 있는 적응은 크게 두 가지 유형으로 나눌 수 있다. 첫 번째 유형의 적응은 기후변화 자체를 막을 수는 없지만, 그로 인한 부정적 영향을 줄이려는 조치다. 기후변화가 발생한 후 어떻게 기후변화의 영향을 줄일 수 있을까? 에어컨 설치, 폭염에 대비한 공중 보건 시스템의 역량 강화, 더위와 가뭄에 강한 내성 작물 개발, 주택 건설 장소와 건설 방법 변경, 해수면 상승에 대비한 방파제 건설 등이 그 예다.

두 번째 유형의 적응은 이산화탄소 농도 상승으로 인한 온난화 정도를 줄이는 것이다. 이는 기후변화의 정도를 줄일 수 있다. 이산화탄소 농도 상승으로 인한 온난화 정도를 어떻게 줄일 수 있을까? 이러한 형태의 적응은 주로 지구공학을 통해 이뤄진다. 나중에 자세히 설명하겠지만, 지구공학의 기본적인 아이디어 중 하나는 유황 또는 다른 입자를 비행기나 고고도 풍선을 이용해 대기에 주입하는 것이다. 이러한 방식으로 대기에 '씨를 뿌리면(seeding)', 햇빛 일부를 지구 대기에서 반사해 온실효과를 줄임으로써 온난화 정도를 낮출 수 있다. 즉, 대기에서 이산화탄소 자체를 제거하지는 못하지만, 이산화탄소를 훨씬 덜 해롭게 만드는 것이다.

구체적인 적응 사례를 아래에서 다룰 테지만, 먼저 적응의 주체가 누구인지 명확히 할 필요가 있다. 특히 사적 적응(private adaptation)과 공적 적응(public adaptation)을 구분하는 것이 중요하다. 사적 적응은 가계나 기업과 같은 민간 부문이 자발적으로 수행하는 조치를 의미하고, 공적 적응은 지방정부, 주정부, 연방정부 등 공공 부문이 주도하는 조치를 뜻한다. 물론 이 둘이 혼합된 형태로 나타날 수도 있다.

사적 적응

가계와 기업은 기후변화에 어떻게 적응할 수 있을까? 많은 독자는 아마도 이미 어떤 방식으로든 적응을 실천하고 있을 것이다. 예를 들어, 기온 상승의 영향을 줄이기 위해 집에 에어컨을 설치했을 수도 있고, 해수면 상승이나 강력한 허리케인에 취약한 해변가에 주택을 짓거나 구입하는 일을 포기했을 수도 있다.

   기업들도 기후변화에 대응하기 시작했다. 부동산 개발업자는 이제 해변가에 주택이나 콘도미니엄 건설을 꺼리고 있다. 플로리다의 일부 지역보다 북부 주에서 은퇴자 주택이나 커뮤니티를 조성하는 것이 더 매력적으로 보이기 시작했다. 에어컨 수요가 증가함에 따라 캐리어(Carrier)와 같은 기업들은 생산능력을 확대하고, 저렴하고 효율적인 장치 개발에 투자하고 있다. 또한 파이오니어 하이브레드 인터내셔널(Pioneer Hi-Bred International)과 스위스 기업 신젠타(Syngenta) 같은 생명공학 기업은 전통적인 육종 기술을 이용해 가뭄에 강한 사료용 옥수수 품종을 개발하고 있다. 마찬가지로 몬산토

(Monsanto) 역시 더위와 가뭄에 강한 유전자 변형 옥수수와 쌀을 개발했으며, 내열성 곡물에 관한 연구를 계속하고 있다.

사실 지금까지 기온이 상승하긴 했지만 그 폭이 크지 않았고, 기후변화의 영향도 현저하지 않았기 때문에 가계 단위의 적응은 제한적으로 이뤄졌다. 하지만 기온이 더 오르고 기상이 점점 더 극단적으로 변함에 따라 사적 적응의 범위도 늘어날 것이다.

공적 적응

가계와 기업이 기후변화의 적응에 기여할 수 있지만, 어떤 형태의 적응에는 정부가 주요한 역할을 해야 한다. 적응을 위한 가장 효과적인 방식 중 일부는 민간의 역량을 훨씬 뛰어넘는 대규모 프로젝트이기 때문이다. 여기서는 이 책의 뒷부분에서 자세히 소개할 두 가지 사례를 간략하게 설명한다.

첫 번째 예는 해수면 상승으로 인한 홍수를 방지하기 위한 방파제, 제방, 둑 등의 구조물이다. 해수면이 몇 센티미터 상승하더라도 (이는 상당한 수준이다) 적어도 대부분 지역에서는 즉시 홍수가 발생하지는 않는다. 문제는 해수면이 높아지면 해안 지역이 폭풍해일 (storm surge), 즉 강한 폭풍과 허리케인으로 인해 발생하는 높은 파도로 홍수에 취약해진다는 것이다. 2012년 10월 29일 허리케인 샌디 (Sandy)로 인해 맨해튼 남부가 침수된 것이 그 예다. 당시 허리케인은 시속 약 130킬로미터의 강풍을 일으켜 지하철 시스템, 도심을 연결하는 터널, 수많은 건물을 포함한 도시의 넓은 지역을 침수시켰다.

허리케인 샌디는 온난화로 인한 해수면 상승이 심화되기 전에 발생했다는 사실을 상기하자. 앞으로 해수면 상승이 본격화되면 이와 같은 폭풍해일이 더 강하고 빈번하게 발생하고, 심각한 홍수를 일으킬 것으로 예상할 수 있다. 그렇다면 어떻게 해야 할까? 한 가지 방법은 그림 1.4에 표시된 선을 따라 맨해튼 주변에 방파제를 건설하는 것이다. (2016년에 연방정부 자금 1억 7,600만 달러가 이 프로젝트에 할당됐는데, 이는 대부분 연구 비용으로 사용됐다. 해당 연구는 수십억 달러의 비용이 예상되는 후속 계획으로 이어졌다.) 이와 같은 방파제는 수면 위로 드러날 필요는 없으며, 설계에 따라 해안에서 보이지 않을 수도 있다. 방파제의 목적은 정상 해수면에서의 홍수를 방지하는 것이 아니라 해일로 인한 홍수를 방지하는 것이다.

방파제는 새로운 아이디어가 아니다. 제방이나 다른 홍수를 막는 구조물도 마찬가지다. 예를 들어, 네덜란드 국토 대부분은 해수면보다 낮지만, 대규모 제방 네트워크를 통해 홍수를 막고 있다. 네덜란드 최초의 제방은 약 800년 전에 건설됐으며, 그 이후에도 건설과 구조 개선이 계속되고 있다. 이 책의 뒷부분에서 자세히 설명하겠지만, 문제는 방파제와 제방이 경제적인 공적 적응인가 하는 점이다.

방파제는 기후변화로 인한 피해를 줄이는 데 확실히 도움이 된다. 두 번째 예는 대기 중 이산화탄소의 온난화 효과를 줄이는 지구공학이다. 나중에 자세히 설명하겠지만, 기본 아이디어는 아주 간단하다. 약 1만 8,000~2만 4,000미터 상공에서 대기에 황 또는 이산화황을 뿌리는 것이다('seeding'). 이 '씨앗'은 최대 1년 동안 대기를 부유하

[그림 1.4] 2012년 허리케인 샌디 때와 같은 폭풍해일로 인한 홍수를 방지할 수 있는 맨해튼 남부 주변의 방파제 제안도. 2016년 이 프로젝트에 1억 7,600만 달러의 연방정부 자금이 배정됐고, 이후 이 계획은 거의 10억 달러로 확대됐다.

다 황산으로 침전돼 다시 지구로 떨어진다. (따라서 '씨뿌리기'는 정기적으로 반복해야 한다.) 대기 중 입자는 햇빛을 우주로 다시 반사해 온실효과를 줄인다. 이산화탄소는 대기 중에 남아 있지만, 이산화황은 온난화 효과를 상당 부분 감소시켜준다.

 지구공학은 비용이 많이 들 것 같지만 그렇지 않다. 물론, 이산화황은 결국 황산의 형태로 지표면에 떨어지기 때문에 최소한 매년 '씨뿌리기'를 반복해야 한다. 그러나 씨뿌리기 비용은 상당히 낮다. 그리고 이러한 낮은 비용은 감축을 어렵게 만드는 무임승차자 문제를 완화할 수 있다. 앞서 설명했고 그림 1.2에도 나타나 있듯이 미국과 유럽은 이미 이산화탄소 배출을 줄이고 있지만, 대부분 아시아 및 다른 국가들은 그렇지 않다. 인도와 같은 국가는 상당한 비용을 들여 자체적으로 감축하는 대신 다른 국가의 배출량 감축에 '무임승차'할 유인이 있다. 그러나 지구공학은 비용이 매우 저렴한 데다 모든 국가가 참여할 필요 없이 몇몇 국가의 참여만으로도 효과적으로 실행할 수 있다.

나중에 자세히 설명하겠지만, 지구공학은 결코 만병통치약이 아니며, 사실 논란의 여지가 많다. 이산화탄소가 대기 중에 계속 축적되고 일부는 바다에 흡수돼 바다를 산성화하기 때문에 또 다른 환경 문제를 일으킬 수 있다. 또한 황산은 결국 비로 내리기 때문에 호수와 강이 산성화될 수 있다. 하지만 이러한 우려에도 불구하고, 지구공학이 적응을 위한 중요한 수단임은 분명하다.

공적·사적 적응

적응에는 사적인 조치와 공적인 조치가 혼합될 수도 있다. 이를테면, 해수면 상승으로 인해 해변가에 위치한 주택이 침수될 가능성을 생각해보자. 바다 근처에 집을 짓는 것은 사적인 결정이지만 정부 정책의 영향을 받는다. 예를 들어, 대형 허리케인으로 주택이 손상될 경우 정부가 일부나마 보험금을 지급해주는가? 현재 미국 정부는 이러한 보험을 제공하고 있는데, 이는 사실상 우리 사회가 해변가 주택의 비용을 보조하고 있음을 의미한다. 정부가 취할 수 있는 조치는 이러한 보험을 없애거나 축소하는 것이며, 이는 해변가 주택의 건설 및 판매 감소로 이어질 것이다.

또 다른 공적·사적 적응의 예는 열에 강한 밀, 옥수수 및 기타 곡물 품종 개발이다. 앞서 언급했듯이, 민간 농업회사들은 이미 이 일에 착수하고 있으며, 정부도 마찬가지다. 예를 들어, 미국 농무부는 농작물(및 식량 공급 전반)에 대한 연구를 수행하고 있으며, 다른 조직(예: 대학)에서 수행하는 연구도 지원하고 있다.

정부는 민간의 감축을 위해 전기 자동차, 태양광 및 풍력 등의 에너지원, 새로운 친환경 기술 개발을 위한 연구 개발 보조금 등 민간의 감축을 장려하는 인센티브를 줄 수 있다. 동시에 정부는 홍수 위험을 줄이기 위한 배수펌프 설치에 보조금을 지급하는 방식으로 적응에 대한 인센티브를 민간에 제공할 수도 있다.

복원력

여러 번 강조하겠지만, 기후변화와 관련해 우리는 많은 불확실성에 직면해 있다. 우리는 기온, 해수면, 허리케인 강도에 어떤 일이 일어날지 정확히 알지 못하며, 이러한 변화가 어떤 영향을 가져올지 알 수 없다. 또한 많은 영향은 본질적으로 국지적이다. 해수면 상승으로 인한 피해는 마이애미가 덴버, 심지어 로스앤젤레스, 보스턴과 같은 다른 해안 도시보다 클 것으로 예상된다. 따라서 적응을 통해 기후변화에 대한 복원력을 최대한 향상해야 한다. 방파제와 제방이 그 예가 될 수 있는데, 이를 통해 도시(예를 들면, 마이애미)는 예측할 수 없는 폭풍해일에 훨씬 더 탄력적으로 대응할 수 있다.

복원력은 개발도상국에서 특히 중요하다. 에티오피아와 같은 나라에서 기후변화로 인해 가뭄이 더 심해질까, 아니면 비가 더 내릴까? 현재로서는 알 수 없다. 따라서 시골 도로를 포장하는 것이 바람직한 형태의 적응이 될 수 있다. 홍수가 더 자주 발생하더라도 농작물을 시장에 내놓을 수 있을 것이고, 홍수가 아니더라도 포장된 도로는 다른 경제적 이점을 가져다줄 것이기 때문이다.

개선 대 적응

기후변화를 논의할 때 적응(adaptation)과 개선(amelioration)을 구분하기도 한다. 적응은 실제로 발생하는 기후변화로 인한 피해를 줄이는 것을 말하며, 개선은 대기 중 이산화탄소 농도가 증가하더라도 온난화나 다른 형태의 기후변화 정도를 줄이는 것을 말한다.[3] 따라서 방파제는 해수면 상승으로 인한 홍수를 줄이기 때문에 적응의 범주에 속하지만, 지구공학은 대기 중 이산화탄소 농도 증가로 인한 온난화 효과를 줄이기 때문에 개선에 속한다.

하지만 나는 이 구분이 그다지 유용하지 않다고 생각한다. 중요한 것은 이산화탄소 배출을 줄이는 감축 정책과 이산화탄소 배출로 발생하는 피해를 줄이기 위한 정책을 구분하는 것이다. 따라서 나는 방파제와 지구공학을 모두 적응으로 간주할 것이다.

중요한 점은 현재 현실적으로 가능한 수준의 이산화탄소 감축만으로는 재앙적인 기후변화의 위험을 제거하기에 충분하지 않다는 것이다. 우리는 다른 일들을 해야 하는데, 이 모든 것이 바로 적응에 속한다고 할 수 있다.

---

3. 알디와 제크하우저(Aldy and Zeckhauser, 2020)가 이러한 구분을 제시하고 있다.

적응에 대한 우려

현실적인 기후 정책 시나리오하에서, 대기 중 온실가스 농도는 계속 증가해 기후변화가 불가피할 것이라는 나의 주장에 동의한다고 해도, 문제에 대한 해결책으로 적응에 초점을 맞추자는 나의 제안이 불만스러울 수 있다. 왜 그럴까? 몇 가지 이유가 있다.

첫째, 대부분의 적응이 추측에 의존한다는 주장이 있을 수 있다. 맨해튼 하류 주변에 방파제를 건설하더라도 해수면 상승과 강력한 허리케인으로 인해 더 크고 더 빈번해질 수 있는 폭풍해일로부터 뉴욕을 실제로 보호할 수 있을까? 그리고 극한 기온을 견디는 새로운 작물을 과연 개발할 수 있을까? 온실효과를 감소시켜 온난화를 줄이자는 지구공학 전략이 실제로 효과가 있을까?[4] 우리는 이러한, 그리고 다른 형태의 적응이 효과가 있을지 확실히 알 수 없다. 하지만 나중에 설명하겠지만, 우리가 지구공학, 방파제, 새로운 작물 등의 적응 기술에 대해 보다 정확히 이해한다면 이러한 기술이 효과가 있으며, 합리적인 비용으로 구현할 수 있음을 알 수 있을 것이다.

둘째, 어떤 형태의 적응은 환경 피해를 가져올 수 있다는 주장도 있다. 가장 명백한 예는 아마도 더운 날씨에 대한 가장 단순한 형태

---

4. 노드하우스(Nordhaus, 2019)는 지구공학이 "검증되지 않았고, 모든 지역에서 기후변화를 동일하게 상쇄하지 못할 것이며, 해양 탄소화를 다루지 못할 것이고, 국제 협력에 큰 어려움을 겪을 것"이라고 보고 있다.

의 사적 적응인 에어컨일 것이다. 인도에서 에어컨 수요는 폭발적으로 증가할 것으로 예상되지만, 에어컨을 가동하는 데 필요한 전력이 화석연료 발전소에서 나온 것이라면 이산화탄소 배출량이 증가할 것이다.

적응으로 인해 발생할 수 있는 환경 피해의 다른 예는 많다. 지구공학에 사용되는 이산화황은 결국 황산의 형태로 지구로 되돌아와 호수와 강의 산성화를 유발할 수 있다. 그리고 새로운 작물, 특히 유전자 변형을 통해 개발된 작물이 해로운 '프랑켄푸드(Frankenfoods)'가 될 수도 있다. 이러한 우려는 분명 사실이며 해결해야 할 문제다. 하지만 곧 설명하겠지만, 이는 기후변화 자체에 대한 우려에 비하면 미미한 수준이다. 그리고 이러한 우려 뒤에 있는 위험 대부분은 관리할 수 있다.

셋째, 적응에 초점을 맞추면 감축을 위해 해야 할 일을 하지 않게 되진 않을까? 기후변화에 적응할 수 있다고 믿는다면, 배출량을 줄이기 위해 비용이 많이 드는 조치를 굳이 취할 필요가 있을까? 이는 좋은 지적이며, 아마도 적응에 대한 가장 일반적인 반대 의견일 것이다. 실제로 많은 환경 운동가가 '적응'이라는 단어 자체를 혐오스럽게 여기는 이유이기도 하다. 이러한 우려에는 분명 진실이 있으며, 나는 감축을 포기해야 한다고 주장하는 것이 아니라는 점을 다시 한번 강조하고 싶다. 더 저렴하고 쉬운 대안이 있다면 왜 배출량 감축을 위한 노력과 상당한 비용을 감수할 필요가 있을까? 하지만 동전에는 뒷면이 있는 법이다. 적응을 통해 감축보다 훨씬 더 저렴하게 동일한 목표를 달성할 수 있다면, 왜 저렴한 그 옵션을 포기해야 하나? 적어도 감축과 함께 적응을 고려하는 것이 최소한 합리적이지 않은가?

적응에 대한 마지막 반대 의견은 인간은 자연에 어떤 식으로든 간섭할 권리가 없다는 주장이다. 온실가스 배출을 통해 환경에 간섭해서는 안 되는 것처럼, 지구공학, 방파제, '인공' 작물 개발 등을 통해 환경에 간섭해서는 안 된다는 것이다. 물론 우리 인간 존재 자체가 자연에 간섭하는 것은 사실이지만, 적응은 그 이상으로 간섭하는 일이다. 이는 사실 철학적·종교적 논쟁이며, 경제학자인 나로서는 답변하기 어려운 질문이다. 그래서 나는 기후변화와 기후 정책의 경제적 측면에만 집중하고자 한다.

탄소 제거와 격리

나는 어떠한 현실적인 감축 시나리오에서도 대기 중 이산화탄소 농도는 계속 상승하고, 결국 기온도 상승할 것이라고 주장했다. 하지만 혹시 내가 뭔가 놓친 건 아닐까? 대기 중 이산화탄소를 제거해 농도 증가를 막을 수는 없을까?

실제로 대기 중 이산화탄소 축적을 줄이기 위해 제안된 다른 방식은 탄소를 제거(carbon removal)하고 대기 중 방출되지 않도록 저장하는 것이다[이를 탄소 격리(carbon sequestration)라고 한다]. 탄소 제거 및 격리는 확실히 매력적으로 들리며, 원칙적으로 환경에 부정적인 영향을 끼치지 않는다. 대기에서 탄소를 제거하는 것은 적응이 아니라 '순' 배출량(즉, 총배출량에서 제거된 이산화탄소를 제한 값)을 줄이는 방법, 즉 이산화탄소 농도 증가를 '취소(undoing)'하는 것이라고 할 수 있다. 이 책의 뒷부분에서 탄소 제거 및 격리에 대해 더 자세히 설명하겠지만, 핵심 질문은 다음과 같다. 과연 기후변화 문제에 대한 현실적인 해결책이 될 수 있을까?

이미 일부 국가에서는 기후 정책으로 삼고 있는 것처럼, 이산화탄소를 제거하는 한 가지 확실한 방법은 나무를 심는 것이다. 나무(그리고 다른 녹색식물)는 이산화탄소를 흡수하고 물과 햇빛 에너지를 결합해 성장하는데, 이 과정에서 산소를 방출한다. 따라서 나무가 많을수록 대기 중 이산화탄소를 더 많이 흡수함으로써 순 배출량을 줄일 수 있다.

실제로 대기 중 이산화탄소 농도가 증가하는 요인 중 하나는 삼림 벌채(deforestation)다. 지난 10년 동안 아마존 열대우림에서만 매년 약 10억 그루의 나무가 베어졌으며, 인도네시아와 말레이시아에서는 팜유 농장 조성 과정에서 많은 나무가 베어지고 불태워졌다(나무를 태우면 이산화탄소가 더 많이 배출된다). 우리는 최소한 삼림 벌채를 급격히 줄이거나 중단해야 하지만, 현재로서는 그럴 가능성은 낮아 보인다. 그렇다면 새로운 나무를 심는 것은 어떨까? 6장에서 설명하겠지만, 나무를 심으면 대기 중 이산화탄소 농도를 어느 정도 줄일 수 있다. 하지만 유의미한 차이를 만들려면 정말 많은 나무가 필요하다. 또한 나무를 심으려면 토지와 물이 필요한데, 여기에는 적지 않은 비용이 들기 때문에 새로운 나무를 어디에 어떻게 심어야 하는지 불투명하다.

화석연료 발전소에서 발생하는 이산화탄소를 흡수·격리·저장하는 것과 같은 형태의 탄소 제거 방법은 없을까? 이에 대해서는 6장에서 자세히 설명하는데, 현재로서는 관련 기술이 비싸서 경제성을 가지지 못한다.

안타깝게도, 결론은 대규모 탄소 제거 및 격리에는 큰 문제가 있다는 것이다. 적어도 합리적인 비용으로 이를 구현할 방법을 알지 못한다. 기술적 돌파구가 향후 10년이나 20년 내 마련될 수도 있지만, 현재로서는 탄소 제거 및 격리를 기후변화에 대한 진지한 해결책으로 삼기에는 너무 비싸다.[5] 그럼에도, 많은 이들이 탄소 제거 및 격리를 잠재적으로 중요한 수단으로 여기고 있다. 어쩌면 도움이 될 수는 있지만, 획기적인 기술 발전이 없다면 탄소 제거 및 격리가 이산화탄소 축적을 줄이는 데 큰 역할을 하지는 못할 것이다. 적어도 현재로서는 우리가 전적으로 기대할 만한 방법은 아니다.

---

5. 탄소 제거에 대한 자세한 내용은 National Research Council(2015)을 참조하라. 또한 아마존 열대우림의 삼림 벌채에 대해서는 프랭클린과 핀다이크(Franklin and Pindyck, 2018)와 그 참고 문헌을 참조하기 바란다.

3. 다음 단계

서론에서는 이 책의 기본 주장을 요약했다. 온실가스 배출을 가능한 한 많이, 그리고 빠르게 줄이는 것이 기후 정책의 중요한 부분이어야 하지만, 어떤 현실적인 시나리오에서도 이 세기말까지 전 지구 평균 온도가 섭씨 2도 이상 상승하는 것을 막기는 어렵다. 다음 장에서는 매우 낙관적인 배출 감소 시나리오를 바탕으로 한 간단한 계산을 제시하며, 이 문제를 더 자세히 설명할 것이다.

물론 중요한 것은 높은 기온 자체가 아니라 높은 기온으로 인한 영향이다. 기온 상승이 어떤 영향을 끼칠지는 상당한 불확실성이 존재하지만, 그 영향은 심각할 수 있다. 이는 기후변화에 대처하기 위한 또 다른 방법, 즉 적응이 필요하다는 것을 의미한다. 몇 가지 적응의 예를 제시했지만, 이는 예시일 뿐이며 적응 옵션의 범위를 더 자세히 살펴볼 필요가 있다.

그렇다면 이 책의 다음 단계는? '기후변화 기초'라고 할 수 있는 다음 장에서는 기후변화와 기후 정책에 대한 논의에서 자주 사용되는 중요한 용어와 개념을 소개한다. 온도, 이산화탄소 배출량, 대기중 이산화탄소 농도 등의 측정 방법을 설명하고, 기후변화가 어떻게 발생하는지에 대한 몇 가지 기본적인 사실을 제시한다. 이를 통해 매우 낙관적인 배출량 시나리오하에서 이번 세기 동안 예상되는 기온 변화를 간단하게 계산해볼 것이다.

향후 수십 년 동안 대기 중으로 배출되는 온실가스 양을 정확히 안다고 해도, 기온과 기후변화의 다른 지표의 영향에 대해서는 상당한 불확실성이 존재한다. 또한 향후 수십 년 동안 지구 평균온도가 얼마나 상승할지 정확히 안다손 치더라도, 온난화와 해수면 상승이 끼칠 영향에 대해서도 상당한 불확실성이 존재한다. 지난 수십 년 동안 많은 연구가 이뤄졌음에도 기후변화와 그 영향에 대한 불확실성이 왜 이렇게 큰 것일까? 이 질문에 답하기 위해 기후변화에 대해 우리가 아는 것과 모르는 것, 우리의 지식이 부족한 부분, 그리고 불확실성이 앞으로 어떻게 해결될 수 있을지, 또는 해결되지 않을 것인지 좀 더 자세히 설명할 필요가 있다. 이것이 3장의 주제가 될 것이다.

4장에서는 이러한 불확실성이 기후 정책에 끼치는 영향에 대해 살펴본다. 이런 불확실성이 기후 정책을 늦추고, 지금 당장 비용이 많이 드는 조치를 취하지 말아야 하는 이유가 될 수 있을까? 자세히 설명하겠지만, 불확실성은 두 가지 방식으로 정책에 영향을 끼친다. 첫째, 불확실성은 보험 가치(insurance value)를 창출한다. 온실가스 배출을 미리 줄이는 것은 재앙적인 기후 결과의 가능성을 줄여준다. 둘째, 불확실성은 비가역성(irreversilbility)의 중요성을 높인다. 아무것도 하지 않는다면 대기 중 이산화탄소 농도가 (거의) 비가역적으로 증가하는 반면, 미리 감축하면 비가역적 비용이 발생한다. 앞으로 살펴보겠지만, 이 두 가지 비가역성은 서로 반대 방향으로 작용한다.

2장에서는 이산화탄소 배출을 급격히 줄이는 데 성공하더라도, 이번 세기에 예상되는 온도 변화에 대한 아주 간단한 계산을 보여준다. 5장에서는 이러한 계산을 다시 살펴보고, 향후 수십 년 동안 감축과 관련해 우리가 기대할 수 있는 것들(설사 우리가 열렬한 낙관주의자라 할지라도)을 살펴본다. 예를 들어, 전 세계 이산화탄소 배출량 경로 중 어느 것이 실현 가능할까? 그리고 이러한 경로가 세기말까지 지구 평균온도 변화에 어떤 의미가 있을까? 이산화탄소와 메테인 배출, 대기 중 축적, 기온에 끼치는 영향에 대한 간단한 모형을 사용해 이러한 질문에 답해보겠다. (간단한 모형이지만 2장에서 계산에 사용한 것보다는 약간 더 복잡하다.) 이를 통해 2100년까지 기온이 섭씨 2도 이상 상승할 가능성을 크게 줄일 수 있는 현실적인 배출 시나리오는 없음을 확인한다.

6장과 7장에서는 가장 중요한 질문, '무엇을 해야 하는가?'를 다룬다. 6장에서는 감축하는 방법에 초점을 맞춘다. 탄소세를 도입해야 할까? 도입한다면 세율은 어느 정도여야 할까? 아니면 배출권 거래제가 바람직할까? 그리고 그 시스템은 어떻게 작동할까? '친환경' 기술에 대한 직접 규제와 보조금을 어느 정도까지 혼합해 사용해야 할까? 기후변화가 전 세계적인 문제라는 점을 고려할 때, 무임승차자 문제를 줄여 모든 국가가 배출량을 줄이는 국제적 합의는 어떻게 끌어낼 수 있을까? 그리고 발전을 '탈탄소화'하는 수단으로서 원자력의 역할은 무엇일까? 마지막으로, 대기에서 이산화탄소를 제거해 순 배출량을 줄이는 두 가지 방법, 즉 나무 심기와 탄소 제거 및 격리에 대해 논의한다.

그리고 감축 외에 '무엇을 해야 하는가?'에 대한 질문은 7장의 주제인 적응의 역할로 이어진다. 다양한 형태의 민간 및 공공 적응을 검토하고 몇 가지 사례를 자세히 논의할 것이다. 극심한 기온과 강우에 매우 취약한 농업이 어떻게 이미 기후변화에 적응해왔으며 앞으로 더 적응할 수 있을지 설명한다. 또한 해수면 상승과 빈번하고 강력한 허리케인에 대한 적응 가능성에 대해서도 논의한다. 더불어 가장 중요하면서도 가장 논란이 많은 적응의 형태인 지구공학에 관해서도 이야기한다.

4. 더 읽어보기

이 책은 기후변화 과학 또는 경제학에 대한 입문서가 아니다. 대신 기후 정책의 여러 측면을 살펴보고, 기후 정책에 대한 현재의 지배적인 생각이 어떻게, 그리고 왜 잘못됐는지 설명하는 것이 목표다. 이 책에서는 기후변화에 대해 우리가 알고 있는 것과 모르는 것을 설명하지만, 논의는 상당히 간략하며 일부 독자들은 이 주제에 대해 더 자세한 소개를 원할 것이다. 그런 독자들에게는 다음 책과 기사를 추천한다.

- 와그너&와이츠먼(Wagner and Weitzman)의 《기후 충격(Climate Shock, 2015)》은 기후변화 과학과 경제학에 대한 훌륭한 입문서이며, 우리가 예상할 수 있는 불확실성의 본질을 설명한다. 극단적인 결과의 가능성을 고려할 때, 지구공학 같은 '급진적

(radical)' 형태의 적응이 중요하다는 점을 강조한다.

- 노드하우스(Nordhaus)는 《기후 카지노: 지구온난화를 어떻게 해결할 것인가(The Climate Casino, 2013)》에서 자신의 동적 통합 기후 및 경제(Dynamic Integrated Climate and Economy, DICE) 모형을 사용해 제한되지 않은 온실가스 배출이 어떻게 기후변화를 일으키고 미래에 심각한 문제를 초래할 수 있는지 교과서적으로 설명한다. 또한 이 모형을 활용해 기후 시스템을 고려하고 다양한 정책하에서 예상되는 변화를 예측할 때 우리가 직면하게 되는 불확실성을 설명한다. 따라서 이 책은 학생에게 기후변화 정책에 대한 훌륭한 입문서 역할을 할 것이다. 또한 노드하우스(2019)는 기후변화 경제학과 기후변화 정책의 중요성에 대한 설명을 논문 분량으로 간략히 제시한다.
- 기후변화 과학에 좀 더 초점을 맞춘 다른 책 세 권으로는 롬(Romm)의 《기후변화: 모두가 알아야 할 것(Climate Change: What Everyone Needs to Know, 2018)》, 휴턴(Houghton)의 《지구온난화: 완전한 브리핑(Global Warming: The Complete Briefing, 2015)》, 에마뉴엘(Emanuel)의 《기후변화에 대해 우리가 아는 것(What We Know about Climate Change, 2018)》이 있다.
- 어떤 이들은 이산화탄소 배출량을 줄이는 것만으로는 재앙적인 기후 결과를 초래할 가능성을 없애기에 충분하지 않으며, 따라서 적응도 필요하다고 주장한다. 알디와 제크하우저(Aldy

and Zeckhauser, 2020), 키스와 도이치(Keith and Deutch, 2020)의 연구를 참조하자.

- 마지막으로, 이 책과 비슷한 결론을 내리는 기후변화 문제에 대한 자세한 논의는 크리스티앙 골리에(Gollier)의 멋진 저서인 《월말 이후의 기후(The Climate after the End of the Month, 2019)》를 참조하자. 아, 프랑스어로 쓰여 있다. 하지만 큰 문제는 아니길 바란다. (그런데 왜 월말 이후일까? 월급은 월말에 도착하며, 불행히도 대부분 사람에게는 기후변화보다 월급이 더 중요하기 때문이다.)

2장

근본적인 문제

CLIMATE FUTURE

기후변화의 기본 메커니즘은 그리 어렵지 않다. 햇빛 형태의 에너지가 지구 대기에 도달하면 일부는 다시 우주로 반사되고 나머지는 지구에 흡수된다. 또한 일부 에너지는 항상 (상대적으로 따뜻한) 지구에서 (상대적으로 차가운) 우주로 방출된다. 유입되는 에너지와 유출되는 에너지의 차이를 복사 강제력(radiative forcing)이라고 하며, 이것이 양(+)이 되면, 즉 유출되는 에너지보다 유입되는 에너지가 더 많으면, 지구는 더 따뜻해진다. 대기 중 이산화탄소는 우주로 반사되는 비율에 비해 흡수되는 햇빛의 비율을 증가시켜 복사 강제력을 유발해 지구를 따뜻하게 만든다.

탄소를 태우면 점점 더 많은 이산화탄소가 대기 중에 축적된다. (다른 온실가스도 있는데, 특히 메테인이 가장 많이 배출되고 있다. 이는 나중에 다루며, 지금은 이산화탄소에만 집중하자.) 이산화탄소 농도가 높을수록 복사 강제력의 양이 증가한다. 즉, 이산화탄소는 '온실(greenhouse)' 효과를 만들어 태양과 지구 표면에서 발생하는 열을 가둠으로써 기온 상승을 유발한다. 기온 상승은 환경과 기후에 변화를 일으킨다. 예를 들어, 온난화는 바닷물을 팽창시키고, 그린란드와 남극 지역의 빙하와 빙상을 부숴 해수면을 상승시키고 해안 지역을 침수시킬 수 있다. 또한 높은 해수 온도는 열대성 폭풍과 허리케인에 더 많은 에너지를 공급해 보다 강력하고 파괴적인 폭풍을 일으킬 수 있다.

문제는 온도와 해수면이 얼마나 상승할지, 그리고 이러한 변화가 어떤 영향을 끼칠지 예측하는 것이다. 여기에는 많은 불확실성이 있으며, 다음 장에서 다룰 것이다. 지금은 내가 서론에서 말했던, 현실적인 배출 시나리오하에서 대기 중 이산화탄소 농도가 크게 상승할 가능성이 크기 때문에 온도도 상승할 것이며, 따라서 우리는 적응에 의존해야 한다는 주장으로 다시 돌아가보자.

이 시점에서 이 주장이 회의적으로 들릴 수도 있다. 나를 패배주의자라고 생각할 수도 있고, 적응을 강조하는 것을 탄소 배출을 줄이기 위해 우리가 해야 할 일을 외면한다는 의미로 생각할 수도 있을 것이다. 어쩌면 '그린 뉴딜'이나 파리협정 같은 조치들이 기후변화로부터 우리를 구할 수 있을 것으로 믿을지도 모른다. (실제로 2015년 파리협정의 기본 전제는 각국이 금세기 말까지 지구 평균온도가 섭씨 2도 상승하지 않도록 충분한 배출량 감축에 동의한다는 것이다.) 이제 이 근본적인 질문으로 돌아가보자. 이산화탄소 배출을 적극적으로 줄인다면 섭씨 2도 이상의 온도 상승을 막을 수 있지 않을까? 이 질문에 답하기 위해서는 이산화탄소 배출이 어떻게 기온 상승을 초래하는지 자세히 살펴볼 필요가 있다. 그리고 이를 위해서는 몇 가지 숫자를 살펴봐야 한다.

1. 몇 가지 기본 사실과 수치들

나중에 우리는 배출량 증가가 언제 멈출 수 있는지, 언제 얼마나 빨리 감소할 수 있는지 살펴보고, 이러한 이산화탄소 배출 경로하에서 온도 변화에 끼치는 영향을 자세히 분석할 것이다. 하지만 이 장에서는 몇 가지 간단한(back of the envelope) 계산을 통해 문제를 설명해보려고 한다. 그 전에 배출량과 이산화탄소 농도를 측정하는 방법, 대기 중 이산화탄소 농도의 증가가 어떻게 기온 상승으로 이어지는지에 대한 몇 가지 기본 사실을 정리해보자.

먼저, 어떻게 측정하는가? 우리가 알아야 할 사항은 다음과 같다.

(1) **온도:** 기후변화 과학에서는 온도(및 온도 변화)를 화씨 단위가 아닌 섭씨 단위로 측정한다. 이 책에서 섭씨 1도(1.0℃)의 온도 상승은 화씨 1.8도(1.8°F)에 해당한다.

(2) **이산화탄소 배출량:** 이산화탄소의 양은 미터톤(metric ton: 1미터톤은 1,000킬로그램이며, 약 2,205파운드에 해당한다)으로 측정한다. 연간 이산화탄소 배출량은 10억 톤 단위로 측정되며, 줄여서 기가톤(Gt)이라고 한다. 이전 장의 그림 1.2에서 볼 수 있듯이 1950년 전 세계 이산화탄소 배출량은 약 6기가톤이었지만 2019년에는 37기가톤으로 증가했다.

(3) **순 배출량**(net emissions): 나중에 설명하겠지만, 대기 중 이산화탄소를 제거 및 저장해 격리하는 방법이 있다. 나무 심기는

이러한 방법의 한 예다. 탄소 제거 및 격리가 가능하다면, 대기에서 제거된 양을 제하고 이산화탄소 배출량을 측정한다. 일부 국가(예: 영국)에서는 2050년에 '넷제로(net zero)' 배출 목표를 채택했는데, 이는 해당 연도의 이산화탄소 배출량이 제거된 이산화탄소 양과 같다는 것을 의미한다.

(4) **탄소와 이산화탄소**: 간혹 이산화탄소 톤이 아닌 탄소 톤으로 배출량을 측정하는 경우가 있다. 1톤의 이산화탄소에는 0.2727톤의 탄소가 포함돼 있다(나머지는 각 탄소 원자에 결합된 두 개의 산소 원자에 해당한다). 따라서 2019년에 배출된 37기가톤의 이산화탄소는 37×0.2727=10.1기가톤의 탄소와 동일하다. 혼동을 피하기 위해, 이 책에서 제시하는 수치는 따로 명시하지 않은 한 이산화탄소 기준이다.

(5) **대기 중 이산화탄소 농도**: 대기 중 이산화탄소 농도는 백만분의 1(parts per million, ppm) 단위로 측정한다. 산업화 이전 시대인 1750년경 대기 중 이산화탄소 농도는 약 280피피엠이었다. 19세기와 20세기 초에 농도가 서서히 상승해 1960년에는 약 315피피엠에 달했다. 그러나 그 후 농도는 꾸준히 상승해 2020년에는 그림 1.3에서 볼 수 있듯이 415피피엠까지 증가했다.

(6) **이산화탄소 배출량과 이산화탄소 농도**: 일부 이산화탄소 배출은 바다에 흡수되고('해양 흡수', 아래에서 설명한다) 나머지는 대기에 남아 있다. 대기권에 이산화탄소 1기가톤이 배출되면,

이산화탄소 농도는 0.128피피엠 증가한다. 2019년 전 세계 이산화탄소 배출량은 약 37기가톤이었으므로, 해양 흡수를 무시하면 그해의 배출량 때문에 대기 중 이산화탄소 농도는 37×0.128=4.74피피엠 증가했을 것이다.

다음은 이산화탄소 농도의 변화가 온도에 끼치는 영향을 설명하는 몇 가지 사실, 정의, 그리고 수치들이다.

(1) **지구 평균온도(global mean temperature)**: 흔히 지구 평균온도의 상승, 즉 전 세계 여러 지역의 평균 지구 표면 온도의 상승을 온난화(warming)라고 지칭한다. 그러나 기온 상승은 지역마다 상당히 다를 수 있으므로 주의할 필요가 있다. 예를 들어, 1960년 이후 지구 평균온도의 증가는 이미 섭씨 1.0도에 근접했지만, 북극 지역은 약 1.5도 증가했으며, 남반구에서는 0.5도 조금 넘게 상승했다. 그럼에도 지구 평균온도는 여전히 널리 사용되는 유용한 요약 통계(summary statistic)이며, 이 책에서도 사용한다.

(2) **기후 민감도(climate sensitivity)**: 대기 중 이산화탄소 농도가 2배(100퍼센트 증가) 증가하면 기온이 상승한다. 그런데 얼마나 증가할까? 확실하지는 않지만, 기후과학 최신 연구에 따르면 그 수치가 섭씨 1.5도에서 4.5도 사이로 추정된다. 범위가 꽤 넓은데, 왜 그렇게 넓은지 다음 장에서 설명한다. 일반적으로

사용되는 숫자는 해당 범위의 중간인 섭씨 3.0도다. 대기 중 이산화탄소 농도가 2배로 증가하면 지구 평균온도가 상승하는 정도를 기후 민감도라고 한다. 이 책에서는 이산화탄소 농도 증가에 따른 온도 상승을 계산하기 위해 섭씨 3.0도라는 수치를 사용한다. 예를 들어, 이산화탄소 농도가 10퍼센트 증가하면 지구 평균온도는 섭씨 0.30도 상승한다.[1]

(3) **시차(time lag)**: 대기 중 이산화탄소 농도 증가로 인한 온도 상승은 하룻밤 사이에 일어나지 않는다. 얼마나 걸릴까? 이는 농도 증가 폭에 따라 달라지며, 증가가 클수록 시차는 길어진다. 작은 증가의 경우 시차는 10년 정도에 불과하지만, 큰 증가의 경우 40년에서 50년까지도 걸릴 수 있다. 그러나 시차에 대한 불확실성은 항상 있다. 그렇다면 이산화탄소 배출 경로의 온도 영향을 계산할 때, 어떤 값을 사용해야 할까? 기후과학자마다 의견이 다를 수 있지만 일반적으로 30년을 사용하며, 이 책에서도 이산화탄소 농도 증가가 기온에 끼치는 영향에 30년이 걸린다고 가정한다.[2] 즉, 이산화탄소 농도가 갑자기 2배로 증가하면 즉각적으로는 변화가 없으며, 15년 후에 섭씨 1.5도,

---

1. 이것은 대략적인 계산이지만 합리적이다. 실제로 온도 변화는 변화 자체가 아니라 이산화탄소 농도 변화의 로그(log)에 비례한다. 또한 최근 발간된 보고서에서 IPCC는 기후 민감도에 대한 "가장 가능성 있는(most likely)" 범위를 섭씨 2.5도에서 4.0도로 좁혔다.
2. 완전한 효과는 한 세기 이상 걸릴 수 있지만, 대부분의 효과는 수십 년 이내에 발생한다. 따라서 30년이라는 수치는 근사치이지만 합리적인 추정이라고 할 수 있다.

30년 후에 3.0도 상승을 가져온다.

(4) **이산화탄소 소산**(dissipation): 이산화탄소는 일단 대기에 방출되면 오랫동안 머물러 있게 된다. 이산화탄소가 대기에서 소산하는 비율은 연 0.25퍼센트에서 0.50퍼센트 사이다. 따라서 범위의 상한인 0.50퍼센트의 소산율을 적용하더라도 현재 배출된 이산화탄소의 약 78퍼센트가 50년 후에도 대기에 남아 있을 것이다. 아래에서 살펴볼 시나리오에서는 연간 0.35퍼센트의 소산율을 사용하는데, 이는 1960년 이후 데이터에 가장 잘 맞는다. 0.35퍼센트의 소산율은 오늘 배출된 이산화탄소의 약 84퍼센트가 50년 후에도 대기 중에 남아 있고, 70퍼센트는 100년 후에도 여전히 존재한다는 것을 의미한다.[3]

(5) **해양 흡수**: 이산화탄소가 대기에서 사라지면 어디로 갈까? 대부분은 해양으로 흡수되고, 일부는 육지로 흡수된다. 해양 흡수 과정은 매우 복잡한데, 대기와 해양의 상대적인 온도에 따라 해양도 이산화탄소를 방출하기 때문이다. 따라서 소산율은 일정하지 않으며, 연간 0.35퍼센트는 근사치다(하지만 합리적인 수치이기도 하다).

(6) **해양 산성화**: 해양 흡수는 또 다른 문제를 야기한다. 바다가 이산화탄소를 흡수한다면 산성화돼 산호초와 다른 해양생태

---

3. 이산화탄소 1톤이 오늘 배출된다면, 50년 후에는 $(1-0.0035)^{50}=0.84$톤, 100년 후에는 $(1-0.0035)^{100}=0.70$톤이 남아 있게 된다.

계에 악영향을 끼칠 수 있다는 우려가 있다. (해양 산성화와 그 영향은 7장에서 자세히 설명한다.)

(7) **올라갔다고 내려오진 않는다**(What Goes Up Need Not Come Down): 전 세계가 이산화탄소 배출량을 획기적으로 줄여서 향후 몇 년 내에 배출량이 영(0)이 된다고 가정하자. 어떤 일이 일어날까? 더 이상 배출하지 않는다면 대기 중 이산화탄소 농도는 증가하지 않고 '천천히' 감소하기 시작할 것이다(소산율이 낮으므로 '천천히'를 강조했다). 그렇다면 당신의 증손자들은 당신의 자녀들이 견뎌야 했던 높은 온도를 견뎌내지 않아도 되지 않을까? 다시 말해, 대기 중 이산화탄소 농도가 낮아지면 기온도 함께 낮아져서 결국 원점으로 돌아가지 않을까? 안타깝게도 대기 중 이산화탄소 농도 변화에 대한 기온의 반응은 대칭적이지 않다. 이산화탄소 농도를 2배로 늘리면 (약 20~30년의 시차를 두고) 기온이 상승하지만, 농도를 절반으로 줄인다 해도 적어도 몇 세기 동안은 기온이 이전 수준으로 떨어지지 않는다. 이에 대한 불확실성이 있지만, 최신 연구에 따르면, 내일 당장 이산화탄소 배출량을 영(0)으로 줄인다 해도 이번 남은 세기 동안 기온은 상승할 것이다.[4]

(8) **다른 온실가스와 이산화탄소 환산량**(CO_2e): 다른 온실가스

---

4. 당신의 증손자에게는 나쁜 소식이다. 우울하지만 놀랍기도 한가? 자세한 논의는 지크펠트 외(Zickfeld et al., 2013)와 솔로몬 외(Solomon et al., 2009)의 연구를 참조하기 바란다.

도 지구온난화를 일으킨다. 가장 대표적인 것은 메테인(CH_4)으로, 아래에서 더 자세히 설명한다. 1톤 기준으로 따졌을 때, 메테인은 온난화 지수(Warming Potential) 측면에서 이산화탄소보다 약 28배 더 강력하지만, 훨씬 더 빨리 소산해 대기 중에 약 8~15년만 머무르며, 이로써 그 영향이 상당히 제한된다. 메테인과 다른 온실가스는 상대적 온난화 지수(Relative Warming Potential)에 따라 '동등한' 양의 이산화탄소로 환산되는데, 이를 'CO_2 환산(CO_2 equivalent, CO_2e)'이라고 한다. 2020년에 대기 중 이산화탄소 농도는 415피피엠에 달했지만, 이산화탄소 환산 농도는 500피피엠에 가까웠다. 그러나 온실가스마다 소산 속도가 다르고, 농도 변화와 온도 변화 간 시차가 있으므로 이산화탄소 환산(CO_2e)값을 사용하는 것은 오해의 소지가 있을 수 있다. 따라서 이산화탄소 환산값 사용을 피하고, 대신 이산화탄소, 메테인 및 기타 온실가스의 온난화 효과를 별도로 다룬다.

(9) **이산화탄소의 중요성**: 메테인과 다른 온실가스도 기후변화에 분명 영향을 끼치지만, 이산화탄소가 단연코 가장 중요하다. 앞서 언급했다시피, 첫 번째 이유는 메테인과 다른 온실가스가 대기 중에 오래 머물지 않기 때문이다. 올해 대기로 배출된 메테인 대부분은 10년 안에 사라지지만, 이산화탄소 대부분은 수십 년 동안 남아서 기온 상승을 초래할 것이다. 두 번째 이유는 세계가 그다지 많은 메테인을 배출하지 않기 때문

이다. 톤당 기준으로 따졌을 때, 연간 메테인 배출량은 이산화탄소보다 훨씬 적었고, 앞으로도 그럴 것이다. 나중에 메테인 배출량 증가가 어떻게 문제가 되는지 살펴보겠지만, 메테인이 기온에 끼치는 전반적인 영향은 이산화탄소의 영향보다 훨씬 작다.

이제 적극적인 감축이 과연 금세기 말까지 섭씨 2도 이상의 온도 상승을 막을 수 있는가에 대한 질문을 다뤄보자.

2. 낙관적인 시나리오

이 책의 후반부에서는 여러 이산화탄소 배출 경로하에서의 온도 변화를 자세히 살펴볼 것이다. 배출량 증가가 멈추는 시점이나 감소 속도에 대해 여러 시나리오(일부는 현실적이고 일부는 그렇지 않은 시나리오)를 고려할 것이다. 하지만 지금은 간단한 계산부터 시작해보자. 여기서는 미래의 전 세계 이산화탄소 배출량에 대한 매우 낙관적인 시나리오를 고려할 것이며, 이 시나리오하에서 세기말 지구 평균온도의 상승을 계산해본다.

시나리오는 다음과 같다. 전 세계 이산화탄소 배출량은 꾸준히 증가해왔지만(2020년에는 코로나 팬데믹으로 약 2퍼센트 감소했다), 2020년부터 배출량이 즉시 감소한다고 가정해, 2020년 37기가톤(Gt)에

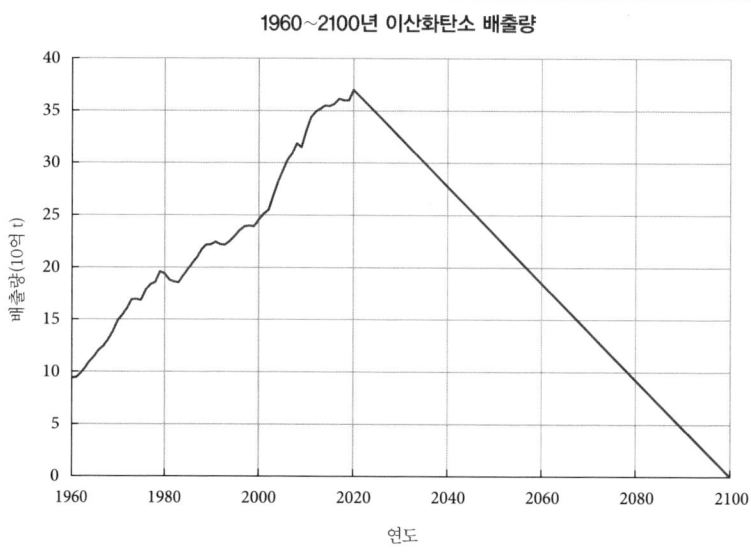

[그림 2.1] 낙관적 시나리오: 연간 전 세계 이산화탄소 배출량은 2020년 37기가톤에서 2100년까지 영(0)으로 선형적으로 감소하며, 메테인 배출량은 무시했다.

서 선형적으로 줄어 2100년 영(0)에 도달한다. 따라서 우리는 전 세계 배출량이 2050년에는 1990년 수준인 22기가톤까지 감소하고, 그 이후에도 계속 줄어드는 경로를 설정한다. 1960년부터 2100년까지의 이러한 경로가 그림 2.1에 나타나 있다. 단, 급격히 증가하고 있는 메테인은 무시하고 이산화탄소에만 초점을 맞춘다.

메테인을 제외하는 것 말고, 이 시나리오가 낙관적인 이유는 무엇일까? 미국과 유럽은 이미 배출량 감축에 진전을 이루고 있다. 미국의 일부 주(특히 캘리포니아와 뉴욕)는 영국 같은 국가와 마찬가지로 향후 30년 동안 배출량을 급격히 줄이겠다고 약속했다. 실제로 힐(Heal, 2017b)의 연구는 미국의 경우 2050년까지 이산화탄소 배출량을 50

퍼센트 줄이는 것이 가능하며, 비용을 많이 들인다면 80퍼센트까지 줄이는 것도 가능하다고 내다봤다. (그림 2.1에서 볼 수 있듯이, 우리 시나리오는 2050년까지 전 세계 배출량이 40퍼센트 줄어드는 것으로 가정했다.)

문제는 실현 가능하다고 해서 실제로 실현되는 것은 아니라는 점이다. 예를 들어, 영국은 2008년에 '기후변화법'을 통과시켰는데, 이 법은 2050년까지 온실가스 배출을 1990년 수준보다 최소 80퍼센트 줄여야 한다고 규정하고 있다. 이후 이 목표는 2050년 넷제로로 더 엄격하게 수정됐다. 하지만 현재까지는 영국이 강화 이전 목표조차 달성하기 어려울 것으로 보인다. 만약 2050년에 목표를 달성하지 못한 것으로 판명되면 어떻게 될까? 완전히 불분명하다(목표를 설정한 정치인이 살아 있더라도 감옥에 가지는 않을 것이다). 또한 미국과 유럽에서는 실현할 수 있는 것이 중국, 인도, 인도네시아 등의 국가에서는 어려울 수 있다. 이들 국가에서는 환경보호보다는 극심한 빈곤에서 탈출하는 것이 더 중요할 것이기 때문이다.

1장의 그림 1.2를 다시 보자. 꾸준히 증가하던 전 세계 탄소 배출량이 갑자기 감소하기 시작해 세기말에 영(0)으로 떨어질 가능성이 있다고 생각하는가? 가능성이 작다고 생각한다면 이 시나리오가 낙관적이라는 데 동의할 것이다.

이 이산화탄소 배출량 시나리오는 지구 평균온도의 변화에 어떤 영향을 끼칠까? 우선 아주 간단한 계산을 한 후, 조금 덜 간단한 계산을 통해 이 질문에 답해보자.

아주 간단한 계산

먼저, 작은 봉투 뒷면에도 다 들어갈 만큼(back-of-the-envelope) 간단한 계산부터 시작하자. 가능한 한 간단하게, 그리고 보수적으로 계산하기 위해 1960년 이전 이산화탄소 배출량은 무시한다. 또한 해양 흡수량과 대기 중 이산화탄소의 소산도 무시한다. 마지막으로 2060년을 기준으로 그 이후의 배출량은 모두 무시한다. 그렇다면 대기 중 이산화탄소 증가량은 1960년부터 2060년까지 100년 동안의 배출량을 합한 값이며, 1기가톤의 이산화탄소 배출이 농도를 0.128피피엠 증가시킨다는 사실을 이용해 이산화탄소 농도 증가로 환산할 수 있다.

낙관적인 시나리오에서 1960년부터 2060년까지 배출되는 이산화탄소의 총합은 얼마일까? 그림 2.1을 사용해 다음과 같이 계산할 수 있다.

(1) 먼저 그림 2.2와 같이 1960년부터 2020년까지의 배출 경로를 직선으로 대략 근사할 수 있다. 그러면 60년 동안의 총배출량은 사다리꼴의 면적, 즉 삼각형 A의 면적 840기가톤(= $\frac{1}{2}$ (37−9)×60)과 직사각형 B의 면적 540기가톤(=9×60)의 합인 1,380기가톤이다.

(2) 다음으로 2020년부터 2060년까지 40년 동안의 총배출량을 계산하자. 그림 2.2에서 볼 수 있듯이, 해당 기간 총배출량 역시 사다리꼴의 면적으로, 삼각형 C의 면적 380기가톤(= $\frac{1}{2}$

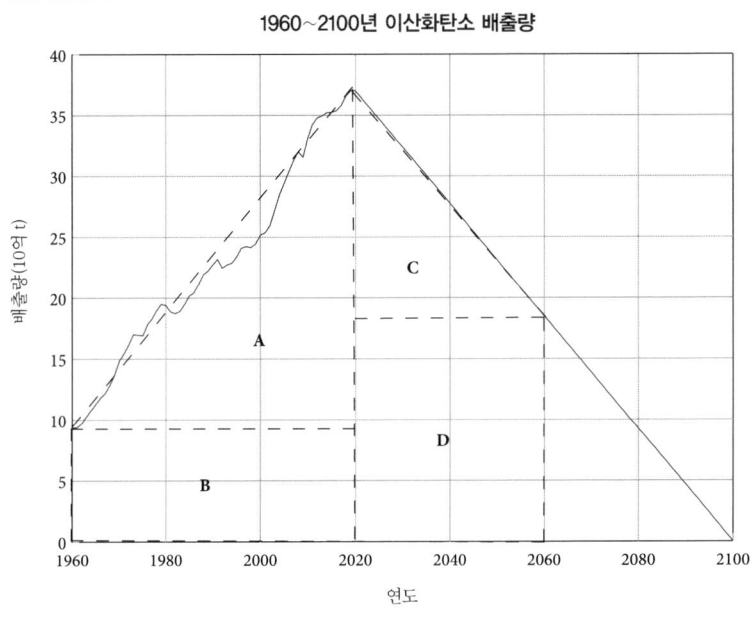

[그림 2.2] 낙관적 시나리오: 1960년부터 2060년까지 CO_2 총배출량 계산. 총배출량은 삼각형 A와 C, 직사각형 B와 D의 면적을 합한 값으로, 2,480기가톤이 되고, 여기에 0.128을 곱하면 대기 중에 증가한 이산화탄소 농도는 317피피엠이 된다.

(37-18)×40)과 직사각형 D의 면적 720기가톤(=18×40)의 합인 1,100기가톤이다.

(3) 두 기간을 합하면 100년 동안의 총배출량은 1,380+1,100=2,480기가톤이 된다. 여기에 0.128을 곱하면 대기 중에 증가한 이산화탄소 농도는 317피피엠이 된다.

1960년 대기 중 이산화탄소 농도는 315피피엠이었으므로 추가로 317피피엠이 증가했다는 것은 100퍼센트가 조금 넘는 증가율을 나타낸다. 기후 민감도값 3.0을 사용하면 섭씨 약 3도의 온도 상승을 의미하며, 이는 섭씨 2도라는 목표를 훨씬 뛰어넘는 수치다.

덜 간단한 계산

앞선 계산이 너무 단순하다고 생각할 수도 있다. 사실, 소산을 무시했고 다소 낮은 1960년 농도 315피피엠을 기준으로 증가율을 계산했다.[5] 따라서 이번에는 소산과 연도별 이산화탄소 농도 변화를 고려해 계산해보겠다. [이번 계산은 큰 봉투가 아니라면 봉투 뒷면에 할 수 없다. 엑셀(Excel) 스프레드시트를 사용하면 쉽게 할 수 있다.]

다시 한번 그림 2.1에 표시된 배출 경로를 살펴보자. 대기 중 농도를 계산하려면 1960년의 실제 농도로 시작해 다음 해마다 그해 배출량에서 농도 증가율을 더하고(기가톤에서 피피엠으로 환산 후) 소산되는 양을 뺀다(연간 0.35퍼센트).[6] 예를 들어 1961년의 배출량은 9기가톤이므로 이산화탄소 농도는 9×0.128=1.15피피엠 증가한다. 한편, 1961년의 소산량은 0.0035×315=1.10피피엠이므로 순 증가량은 1.15−1.10=0.05피피엠이 되어 1961년 농도는 315+0.05=315.05피피엠이 된다. 같은 방식으로 1962년 농도, 1963년 농도 등을 계산한다.

---

5. 너무 간단한가? 하지만 꼭 그렇진 않다. 클라인(Cline, 2020)은 CO_2의 누적 배출량만으로도 합리적인 추정치를 제시할 수 있음을 보여주었다.
6. E_t를 t년도 배출량, M_t를 t년도 이산화탄소 농도, δ를 소산율이라고 하면, 농도는 $M_t=(1-\delta)M_{t-1}+E_t$로 주어진다.

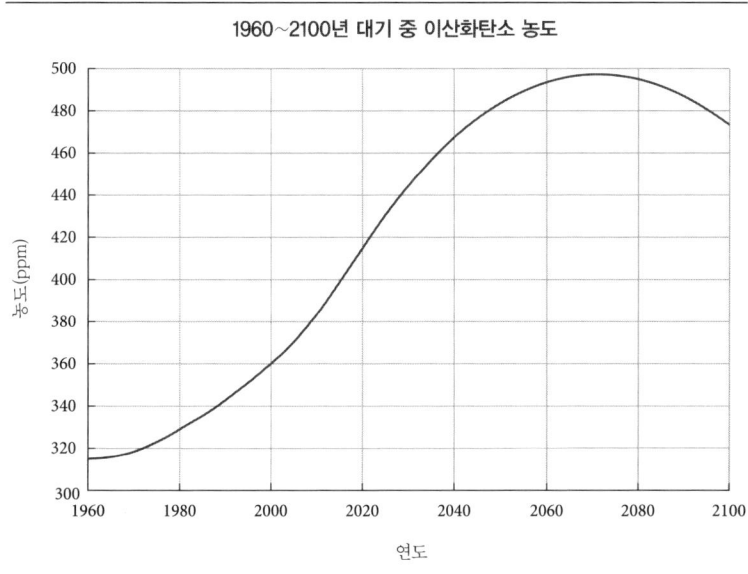

[그림 2.3] 낙관적 시나리오에서의 대기 중 이산화탄소 농도. 2070년에 최고치(약 500피피엠)에 도달한 후 감소하기 시작하는데, 이는 기존 누적된 이산화탄소 소산이 신규 배출로 인한 증가보다 크기 때문이다.

그림 2.3은 그림 2.1의 배출 경로에 해당하는 대기 중 이산화탄소 농도 경로를 보여준다. 처음에는 농도가 매우 느리게 증가하지만, 배출량이 증가함에 따라 증가율이 급격히 상승해 2000년에는 농도가 360피피엠이 되는 것을 볼 수 있다. 그러나 2070년 이후에는 배출량은 여전히 양(+)이지만, 농도는 감소한다. 그 이유는 배출량이 적고 농도가 충분히 커서, 기존에 누적된 배출량의 감소분이 신규 배출로 인한 증가분보다 크기 때문이다.

이 시나리오는 지구 평균온도에 어떤 영향을 끼칠까? 단순화를 위해, 대기 중 이산화탄소 농도 증가가 온도에 영향을 끼치는 데 걸리는 시간은 무시하고, 즉각적으로 영향을 끼친다고 가정한다. 이 시나리오에서는 2020년부터 배출량이 감소하는 것으로 가정하지만, 배출량이 영(0)이 아니므로 대기 중 농도는 여전히 상승한다. 농도 상승은 계속해서 기온에 영향을 끼치겠지만, 농도가 감소한다고 해도 적어도 금세기 말까지는 온도가 내려가지 않을 것이다.

그림 2.4는 낙관적인 시나리오에서 대기 중 농도의 변화로 인해 1960년 대비 누적된 온도 변화를 보여준다. 이 계산에서는 기후 민감도값을 3.0으로 설정하고, 이산화탄소 농도 증가가 즉시 기온에 영향을 끼친다고 가정했다. 온도 변화를 계산하기 위해 매년 이산

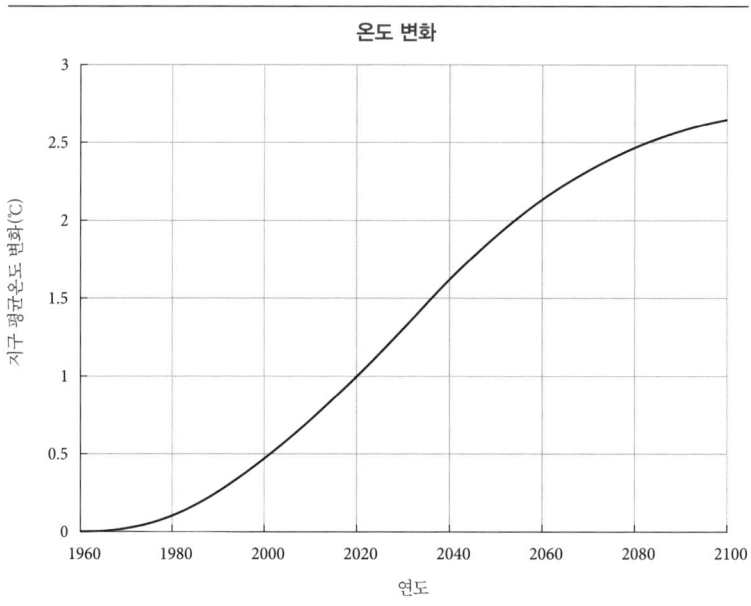

[그림 2.4] 낙관적 시나리오하에서 대기 중 이산화탄소 농도 변화에 따른 온도 변화. 2050년에 섭씨 2도 증가하며, 세기말에는 섭씨 약 2.7도 증가한다.

화탄소 농도의 증가율에 3.0을 곱해 다음 해 기온에 끼치는 영향을 계산했다.[7] 예를 들어, 2000년에 이산화탄소 농도가 약 0.5퍼센트 증가했으며, 그 결과 2001년 온도 상승 0.005×3.0=섭씨 0.015도를 초래했다.

그림 2.4를 보면, 낙관적인 시나리오하에서 기온이 꾸준히 상승해 2050년 직후 섭씨 2도를 넘고, 2100년에는 섭씨 약 2.7도에 도달한다. 따라서 기후 민감도가 실제로 3.0이라면, 대기 중 이산화탄소 농도 증가율이 감소하더라도 섭씨 2도 이상의 온도 상승을 막는 것은 어렵다.

3. 결론

이 대략적인 계산은 우리에게 무엇을 말해주는가? 미국, 유럽, 그리고 다른 국가의 지금까지의 감축 노력과 추가적인 감축을 위한 '공약(commitment)'에도 불구하고 지구 평균온도는 섭씨 2도 이상 상승할 가능성이 있으며(likely), 이는 빠르면 2040년에 발생할 수 있다. 더 나아가, 온도는 계속 상승해 금세기 말에는 섭씨 약 3도에 도달할 가능성이 크다. 하지만 이는 사실 낙관적인 전망이다. 꾸준히 증가해

---

7. M_t를 t년도 이산화탄소 농도라고 하면, 농도의 변화율은 $(M_t/M_{t-1})-1$이며, 이를 gM_t로 표시한다. $t+1$년도 온도에 끼치는 영향은 $(3.0)gM_t$가 된다.

온 전 세계 배출량이 갑자기 감소하기 시작해 세기말에 영(0)으로 떨어질 가능성은 거의 없기 때문이다. 게다가 우리의 계산에는 다른 온실가스, 특히 메테인은 포함되지 않았다. 전 세계 메테인 배출량도 여러 가지 이유로 증가하고 있고, 메테인은 이산화탄소보다 훨씬 빠르게 대기에서 소산하긴 하지만, 온난화 지수는 상당하다. (이 책 뒷부분에서 메테인에 대해 더 자세히 설명한다.)

내가 "……지구 평균온도는 섭씨 2도 이상 상승할 가능성이 있으며(likely)……"라고 한 것에 주목하길 바란다. 앞서 언급했고 다음 장에서 자세히 설명하겠지만, 기후변화에는 많은 불확실성이 존재한다. 예를 들어, 대기 중 이산화탄소 농도 2배 증가에 따른 기온 상승을 나타내는 기후 민감도를 생각해보자. 그림 2.4의 계산은 기후 민감도값 3.0을 기준으로 한 것으로, 이는 '가장 가능성이 높은(most likely)' 범위인 1.5와 4.5의 중간값이며 현재 IPCC가 제시하는 최신 추정치다. 이 범위의 최솟값 1.5를 사용했다면 세기말 기온 상승은 섭씨 2도보다 훨씬 낮았을 것이다. 그리고 이 범위의 최댓값 4.5를 사용했다면, 온도 상승은 섭씨 4도를 초과했을 것이다. 우리는 기후 민감도의 실젯값을 비롯해 기후 시스템의 다양한 다른 측면을 정확히 알지 못하기 때문에 세기말 온도 상승이 섭씨 3도일 것이라고 확언할 수는 없다. 다만 그 이상의 온도 상승은 '가능성(likely)'의 영역에 속한다는 것, 또는 적어도 '가능하다(possible)'라고 말할 수 있을 뿐이다.

낙관적인 시나리오에 따른 기온 상승 정도를 정확히 집어낼 수는 없지만, 섭씨 3도 이상의 상승이 가능하거나(likely) 어느 정도 가능하다는(quite possible) 사실 자체는 많은 것을 시사한다. 이는 배출량을 줄이기 위한 최선의 노력에도 불구하고, 이 정도 또는 그 이상의 기온 상승과 함께 기후의 다른 변화에도 대비해야 한다는 것을 의미한다. 낙관적인 태도는 좋지만, 공공 정책의 관점에서 보면 감축만으로 기후 재앙의 위험을 제거하기에 충분할 것이라고 믿는 것은 무책임한 일이다.

4. 더 읽어보기

다시 말하지만, 이 책은 기후변화 과학 또는 경제학에 대한 입문서가 아니다. 다음 장에서 기후변화에 대해 우리가 알고 있는 것과 모르는 것을 설명하지만, 간략하게 다뤘기에 어떤 독자는 더 자세한 소개를 원할 수도 있을 것 같다. 그런 독자에게는 다음의 책과 논문을 추천한다.

- 기후변화와 그 영향, 가능한 감축 전략에 대해(2014년 기준) 우리가 알고 있는 것과 모르는 것을 냉철하고 자세하게 다룬 내용을 원한다면, 3권으로 구성된 〈IPCC 보고서(IPCC, 2014)〉와 섭씨 1.5도 이상의 온도 상승이 끼칠 수 있는 영향에 관한 〈2018년 특별 보고서(IPCC, 2018)〉, 그리고 기초 물리과학에 대

한 〈2021년 보고서(IPCC, 2021)〉 참조하기 바란다.
- 멧칼프의 저서 《오염에 지불하기: 탄소세가 미국에 좋은 이유 (Paying for Pollution: Why a Carbon Tax is Good for America, 2019)》는 탄소세가 왜 가장 효율적인 감축 방법인지 훌륭한 설명을 담고 있다. 기후변화의 경제학에 대한 입문서로도 이 책을 추천한다.
- 기후변화 경제학에 대한 조금 더 전문적인 개요는 힐(Heal, 2017a)과 샹과 콥(Hsiang and Kopp, 2018)의 연구를 참조하기 바란다.
- 21세기 중반까지 이산화탄소 배출량을 50퍼센트 또는 80퍼센트까지 줄이는 것은 얼마나 어려울까? 힐(Heal, 2017b)의 연구는 미국의 경우 이를 어떻게 달성할 수 있는지, 그리고 2050년까지 배출량을 50퍼센트 감축하는 것이 왜 가능한지 설명하며, 비용이 많이 들긴 하지만 2050년까지 80퍼센트 감축할 수 있다고 주장한다. (단, 이 분석은 전 세계 배출량이 아닌 미국 배출량에 대한 것이다.)
- 왜 우리는 (기후변화에 대해 무언가를 하기 위해) 기다리고 있을까? 최근 출간된 스턴(Stern, 2015)의 저서는 기후변화 과학과 경제학에 대한 입문과 함께, 우리의 경각심을 일깨워준다.
- 전혀 다른 관점에서 롬보르그(Lomborg, 2020)는 기후변화가 실재하며 중요한 문제이긴 하지만, 언론과 정치인들이 흔히 말하는 것처럼 비상사태는 아니라고 주장한다. 롬보르그는 많은 기

후변화 정책이 실제로는 경제, 빈곤, 질병에 악영향을 끼칠 뿐 기후 문제를 해결하는 데는 거의 도움이 되지 않는다고 본다. 비슷한 맥락에서 쿠닌(Koonin, 2021)은 기후변화에 대해 우리가 모르는 것이 많다는 사실을 강조한다. 그러나 이 책의 메시지와 달리, 그는 보험 가치를 무시하고 내재한 불확실성 때문에 지금 당장 행동하기보다는 기다려야 한다고 주장한다.

3장

기후변화, 우리가 알고 있는 것과 모르는 것

CLIMATE FUTURE

기후변화에 대한 잠재적인 해결책을 모색하기 전에, 기후변화에 대해 우리가 가진 지식을 짚어보는 것이 유용할 것이다. 기후변화에 대해 우리가 알고 있는 것도 많지만, 여전히 모르는 것도 많다. 앞으로 수십 년 동안 전 세계가 배출할 이산화탄소와 다른 온실가스의 양을 정확히 안다고 해도, 그 결과 지구 평균온도가 얼마나 상승할지는 (합리적인 정확도로) 예측할 수 없다. 게다가 온난화 정도를 설사 예측할 수 있다고 해도, 우리에게 끼치는 영향이 어떻게 될지 예측할 수 없는데, 결국 우리에게 중요한 것은 그 영향이다. 우리는 기후변화와 그 영향에 대해 상당한 불확실성에 직면해 있으며, 앞으로 살펴볼 것처럼 이러한 불확실성은 기후 정책에 중요한 함의를 가진다.

이전 장에서 설명했듯이, 기후변화의 기본 메커니즘은 매우 간단하다. 반복의 우려를 무릅쓰고 말하면, 햇빛이 지구 대기에 도달하면 그 에너지의 일부는 다시 우주로 반사되고 나머지는 지구에 흡수된다. 또한 일부 에너지는 항상 (상대적으로 따뜻한) 지구에서 (상대적으로 차가운) 우주로 방출된다. 유입되는 에너지와 유출되는 에너지의 차이를 복사 강제력이라고 하며, 복사 강제력이 양(+)이면 지구는 더 따뜻해진다. 대기 중 이산화탄소는 우주로 반사되는 비율에 비해 흡수되는 햇빛의 비율을 증가시켜 지구를 따뜻하게 만든다.

탄소를 연소시키면 점점 더 많은 이산화탄소가 대기 중에 축적돼 복사 강제력이 증가하고 기온이 상승한다. 그리고 기온 상승은 환경과 기후에 다른 변화를 일으키는데, 예를 들면 북극과 남극 지역의 빙하가 깨지고 바닷물이 팽창해 해수면이 상승하고 해안 지역이 침수될 수 있다. 또한 해수 온도가 높아지면 열대성 폭풍과 허리케인에 더 많은 에너지를 공급해 강력하고 파괴적으로 만들 수 있다.

하지만 대기 중 이산화탄소 농도가 증가하면 온도는 얼마나 상승할까? 온도 상승은 해수면 상승과 허리케인의 강도를 얼마나 증가시킬까? 지역에 따라 이러한 영향은 어떻게 다르게 나타날까? 안타깝게도, 우리는 아직 이러한 질문들에 대한 답을 알지 못한다. 그렇다고 이산화탄소 농도 상승이 기후에 끼치는 영향에 대해 전혀 모른다는 뜻은 아니다. 가능한 결과의 범위는 어느 정도 짐작하고 있다. 하지만 그 범위는 상당히 넓으며, 그 이유를 알아보는 것이 바로 이 장의 목적이다.

서론에서 말했듯이, 기후변화가 좋지 않은 일이라는 데 이의를 제기하는 사람은 거의 없을 것이다. 전 세계적으로 기후변화는 막대한 비용을 초래할 것이며, 그래서 우리는 이에 대해 무언가를 해야 한다. 그러나 다시 말하지만, 우리는 상당한 불확실성에 직면해 있다. 향후 수십 년 동안 우리가 겪게 될 기후변화의 정도를 정확하게 예측할 수 있다고 해도, 그 경제적·사회적 영향이 어느 정도일지는 알 수 없다. 앞으로 살펴보겠지만, 기후변화의 비용에 대한 불확실성은 기후 정책에 중요한 시사점을 갖는다.

또 다른 문제가 있다. 기후변화 정도뿐 아니라 그 경제적 영향(달러 또는 GDP 감소율로 표시)을 정확하게 예측할 수 있다고 하자. 이러한 경제적 영향의 대부분은 먼 미래, 아마도 2050년 이후에 발생할 것이다. 그러나 기후 정책의 비용은 훨씬 이른 시점에 발생한다. 따라서 기후 정책을 평가하려면, 먼 미래의 경제적 영향과 가까운 미래의 정책 비용을 비교해야 한다. 즉, 미래의 영향과 비용의 현재 가치를 계산할 수 있는 할인율이 필요하다. 할인율이 높으면 먼 미래에 발생할 경제적 영향의 현재 가치가 낮아서 당장 엄격한 배출 감축 정책을 채택할 필요성이 적고, 할인율이 낮으면 그 반대를 의미하므로 할인율의 선택은 매우 중요하다. 그렇다면 여러 기후 정책을 평가할 때 사용해야 하는 '올바른' 할인율은 얼마인가? '올바른' 할인율이 무엇인지에 대해서는 (적어도 경제학자들 사이에서는) 상당한 의견 차이가 있다. 그리고 이는 기후 정책을 더욱 복잡하게 만든다.

1. 탄소의 사회적 비용

문제를 더 잘 이해하기 위해, 이산화탄소 배출로 인한 기후변화 정도를 정확히 알고 있고, 기후변화로 인한 비용도 알고 있다고 치자. 특히 지금 1톤의 이산화탄소를 추가로 대기에 배출할 때 기후에 끼치는 영향을 파악할 수 있다고 가정해보자. 나아가 이러한 영향의 미래 비용을 GDP 손실액으로 계산할 수 있다고 가정하자. 마지막으로,

올바른 할인율이 무엇인지 합의하게 돼 그 비용의 현재 가치, 즉 현재 시점 달러로 환산할 수 있다고 하자. 이렇게 1톤의 이산화탄소를 추가로 배출함에 따라 발생하는 비용을 사회적 탄소 비용(Social Cost of Carbon)이라고 한다. 이를 '사회적 비용'이라고 부르는 이유는 이산화탄소를 배출하는 가계나 기업이 그 비용을 직접 부담하지 않기 때문이다. 이산화탄소 배출에 따른 비용은 가계나 기업 외부에서 발생하므로 이를 외부성(externality)이 발생했다고 한다.[1]

탄소의 사회적 비용은 탄소세의 기초가 된다. 왜 그럴까? 탄소의 사회적 비용을 기준으로 세금을 부과하면 가정과 기업이 이산화탄소 배출에 따른 비용을 전액 부담하지 않는 문제를 교정할 수 있기 때문이다. 예를 들어, 1톤의 이산화탄소 배출이 우리 사회에 100달러의 비용을 발생시킨다면, 원칙적으로는 당신이 그 비용을 부담해야 할 것이다. (이 예에서) 톤당 100달러의 탄소세를 부과하면 문제가 해결된다. 당신은 1톤의 이산화탄소 배출로 인해 발생한 피해에 대해 100달러를 지불하게 되는 것이다. 따라서 어떻게든 (전 지구적인) 탄소의 사회적 비용을 추정할 수 있다면 탄소세 수준을 알 수 있게 되고, 적어도 원칙적으로 기후 문제를 해결하는 방법을 알 수 있게 된다. 여기서 '원칙적으로'라고 한 이유는 모든 국가가 무임승차하지

---

1. 핀다이크와 루빈펠드(Pindyck and Rubinfeld, 2018)와 같은 미시경제학 교과서에서는 어떤 활동의 사회적 비용을 사적 비용과 외부 비용을 더한 것으로 정의한다. 그러나 기후변화 문헌에서 사회적 비용은 외부 비용만을 의미하며, 여기서는 이 정의를 사용한다.

않고 이 '해결책'에 동의해야 하는데, 이는 현실적으로 어려운 일이기 때문이다. 하지만 적어도 우리는 무엇이 필요한지 알 수 있다.

그렇다면 탄소의 사회적 비용은 얼마일까? 모른다. 누군가는 기후변화가 심각하지 않을 것이고, 대부분 국가에 끼치는 경제적 영향은 미미할 것이며, 먼 미래에 발생할 것이라고 주장한다(그래서 경제적 영향의 현재 가치가 작다). 이는 탄소의 사회적 비용이 적으며, 톤당 20달러 정도에 그칠 수 있다. 반면, 누군가는 즉각적이고 엄격한 온실가스 감축 정책이 없다면 경제에 치명적인 영향을 끼칠 수 있는 상당한 기온 상승이 일어날 가능성이 크고, 그 영향은 조만간 발생할 것이라고 주장한다. 이는 탄소의 사회적 비용이 크다는 것을 의미하며, 어쩌면 1톤당 200달러 이상이 될 수도 있다.[2]

탄소의 사회적 비용을 정확히 파악할 수 없는 이유는 무엇일까? 통합 평가 모형(Integrated Assessment Model, IAM)을 사용하면 되지 않을까? 즉, 온실가스 배출과 그것이 온도에 끼치는 영향을 설명하는 기후과학 모형과 기후변화가 생산, 소비, 기타 경제 변수에 끼치는 영향을 설명하는 경제 모형을 '통합(integrate)'한 모형을 사용해 계산할 수 있지 않을까? 실제로 기후변화와 기후 정책에 관심 있

---

2. 필자가 아는 가장 높은 추정치는 힐(Heal, 2020)의 톤당 400달러다. 나는 최근 수백 명의 기후과학 및 경제학 전문가를 대상으로 탄소의 사회적 비용에 관한 의견을 조사한 적이 있는데, 전문가들 간에 상당한 이견이 있었고 탄소의 사회적 비용 수치에 큰 편차가 있었다. 이는 과학과 경제학에 대한 우리의 제한된 지식을 반영하는 것일 수도 있지만, 설문 조사 결과에서 추론할 수 있는 단일 추정치는 없음을 의미할 것이다. 자세한 내용은 핀다이크(Pindyck, 2019)를 참조하라.

는 경제학자가 이러한 모형을 구축하고 있다.[3] 문제는 통합 평가 모형에서 전제하는 많은 관계가 자의적(ad hoc)으로, 이론이나 데이터와 거의 연결되지 않는 탓에 탄소의 사회적 비용을 안정적으로 추정하는 정책 도구로서는 그다지 유용하지 않다는 것이다. (이에 대해서는 나중에 더 자세히 설명하겠다.)

근본적인 문제는 기후변화, 특히 경제적 영향에 대한 우리의 지식이 제한적이라는 것이다. 물론, 일부 과정은 우리가 꽤 잘 이해하고 있다. 여전히 불확실성이 존재하고 일부 수치에 대해서는 논쟁의 여지가 있지만, 적어도 무슨 일이 일어나고 있는지는 잘 알고 있다. 그러나 우리가 잘 이해하지 못하는 부분도 있고, 아예 이해하지 못하는 부분도 있다. 다음은 기후변화의 메커니즘과 그 영향에 대해 간략하게 요약한다. 그리고 우리가 알고 있는 것과 모르는 것, 그리고 모르는 이유도 다룬다.

---

3. 초기 통합 평가 모형 중 하나는 약 30년 전 윌리엄 노드하우스(William Nordhaus)가 개발한 것으로, 온실가스 배출의 영향에 대한 기후과학과 경제적 측면을 통합하려는 선구적 시도였다(Nordhaus, 1991, 1993). 이 초기 모형은 주요 변수들 간 동적 관계와 그 관계의 함의를 일관되고 설득력 있게 설명함으로써 경제학자들이 기본 메커니즘을 이해하는 데 도움을 주었다. 그러나 지난 10년에서 20년 간 이 모형들은 더 크고 복잡해졌지만, 온실가스 배출이 어떻게 온도 상승으로 이어지고, 그 결과 (계량화 가능한) 경제적 손실을 초래하는지에 대한 이해를 심화하는 데는 거의 기여하지 못했다. 통합 평가 모형에 대한 나의 비판은 핀다이크(Pindyck, 2013a)에 요약돼 있다.

2. 기후변화에 대한 기본적 사실

문제를 단순화하기 위해, 메테인 등 다른 온실가스는 일단 무시하고 기후변화의 가장 주요한 원인인 이산화탄소에 집중하자. 우리의 지식과 무지를 더 잘 이해하려면 이산화탄소 배출이 어떻게 발생하고 대기 중에 어떻게 축적되는지, 대기 중 이산화탄소 농도 증가가 어떻게 기후변화를 초래하는지, 기후변화가 다시 어떻게 영향을 끼치는지, 그리고 그 영향을 경제적으로 어떻게 평가할 수 있는지에 대한 기본 메커니즘을 살펴보는 것이 유익할 것이다. 또한 배출량을 어떻게 줄일 수 있으며, 그 비용은 얼마인지 알고자 한다. 이는 감축 정책을 취했을 때 예상 피해와 '평상시(Business As Usual, BAU)', 즉 배출 감소를 위한 어떠한 조치도 취하지 않았을 때 예상 피해를 비교해 판단할 수 있다. 이러한 예측을 위해서는 다음과 같은 단계를 거쳐야 한다.

(1) **GDP 성장:** 온실가스는 경제활동에 의해 배출된다. 전 세계 모든 경제활동이 중단되면, 즉 생산도 소비도 중단되면 인간에 의한 온실가스 배출도 중단될 것이다. 따라서 온실가스 배출을 예측하는 첫 번째 단계는 GDP를 예측하는 것이다. 물론 쉽지 않다! 각국 또는 각 지역의 향후 5년 GDP 성장을 예측하기란 매우 어려운 일이다. (예를 들어, 2008년 금융 위기 이후 전 세계적인 경기 침체나 2020년 코로나19로 인한 급격한 경기 침체를 예상

한 사람은 아무도 없었다.) 코로나19 이전까지 강세를 보였던 중국의 GDP 성장은 앞으로 급격히 둔화될 것인가, 아니면 다시 회복될 것인가? 지난 10년 동안 빈혈(anemic) 증세를 보이다가 코로나19로 타격을 입은 유럽과 일본의 GDP 성장은 과연 회복될까? 아직은 알 수 없다. 설사 향후 5년 또는 10년 GDP 성장을 예측할 수 있다손 치더라도 그것으로는 충분하지 않다. 적어도 향후 50년 동안의 GDP 성장을 예측해야 하기 때문이다. 쉽지 않은 일이고, 상당한 불확실성이 존재한다.

(2) **온실가스 배출**: 다음 단계로 가기 위해, 세기말까지의 (지역별) GDP 성장에 대한 합리적인 예측이 있다고 가정하자. 이를 사용해 감축 정책이 시행되지 않는 '평상시(BAU)' 이산화탄소 배출량(및 다른 온실가스 배출량)을 예측할 수 있다. 이를 위해, 이산화탄소 배출량과 GDP의 관계를 추정한 후 미래 GDP 예측을 적용한다. 그러나 여기에는 문제가 있다. 이산화탄소 배출량과 GDP의 관계는 계속 변화해왔고, 앞으로도 예측하기 어려운 방식으로 계속 변화할 가능성이 크기 때문이다. (여행을 급격히 줄인 코로나19는 이산화탄소 배출량과 GDP의 관계가 어떻게 갑작스럽고 예측할 수 없이 변할 수 있는지를 생생히 보여주는 예다.) 복수의 감축 시나리오나 GDP 성장 시나리오하에서 이산화탄소 배출량을 예측하려고 할 때도 같은 문제에 직면하게 된다.

(3) **대기 중 온실가스 농도**: 앞선 두 단계 작업을 수행해 세기말까지 이산화탄소 배출량을 전망했다고 하자. 이를 사용해 과거,

현재 배출량과 미래 배출량을 고려해 미래의 대기 중 이산화탄소 농도를 예측할 수 있다. (메테인에 대해서도 같은 작업을 수행할 수 있지만, 메테인은 대기에서 상대적으로 빠르게 소산되므로 여기서는 이산화탄소에 초점을 맞춘다.) 이산화탄소 소산율은 대기와 해양의 이산화탄소 농도에 따라 달라지기 때문에 여기에는 약간의 불확실성이 있다. 그러나 아래에서 설명할 다른 불확실성보다는 비교적 정확하게 배출량을 농도로 환산할 수 있다.

(4) **온도 변화:** 이제 어려운 부분이다. 전 세계 또는 지역별 평균 기온 변화, 강우량 변동, 허리케인 빈도와 강도, 해수면 상승 등 이산화탄소 농도 증가로 인해 발생할 수 있는 변화를 예측하고자 한다. 온도 변화는 기후 민감도값을 적용해 예측할 수 있지 않을까? 2장에서는 기후 민감도 중간값인 3.0을 사용해 '낙관적인' 시나리오에 대해 그렇게 했다. 하지만 앞서 말한 것처럼, 우리는 기후 민감도 참값을 알지 못한다. 2021년까지 IPCC는 '가장 가능성이 높은(most likely)' 범위를 1.5~4.5라고 했고, 2021년에는 2.5~4.0으로 범위를 좁혔다. IPCC가 '덜 가능성 있는(less likely)', 그러나 가능한 값으로 간주한 수치를 포함하면 그 범위는 1.0~6.0으로 확대된다. 물론 2.5에서 4.0도 큰 범위이며, 따라서 온도 변화의 범위 역시 크다는 것을 의미한다. 이러한 불확실성 외에도, 이산화탄소 농도 증가와 온도 상승에 걸리는 시간은 어느 정도일까? 10년에서 50년 정도인데, 다시 말하지만, 이 역시 넓은 범위다.

(5) **기후변화의 영향:** 앞 단계에서 언급한 어려움에도 불구하고, 앞으로 수십 년 동안 기온이 얼마나 상승할지, 그리고 해수면이 얼마나 상승할지 등을 알고 있다고 가정하자. 이러한 변화의 경제적 영향을 GDP와 소비 손실 측면에서 예측하고 싶다. 그런데 이제 우리는 정말 미지의 영역에 있게 된다. 대부분의 통합 평가 모형은 온도 변화와 GDP 손실 간의 관계를 나타내는 '피해 함수(damage function)'를 이용해 이러한 예측을 하지만, 이러한 피해 함수는 경제 이론이나 실증 증거에 근거하지 않는다. 이 함수는 기온이 상승할 때 GDP가 얼마나 감소하는지를 설명하기 위해 임의로(arbitrary) 만들었을 뿐이다. 설상가상으로, '경제적 영향'에는 기후변화의 사회적·정치적·보건적 영향과 같은 간접적인 영향도 포함돼야 하며, 이는 어떻게든 화폐화돼 반영돼야 한다. 여기에서도 우리는 미지의 어둠 속에 있다. 기온 상승의 사회적·정치적 영향, 사망률과 유병률에 끼치는 영향에 대한 추정치는 있지만, 실제 실증적 증거는 거의 없다. 사실 우리는 실제 피해 함수가 어떻게 생겼는지 모른다. 결론은, 기후변화의 영향을 예측하는 것은 분석에서 가장 추측적인(speculative) 단계라는 것이다.

(6) **감축 비용:** 기후 정책을 평가하려면 해당 정책의 편익과 비용을 비교해야 한다. 여기서 편익은 무엇일까? 기후변화로 인한 피해의 감소, 이를테면 기후변화로 인한 GDP 손실을 줄이는 것이다. 하지만 앞서 설명한 것처럼, 기후변화의 영향을 예

측하는 것은 매우 추측적이기 때문에 이러한 편익을 추정하는 것은 어려운 문제다. 한편, 비용은 무엇일까? 비용을 결정하려면 현재와 미래에 걸쳐 온실가스 배출량을 감축하는 데 드는 비용을 추정해야 한다. 배출량을 10퍼센트 줄이는 것은 비교적 수월하지만, 70~80퍼센트를 줄이기 위해서는 큰 비용이 든다. 하지만 얼마나 들까? 우선 배출량을 70퍼센트 이상 줄인 경험이 없으므로 확실하지 않다. 그리고 향후 수십 년 동안 감축 비용은 어떻게 변할까? 이에 답하려면 미래의 감축 기술 변화에 예측이 필요하지만, 기술 변화를 예측하는 것은 결코 쉽지 않다. 다시 한번, 우리는 상당한 불확실성에 직면해 있다.

(7) **현재와 미래 GDP 손실 평가:** 마지막으로, 온도 상승으로 인한 연간 경제적 손실을 어떻게든 추정할 수 있다고 가정해보자. 또한 '평상시(BAU)'인 경우와 특정 감축 정책을 시행했을 때의 온도 상승을 각각 알고 있다고 가정하자. 그리고 해당 감축 정책의 연간 비용(GDP 손실 측면에서)도 알고 있다고 가정하자. 이 정책을 어떻게 평가해야 할까? 다시 말해, 정책으로 인한 혜택과 비용을 어떻게 비교할 수 있을까? 먼저, 감축 비용으로 인한 현재의 소비 손실과 감축 정책으로 인한 미래의 소비 증가(혹은 GDP 손실 감소분)를 비교할 수 있는 할인율을 알아야 한다. 그리고 할인율[이 경우에는 사회적 시간 선호율(social rete of time preference)인데, 사회가 현재와 미래의 소비 손실을 어떻게 평가하는지를 측정하기 때문이다]의 선택은 매우 중요하다.[4] 할인율

이 낮으면(예: 1퍼센트) 엄격한 감축 정책을 즉각 채택하는 것이 바람직하며, 할인율이 높으면(예: 5퍼센트) 그 반대가 된다. 그렇다면 '올바른' 할인율은 얼마일까? 앞으로 살펴보겠지만, 경제학자 사이에서 합의된 명확한 수치는 없다.

요약하면, 우리는 온실가스 배출량과 농도에 관해 어느 정도 지식을 가지고 있으며, 합리적인 예측도 할 수 있다. 물론, 50년 이상을 예측할 때는 불확실성이 존재한다. 하지만 적어도 불확실성의 본질을 정확히 파악하고 있으며, 어느 정도는 줄일 수 있다. 반면, 기후변화의 다른 측면, 즉 기온, 해수면, 허리케인 강도의 변화, 특히 이러한 변화의 경제적 영향은 우리가 거의 알지 못하는 부분이다. 이제 우리가 알고 있는 것과 모르는 것에 대해 자세히 논의하고, 왜 우리가 특정 사항을 모르는지, 불확실성은 어느 정도인지, 앞으로 몇 년 동안 불확실성이 줄어들 가능성은 얼마나 되는지 살펴보자.

3. 우리가 알고 있는 것

기후변화 과정에는 우리가 잘 이해하고 있는 부분도 있다. 구체적인

---

4. 우리는 사회 후생 함수를 이용해 GDP 감소에 따른 사회적 효용의 감소를 알고 싶을 수도 있다. GDP 5퍼센트 감소에 따른 효용 감소분은 GDP 수준에 따라 달라지고, 특히 GDP가 낮을 때 더 클 것이다. 이 점은 나중에 다시 설명하겠다.

수치에 대해서는 여전히 상당한 불확실성이 존재하지만, 적어도 그 수치를 추정하고 합리적인 범위를 제시할 수는 있다.

이산화탄소 배출의 원인

탄소를 태우면 이산화탄소가 발생한다. 그렇다면 앞으로 수십 년 동안 얼마나 많은 탄소가 연소돼 얼마나 많은 이산화탄소가 배출될까? 이는 경제활동과 함께 감축 노력에 달려 있다. 감축은 기후변화 정책을 논의할 때 다룰 것이므로 지금은 잠시 제쳐두자. 감축 정책이 없는 상황에서, 이산화탄소 배출량의 원동력은 무엇인가? 경제활동이다.

상품과 서비스의 생산이든 소비든, 경제활동 대부분은 탄소 연소와 관련이 있다. 생산 측면에서는 공장을 운영하려면 에너지가 필요하며, 그 에너지 대부분은 직접적(예: 철, 구리, 다른 금속을 생산하기 위해 석탄과 연료를 태우는 것) 또는 간접적(예: 알루미늄 생산에 필요한 전력을 생산하기 위해 화석연료를 태우는 것)으로 화석연료에서 나온다. 소비 측면에서는 화석연료를 태워서 난방하고, 자동차를 운전하고, 전 세계를 비행한다. 따라서 GDP로 측정되는 경제활동이 증가하면 이산화탄소 배출도 증가하게 된다.

향후 수십 년 동안의 GDP 성장률을 예측했다고 하자. 이를 이용해 이산화탄소 배출량을 예측할 수 있을까? 곧 살펴보겠지만 조금 복잡하다.

탄소 집약도

GDP와 이산화탄소 배출 사이의 관계는 단순하지도, 고정돼 있지도 않다. 지난 50여 년 동안 미국, 유럽, 중국 등 국가에서 GDP 1달러당 배출되는 이산화탄소는 꾸준히 감소했다. 이 비율, 즉 GDP 1달러당 배출된 이산화탄소를 '탄소 집약도(carbon intensity)'라고 한다. 탄소 집약도가 감소한 이유는 여러 가지다.

- GDP의 구성, 즉 GDP를 구성하는 상품과 서비스의 조합이 변화하고 있다. 50년 전에 비해 서비스(예: 의료, 엔터테인먼트, 소매업)가 제조나 운송보다 상대적으로 더 중요해졌는데, 서비스는 제조, 운송보다 에너지 사용량이 적고, 이에 따라 이산화탄소 배출량도 적다.
- 상품과 서비스를 생산, 활용하는 방식이 기술적으로 개선되면서 에너지 사용량이 줄었고, 이에 따라 이산화탄소 배출량도 감소했다. 예를 들어, 현재의 자동차, 트럭, 버스는 50년 전보다 훨씬 연비가 좋아졌으며, 가정용 및 상업용 냉난방 시스템도 마찬가지다.
- 에너지 자체가 '친환경화'되고 있다. 재생에너지(특히 풍력, 태양광)를 이용한 생산이 증가하고 있으며, 화석연료, 특히 석탄의 비중은 감소하고 있다. 또한 석탄에서 천연가스로의 전환은 '친환경'은 아니지만, 이산화탄소 배출을 절반으로 줄인다.

미래에 어떤 일이 일어날 수 있는지 이해하기 위해 탄소 집약도를 다음과 같은 구성 요소로 세분화해보자.

(1) **에너지 집약도**(energy intensity): GDP 1달러 생산을 위해 소비되는 에너지의 양을 의미한다. 에너지 소비량은 보통 1,000조 BTU[10^{15}BTU, 쿼드(quad)로 표시]로, GDP는 10억 미국 달러로 측정한다.[5] 국제 비교를 위해 환율 또는 구매력 평가 지수를 사용해 국가의 GDP를 미국 달러로 환산한다.[6] 에너지 집약도의 측정 단위는 쿼드/10억 달러($)이다.

(2) **에너지 효율**(energy efficiency): 탄소 효율(carbon efficiency) 또는 이산화탄소 효율이라고도 하며, 에너지 1쿼드를 소비할 때 배출되는 이산화탄소를 의미한다. 예를 들어, 에너지가 풍력이나 태양광에서 만들어진다면 이산화탄소는 거의 또는 전혀 배출되지 않는다. 천연가스라면 중간 수준의 이산화탄소가 배출되고, 석탄이라면 많은 양의 이산화탄소가 배출된다. 이산화탄소 배출량을 메가톤(Mt, 100만 톤) 단위로 측정하며, 에

---

5. 1BTU(British Thermal Unit)는 물 1파운드의 온도를 화씨 1도 올리는 데 필요한 열에너지의 양을 의미한다. 미터법에서 에너지 단위는 칼로리(calorie)인데, 1칼로리는 물 1그램의 온도를 섭씨 1도 올리는 데 필요한 열량이다. 1BTU는 대략 252칼로리에 해당한다.
6. 환율은 거래되는 상품의 흐름과 자본의 흐름에 의해 결정되지만, 사람들이 소비하는 많은 상품(예: 주택, 교통, 식품)은 거래되지 않으며 사람들은 자본을 직접 소비하지 않는다. 구매력 평가 지수(PPP)를 사용하면 사람들이 실제로 소비할 수 있는 것을 기준으로 한 국가에서 다른 국가로 통화를 환산할 수 있다.

너지 효율의 측정 단위는 100만 CO$_2$톤/쿼드이다.

(3) **탄소 집약도**(carbon intensity): GDP 10억 달러당 배출되는 이산화탄소(100만 톤)의 양이다. 탄소 집약도는 다음과 같이 에너지 집약도와 에너지 효율의 곱으로 주어진다.

- 탄소 집약도=100만 CO$_2$톤/10억 달러=(쿼드/10억 달러)×(100만 CO$_2$톤/쿼드)

에너지 집약도와 에너지 효율의 동인이 다르므로 탄소 집약도를 두 가지 요소로 분해하는 것은 유용하다.

이렇게 탄소 집약도를 분해해서 알 수 있는 것은 무엇일까? 향후 수십 년 동안의 이산화탄소 배출량을 예측하려면(감축 정책의 유무와 관계없이) 다음을 해야 함을 의미한다.

(1) GDP 성장 예측
(2) 에너지 집약도 변화 예측
(3) 에너지 효율 변화 예측

또한 GDP 성장률, 에너지 집약도, 에너지 효율성은 국가와 지역에 따라 서로 다르게 전개될 가능성이 크기 때문에 주요 국가, 적어도 지역별로 이 작업을 모두 수행해야 한다. 이에 대한 자세한 내용은 아래에서 설명한다.

GDP 성장

GDP 성장부터 살펴보자. 그림 3.1은 1960년부터 2018년까지 미국, 일본, 중국, 인도의 GDP(2010년 미국 달러 기준)를 보여준다. 미국의 경우 실질(즉, 인플레이션을 보정한) GDP 성장률은 경기 침체기에는 음(−)(예: 1982년 −1.8퍼센트, 2009년 −2.55퍼센트)에서 경기 회복기에는 양(+)(예: 1984년 7.2퍼센트)으로 전환됐지만, 평균적으로 2.0퍼센트에서 2.5퍼센트 성장률을 기록했다. 여기서 코로나19로 전 세계 대부분이 겪은 2020년 불황은 고려하지 않았다. 팬데믹 이후 회복 정도에 따라 향후 10~20년 이내는 과거 성장률을 회복할 수 있을 것으로 보인다. 하지만 세기말까지도 같은 성장률을 기대할 수 있을까? 모르겠다.

그림 3.1의 나머지 세 나라의 GDP 성장률을 예측하는 일은 훨씬 더 어렵다. 일본의 GDP는 1960년부터 1992년까지 매년 약 5~6퍼센트 성장했지만, 1992년 이후로는 연간 1퍼센트 미만으로 둔화됐다. 팬데믹 이후 일본 경제가 다시 성장세를 회복할 수 있을지는 여전히 불확실하다. 중국은 전혀 다른 경험을 했다. 1980년대 초반까지는 느린 성장을 보였지만, 1990년부터는 연평균 9퍼센트에 달하는 고도성장을 기록했다. 코로나19로 인해 중국 GDP가 급격히 감소했는데, 회복되더라도 향후 앞으로는 성장 속도가 둔화될 가능성이 크다. 그렇다면 어느 정도로 둔화될까? 인구 측면에서 중국과 인도는 세계에서 가장 큰 국가다. 앞으로 남은 세기 동안 이 두 국가의 GDP는 어떤 모습을 보일까?

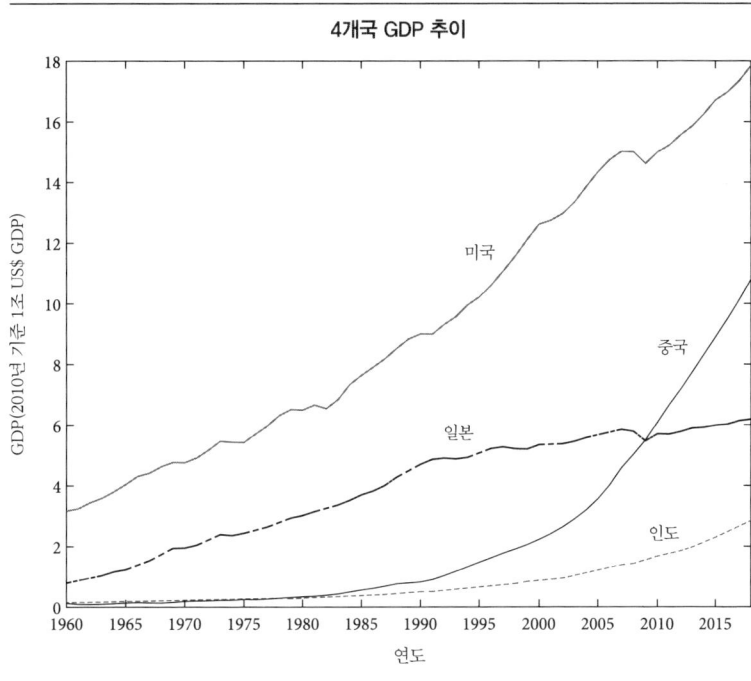

[그림 3.1] 1960~2018년 미국, 중국, 일본, 인도의 GDP(2010년 미국 달러 기준)

    몇 년 후의 단기 GDP 성장조차 예측하기 어려운 상황에서, 경제 규모가 서로 다른 여러 국가의 향후 10년, 20년 또는 50년 동안의 성장률을 예측하는 것은 훨씬 더 어려운 일이다.[7] 하지만 앞으로 살펴보겠지만, GDP 성장에 대한 이 예측은 다른 항목에 비하면 비교적

---

7. 최근 연구(Müller, Stock, and Watson, 2019)에서는 1900년부터 2017년까지 118년 동안 113개 국가의 데이터를 사용해 장기 GDP 성장률의 움직임을 모형화했다. 연구진은 국가 간 데이터를 결합하면 예측 범위를 좁힐 수는 있지만, 한 세기가 넘는 데이터를 사용하더라도 "100년 성장 경로는 매우 넓은 불확실성을 보여준다"라는 결론에 도달했다.

덜 추측적(speculative)이라고 할 수 있다. 그리고 우리는 GDP 성장의 핵심 요인에 대해서는 어느 정도 알고 있기에, 이 예측의 불확실성 역시 평가할 수도 있다.

에너지 집약도

그림 3.2는 1980년 이후 전 세계와 미국, 유럽, 인도, 중국의 에너지 집약도 변화를 보여준다. (그림에는 나타나 있지 않지만, 2020년은 코로나19 팬데믹으로 여행이 제한되면서 휘발유와 항공유 소비가 감소해 에너지 집약도가 줄어들었다. 이러한 감소가 일시적인지 지속될지는 불분명하다.) 미국과 유럽의 경우, (미국의 에너지 집약도가 항상 더 높지만) 에너지 집약도가 꾸준히 감소하고 있다. 이는 주로 미국과 유럽의 GDP 구성, GDP 생산, 그리고 소비 방식이 점진적으로 변화했기 때문이다. 1980년에 비해 의료, 보험, 소매업 등 서비스업이 GDP에서 차지하는 비중이 높아졌는데, 일반적으로 서비스업은 제조업보다 에너지 소비가 적다. 또한 상품과 서비스를 생산하고 사용하는 방식이 개선되면서 에너지 사용도 감소했다. 예를 들어, 자동차와 트럭의 연비가 크게 향상됐고, 냉장고, 세탁기, 텔레비전과 같은 가전제품뿐 아니라 가정용 및 상업용 냉난방 시스템의 에너지 효율도 크게 개선됐다.

그림 3.2에서 볼 수 있듯이, 중국의 에너지 집약도는 가장 큰 폭으로 감소했다. 1980년 중국의 에너지 집약도는 세계 평균의 약 5배로 매우 높았는데, 이는 부분적으로는 당시 중국의 GDP가 매우 낮았기 때문이며, 또 부분적으로는 비교적 단순한 상품 및 소비 방식의 변화

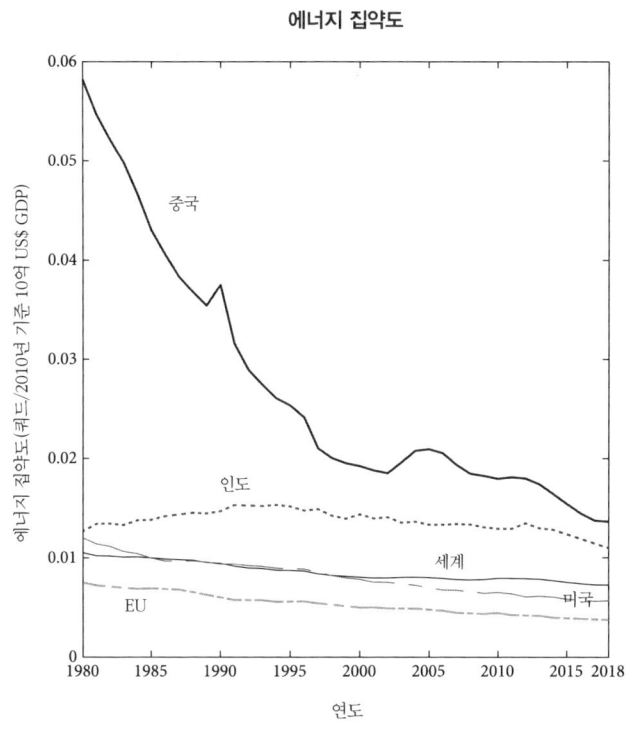

[그림 3.2] 전 세계 및 미국, 유럽, 인도, 중국의 에너지 집약도. 에너지 집약도는 2010년 GDP 10억 미국 달러당 1쿼드(1,000조 BTU)로 측정된다.
출처: 세계은행, 미국 에너지 정보국(EIA)

만으로도 에너지 사용량을 크게 줄일 수 있었기 때문이었다. 그 결과, 중국의 에너지 집약도는 1980년 0.06쿼드/10억 달러에서 2000년 0.02쿼드/10억 달러로 크게 개선됐다. 다만, 2000년 이후에는 개선 속도가 느려져서 2016년에는 약 0.015쿼드/10억 달러 수준에 머물렀다. 이는 제조업의 성장과 함께 소득 증가에 따라 중국 소비자들이 자동차, 가전제품, 여행 등을 예전보다 더 많이 소비하게 됐기 때문이다.

중국의 에너지 집약도가 크게 개선되고 미국과 유럽에서도 개선됐지만, 전 세계적으로 에너지 집약도 감소는 0.0110쿼드/10억 달러에서 0.0075쿼드/10억 달러로 개선되는 정도에 그쳤다. 이는 다른 개발도상국들에서 에너지 집약도가 거의 또는 전혀 개선되지 않았기 때문이다. 예를 들어, 그림 3.2에서 보듯이 인도의 에너지 집약도는 거의 개선되지 않았다. 결국, 전 세계적으로 에너지 집약도가 훨씬 더 개선될 것인지, 아니면 현재 수준에서 머무를 것인지에 대한 문제다. 만약 에너지 집약도가 크게 개선되지 않는다면 탄소 집약도를 낮추는 데에도 한계가 있을 것이다.

에너지 효율성

에너지 집약도가 일정하게 유지되더라도 에너지 효율이 개선된다면 탄소 집약도는 낮아질 수 있다. 그렇다면 소비되는 에너지에서 발생하는 이산화탄소를 줄일 수 있을까? 이 질문에 답하기 위해 지난 몇십 년 동안의 에너지 효율 변화를 살펴보자. 그림 3.3은 1980년 이후 전 세계와 미국, 유럽, 인도, 중국의 에너지 효율 변화 추이를 보여준다. [에너지 효율은 1쿼드당 이산화탄소 배출량(100만 톤)으로 측정된다는 점을 상기하라.]

그림에서 알 수 있듯이, 유럽과 미국 모두 에너지 효율이 개선됐음에 주목하자. 유럽의 에너지 효율은 1980년 67메가톤(Mt)CO_2/쿼드에서 2018년 43메가톤CO_2/쿼드로 크게 개선됐다. 미국은 1980년

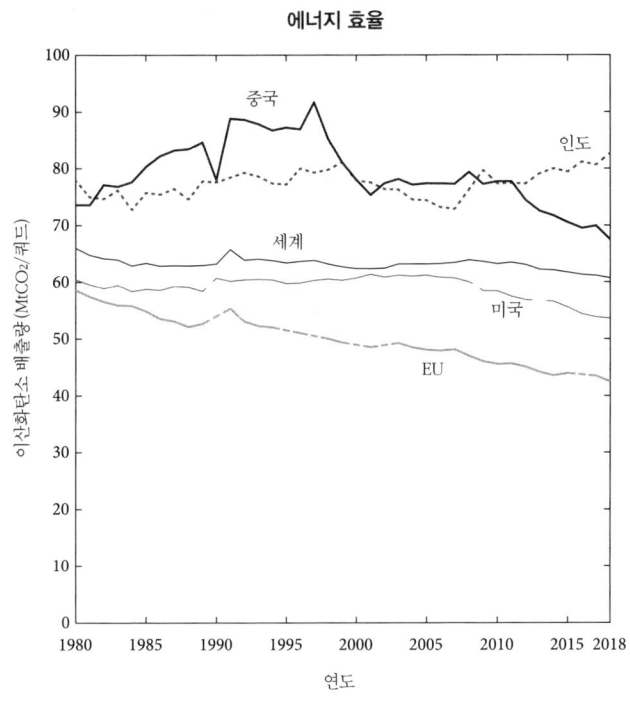

[그림 3.3] 전 세계 및 미국, 유럽, 인도, 중국의 에너지 효율. 에너지 효율은 소비된 에너지 1쿼드당 배출되는 이산화탄소 배출량으로 측정되므로 에너지 효율이 개선된다는 것은 에너지 사용으로 발생하는 이산화탄소의 양이 감소한다는 것을 의미한다.

출처: 미국 에너지 정보국(EIA)

부터 2005년까지 거의 변화가 없었으나(두 해 모두 약 60메가톤CO_2/쿼드), 그 후 10년 동안 54메가톤CO_2/쿼드까지 낮아졌다. 이러한 변화는 유럽과 미국에서 에너지의 '친환경화'가 꾸준히 진행된 결과다. 풍력과 태양광 같은 재생에너지원의 비중이 증가했으며, 석탄을 포함한 화석연료의 비중은 점차 줄어들었다.

그러나 안타깝게도 2018년 기준 중국과 인도의 에너지 효율은 여전히 1980년 수준(중국 70메가톤CO_2/쿼드, 인도 82메가톤CO_2/쿼드)과 큰 차이가 없으며, 미국과 유럽보다 훨씬 높다. 다른 대형 개발도상국들 역시 비슷한 경향을 보인다. 왜 이런 차이가 생겼을까? 이들 국가에서 에너지 생산 방식이 거의 바뀌지 않았기 때문이다. 물론 풍력이나 태양광과 같은 재생에너지 사용이 증가하기 시작했지만, 그 비중은 여전히 낮고 증가 속도도 느리다. 이 때문에 전 세계 에너지 효율은 거의 변화하지 않고 약 60메가톤CO_2/쿼드 수준에 머물러 있다.

결론적으로 (에너지 집약도와 마찬가지로) 문제는 전 세계적으로 에너지 효율이 크게 개선될 것인지, 아니면 현재와 비슷한 수준을 유지할 것인지다. 에너지 효율이 개선되지 않으면 탄소 집약도 감소를 달성하기 어려울 것이다. 그렇다면 경제성장이 멈추지 않는 한 이산화탄소 배출은 계속 증가할 수밖에 없을 것이다.

탄소 집약도

마지막으로, 그림 3.4는 에너지 집약도와 에너지 효율성의 곱인 탄소 집약도를 보여준다. 탄소 집약도는 GDP 10억 달러당 배출된 이산화탄소 배출량(100만 톤)으로 측정된다. 그래프의 모양은 에너지 집약도 그래프(그림 3.2)와 비슷한데, 이는 유럽과 미국을 제외하고는 에너지 효율이 거의 개선되지 않았기 때문이다. 따라서 유럽과 미국에서는 탄소 집약도가 점진적으로 감소했고, 중국에서는 에너지 집약도의 개선을 반영해 빠르게 감소했다. 전 세계의 탄소 집약도는 어떨까? 1980년에는 0.69메가톤CO_2/10억 달러였으며, 2000년까지는

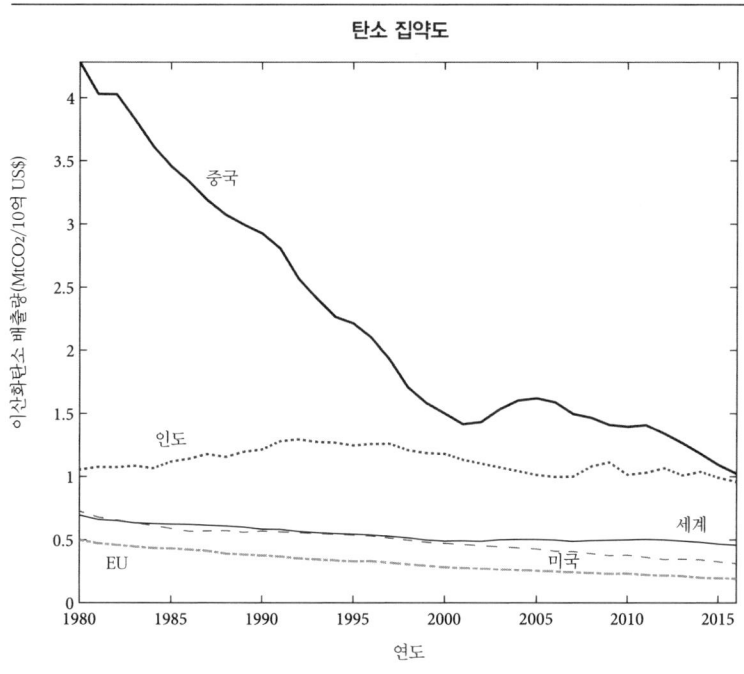

[그림 3.4] 전 세계 및 미국, 유럽, 인도, 중국의 탄소 집약도. 탄소 집약도는 에너지 집약도(그림 3.2)와 에너지 효율(그림 3.3)의 곱으로 계산하며, 2010년 GDP 10억 달러당 이산화탄소 배출량으로 측정된다.

점차 줄어들어 0.50메가톤CO_2/10억 달러 수준까지 감소했다. 그러나 2000년 이후에는 더 이상 감소하지 않고 2018년에는 0.50메가톤 CO_2/10억 달러 이하 수준에 머무르고 있다.

전 세계 탄소 집약도가 1980년 0.69메가톤CO_2/10억 달러에서 2018년 0.50메가톤CO_2/10억 달러로 감소한 것은 전 세계 배출량에 어떤 영향을 주었을까? 전 세계 탄소 집약도가 약 30퍼센트 감소했으므로, 같은 기간 동안 세계 GDP가 일정하게 유지됐다면 이산화탄소 배출도 마찬가지로 약 30퍼센트 감소했을 것이다. 하지만 (다행히도) 세계 GDP는 크게 늘어, 1980년 약 28조 달러에서 2018년에는 약 84조 달러로 3배 증가했다(2010년 달러 기준). 그래서 전 세계 이산화탄소 배출량도 크게 늘었다.

이를 더 자세히 살펴보기 위해, 전 세계 GDP와 탄소 집약도를 곱해 이산화탄소 배출량을 계산하자. 1980년의 탄소 집약도는 약 0.69메가톤CO_2/10억 달러로, 이는 0.69기가톤(Gt)CO_2/1조 달러에 해당한다. 전 세계 GDP는 약 28조 달러였으며, 이에 따라 이산화탄소 배출량은 0.69×28=19기가톤으로, 실젯값에 매우 근접한 수치다. 그리고 2018년의 탄소 집약도는 0.50메가톤CO_2/10억 달러=0.50기가톤CO_2/1조 달러이고 전 세계 GDP는 약 84조 달러이므로, 이산화탄소 배출량은 0.50×84=42기가톤이 되는데, 이는 실제보다 다소 크다.

즉, 전 세계 탄소 집약도는 소폭 감소했지만 세계 GDP가 급격히 증가하면서 전 세계 이산화탄소 배출량이 거의 2배로 늘었다.

미래 이산화탄소 배출량

그렇다면 앞으로의 이산화탄소 배출 전망은 어떨까? 한 가지 측면에서는 다소 암울하다. 전 세계적으로 탄소 집약도는 1980년부터 2018년까지 매년 약 1퍼센트의 낮은 속도로 감소해왔다. 반면, 같은 기간 동안 세계 GDP는 연평균 약 3퍼센트의 속도로 훨씬 빠르게 성장했다. 따라서 이산화탄소 배출을 줄이는 방법은 두 가지, (1) 전 세계 GDP 감소, 또는 (2) 전 세계 탄소 집약도 개선이다. 그러나 GDP 감소 또는 성장률 저하는 그리 즐거운 생각이 아니다. 이산화탄소 감축을 위해 글로벌 경기 침체나 불황을 선택할 수는 없으니까 말이다. 따라서 두 번째 선택지인 탄소 집약도 개선만 남는다.

탄소 집약도의 개선은 에너지 집약도 또는 에너지 효율의 개선을 통해 이뤄질 수 있다. 그렇다면 둘 중 하나 또는 두 가지 모두 개선이 가능할까? 그럴 수도, 아닐 수도 있다.

우선, '그럴 수도' 있는 이유는 에너지 집약도와 에너지 효율은 모두 정부 정책의 영향을 강하게 받기 때문이다. 실제로 현재 대부분의 기후 정책은 바로 이 두 요소에 관한 것이다. 이를테면, 전 세계가 탄소세를 도입해 탄소 연소 가격이 오른다면 어떤 일이 일어날지 상상해보라. 우리가 사용하는 에너지 대부분은 화석연료, 즉 탄소 기반이기 때문에 탄소세는 에너지 사용을 줄이게 된다. 즉, 탄소세를 통해 에너지 집약도를 개선할 수 있다. 탄소세 외에도 자동차 연비 기준 강화, 단열 구제 등 건축법 개정, 에너지 집약도를 직접적으로 줄일 수 있는 조치 등 다른 정책도 있다. 실제로 우리가 상품과 서비스를 생산하고 활용하는 방식이 기술적으로 발전하면서 30년 전보다 자동차, 트럭, 버스의 연료 효율은 크게 좋아졌고, 가정용 및 상업용 냉난방 시스템 역시 에너지 소비가 줄었다.

또한 탄소세는 탄소 배출이 적은 에너지원을 사용할 유인을 제공한다. 예컨대 천연가스를 연소해 얻은 에너지 1BTU는 석탄으로 얻는 것보다 절반 정도의 이산화탄소를 배출하므로, 탄소세는 석탄에서 천연가스로의 전환을 촉진할 수 있다. (물론, 이러한 전환은 신규 발전소 건설에 대한 직접 규제를 통해서도 달성할 수 있다.) 더 나아가 풍력이나 태양광은 탄소를 배출하지 않으므로 탄소세가 도입된다면 보다 매력적인 에너지원이 될 것이다.

하지만 '아닐 수도' 있다. 이러한 정책에 드는 비용, 정치적 실현 가능성, 일부 국가의 무임승차 문제 등을 고려해야 하기 때문이다. 먼저 비용 문제를 보자. 탄소세, 연비 기준 및 기타 정책 수단이 민간과 공공 부문에 얼마나 큰 비용을 초래할까? 알 수 없다. 현재 이산화탄소 감축 비용은 매우 다양하며, 기술 변화가 비용을 얼마나 줄일 수 있을지 예측할 수 없기 때문에 미래의 감축 비용은 훨씬 더 불확실하다.

감축 비용이 적정한 수준이라고 해도(개인 소비 몇 퍼센트 감소 수준에 그친다면) 정치적으로 실행 가능할까? 다시 말해, 탄소 배출을 줄이기 위해 탄소세를 도입한다고 했을 때 어느 정도의 세금이 합리적인 수준일까? 또는 배출권 거래제를 택한다면 적절한 배출권 가격은 어느 수준일까? 이 질문에 대한 답은 국가마다 다를 것이다. 이 책을 쓰는 현재 유럽에서는 강력한 감축 정책이 채택될 가능성이 크지만, 미국에서는 그리 높지 않고, 중국, 인도, 인도네시아, 러시아와 같은 국가에서는 훨씬 낮다. 이는 무임승차 문제와 밀접하게 관련이 있는데, 많은 국가에서 강력한 감축 정책의 정치적 실현 가능성을 낮춘다.

이러한 감축 정책에 관해서는 이 책의 뒷부분에서 더 자세히 논의하겠다. 지금은 미래의 이산화탄소 배출량과 관련해 현재 우리의 위치를 요약해보자. 우리가 전 세계 GDP 성장, 에너지 집약도와 에너지 효율의 변화, 따라서 탄소 집약도의 변화를 예측할 수 있다면 미래의 이산화탄소 배출량을 대략 예측할 수 있을 것이다. 그리고 '평상시(BAU)'의 상황과 감축 정책이 도입된 상황에서의 배출을 대략적으로나마 예측할 수 있을 것이다.

대기 중 이산화탄소 농도를 높이는 요인

불확실성이 존재함에도 다양한 기후 정책하에서의 미래의 이산화탄소 배출량을 예측하는 것은 중요한 작업이다. 하지만 이산화탄소 배출이 직접적으로 기온 상승을 유발하지는 않는다는 점을 상기하자. 온난화는 대기 중 이산화탄소 농도의 증가로 인해 발생한다. 물론 농도 증가는 이산화탄소 배출의 결과이므로, 온도 상승 예측을 위해서는 주어진 배출 경로가 향후 이산화탄소 농도 경로에 어떤 영향을 끼치는지 파악해야 한다.

잠깐, 현재 대기 중 이산화탄소 농도는 단순히 누적 배출량에서 소산량을 뺀 값으로 계산하면 되는 게 아니던가? 대략 그렇지만, 정확하지는 않다. 대기 중 이산화탄소 일부가 해양에 흡수되고, 해양에 있는 이산화탄소 일부가 대기로 재진입할 수 있기 때문이다. 얼마나 될까? 이는 대기와 해양의 이산화탄소 양, 해수 온도 등 다양한 요인에 따라 달라진다. 따라서 향후 수십 년의 이산화탄소 배출량을 정확하게 예측하더라도, 대기 중 농도에 대한 예측은 어느 정도 불확실성을 수반할 수밖에 없다.[8] 그럼에도 불구하고, 아래에서 논의할 다른 종류의 불확실성에 비하면 이 문제는 그리 어렵지는 않다. 이산화탄소 배출량 예측 경로가 주어지면 대기 중 농도 변화는 비교적 정확하게 예측할 수 있다.

가장 단순한 방식은 해양으로의 이산화탄소 이동을 무시하고, 과거의 이산화탄소 배출량을 모두 더한 후 소산량을 빼면 대기 중 농도를 대략 추정할 수 있다. 2장에서 2020년부터 배출이 선형적으로 감소해 2100년에 영(0)이 되는 시나리오(그림 2.1)하에서 온도에 끼치는 영향을 계산할 때 이 방식을 사용했다. 우리는 먼저 대기 중 이산화탄소 농도 경로를 계산했는데, 1960년 실제 농도로 시작해 매년 해당 연도의 배출량에서 농도 증가분을 더하고(기가톤에서 피피엠으로 환산 후), 소산되는 양을 차감했다(연간 0.35퍼센트의 비율로).[9]

예를 들어, 1961년 배출량은 9기가톤이었는데, 이는 대기 중 농도를 315피피엠에서 1.15피피엠(=9×0.128)만큼 증가시킨다. 한편,

---

8. 이 문제를 해결하기 위해 과학자들은 다양한 대규모 '일반 순환 모형(Global Circulation Model, GCM)'을 개발해왔다. 이 모형은 특정 이산화탄소 배출 경로에 따라 대기 중 농도와 지구 평균온도가 어떻게 변화하는지 보다 정밀하게 추정할 수 있도록 돕는다. 이와 관련된 모형으로는 'MIT 지구 시스템 모형'이 있는데, 이는 MIT 지구 변화 과학 및 정책 공동 프로그램의 일환으로 개발됐다. 이 모형의 적용 사례는 팔체프 외(Paltsev et al., 2016)와 소콜로프 외(Sokolov et al., 2017)의 연구가 있다.
9. 앞서 해양으로의 이산화탄소 이동을 무시하면 이산화탄소 배출량과 이산화탄소 농도 사이의 관계를 다음과 같이 쓸 수 있다는 것을 보았다. 연도 t의 배출량을 E_t로, 농도를 M_t로, 소산율을 δ로 표시하면 농도는 $M_t=(1-\delta)M_{t-1}+E_t$로 주어진다.

1961년 소산량은 1.10피피엠(=0.0035×315)이므로, 순 증가량은 0.05 피피엠(=1.15-1.10)이 되고, 그 결과 1961년 농도는 315.05피피엠 (=315+0.05)이 된다. 이러한 방식으로 대기 중 이산화탄소 농도 경로를 계산했으며, 이를 그림 2.3에서 제시했다. 이러한 방식의 계산은 결코 완벽한 것은 아니지만, 이산화탄소 배출이 농도 변화로 이어지는 과정을 제법 잘 근사할 수 있는 단순한 방법이다.

2장에서는 이렇게 계산한 이산화탄소 농도 경로가 기온에 끼치는 영향을 추정했다. 그리고 이를 위해서는 농도 변화를 온도 변화와 연결하는 기후 민감도값이 필요했다. 다음 단락에서 살펴보겠지만 이 단계에서 불확실성이 훨씬 더 커지게 된다.

4. 우리가 모르는 것

이제 어려운 단계에 도달했다. 우리는 이산화탄소 농도 증가로 인해 발생할 수 있는 지구(또는 지역)의 평균온도 변화, 강우 변동성, 허리케인 빈도와 강도, 해수면 상승과 같은 기후변화 영향을 예측하고자 한다. 어느 정도의 예측은 가능하지만, 상당한 불확실성을 동반할 것이다. 그리고 예측된 기후변화를 바탕으로 우리는 GDP가 얼마나 감소할지, 사망률과 유병률이 얼마나 높아질지, 그 외 여러 가지 피해는 어느 정도일지를 알고 싶다. 이 지점에서 우리는 본격적으로 미지의 영역에 들어서게 된다.

이론적으로는 기후 민감도값을 이용하면 이산화탄소 농도 증가로 인한 온도 변화를 예측할 수 있다. 2장에서 우리는 추정 구간의 중간 값인 섭씨 3.0도를 사용해 '낙관적인' 배출 시나리오에 대해 작업을 수행했다. 하지만 앞서 설명했듯이, 우리는 기후 민감도의 실젯값을 알지 못한다. 가장 최근 보고서(2021년)에 따르면 '가장 가능성이 높은(most likely)' 범위는 섭씨 2.5도에서 4.0도이며, IPCC가 '덜 가능하지만 가능성 있는(less likely but plausible)' 값으로 간주한 것까지 포함하면 범위는 섭씨 1.0도에서 6.0도까지로 확장된다. 이 범위를 더 좁힐 수 있지 않을까? 향후 10년 내에 기후과학이 발전하면서 불확실성이 줄어들 수 있지 않을까? 아래에서 이 질문에 대해 다룬다.

설사 향후 수십 년 동안 온도가 얼마나 상승할지, 또는 해수면이 얼마나 높아질지를 알 수 있다 하더라도 정말 중요한 것은 이러한 변화가 우리에게 어떤 영향을 끼칠 것인가이다. 기온과 해수면이 상승하더라도 우리에게 피해가 없다면, 지금 당장 예방 조치에 자원을 투입해야 할 이유는 없다. 그러나 그 반대로, 피해가 극심할 것으로 예상된다면 우리는 배출량을 줄이고 기후변화를 막기 위해 신속하게 행동해야 한다. 따라서 온난화, 해수면 상승, 그 외 기후변화로 인한 경제적 영향을 GDP 손실 측면에서 파악하는 것이 매우 중요하다. 또한 '경제적 영향'에는 기후변화의 사회적·정치적·보건적 영향과 같은 간접적인 영향도 포함돼야 하며, 이를 화폐화해 GDP 손실 추정에 반영해야 할 것이다. 하지만 안타깝게도 기후변화의 영향을 현재로서는 정확히 알 수 없으며, 그저 추측할 수 있을 뿐이다.

기후 민감도를 정확하게 계산하거나, 최소한 추정 범위를 좁히는 것이 왜 그렇게 어려울까? 기후변화가 경제에 끼칠 영향을 예측할 수 없는 이유는 무엇일까? 이제 이러한 질문에 대한 답을 찾아보자.

기후 민감도

기후 민감도는 대기권 이산화탄소 농도가 인위적으로 2배로 증가했을 때 결국 발생하게 되는 온도 상승을 의미한다. 여기서 '결국'이라는 단어는 기후 시스템이 새로운 평형에 도달한 이후를 의미한다. 그러나 이 평형 상태에 완전히 이르기까지는 300년 이상의 매우 오랜 시간이 걸린다. 그럼에도 불구하고, 수십 년 이내에도 평형에 상당히 가까워진다. 그 정도는 부분적으로 이산화탄소 농도의 증가 크기에 따라 달라지는데, 크기가 클수록 시차가 길어진다. 심지어 같은 증가 폭일지라도 시차에 대한 불확실성이 존재한다. 그러나 대부분의 경우, 10년에서 40년이 합리적인 범위이며, 20년 또는 30년이 일반적으로 사용되는 수치다.[10]

---

10. 엄밀하게는, 기후과학자들은 위에서 설명한 기후 민감도인 '평형 기후 민감도(Equilibrium Climate Sensitivity)'와 이산화탄소 농도의 점진적 증가(연간 1퍼센트)에 대한 지구 평균 온도의 반응인 '일시적 기후 반응(Transient Climate Response)'을 구분한다. 자세한 내용은 미국립과학원(See National Academy of Sciences, 2017) 보고서 88~95쪽을 참조하라. 여기서는 두 용어를 구분하지 않고 '기후 민감도'라는 표현을 사용하고, 시차 10~40년을 기후 시스템이 평형에 가까워지는 데 걸리는 시간으로 간주한다.

기후 민감도에 대해 상당한 불확실성이 존재한다고 했다. 이와 관련해 다음의 세 가지 질문을 던질 수 있다.

(1) 첫째, 불확실성은 얼마나 큰가? 가능한 값의 범위를 어느 정도까지 좁힐 수 있을까?
(2) 둘째, 지난 수십 년 동안 기후과학이 많은 발전을 이뤄왔다. 그렇다면 기후 민감도의 근간이 되는 메커니즘에 대한 이해가 높아져 보다 정확한 추정치를 얻을 수 있게 됐을까? 즉, 기후 민감도에 대한 불확실성이 감소했을까? 그렇다면 얼마나 감소했는가?
(3) 마지막으로, 왜 이렇게 불확실성이 클까? 기후 민감도에 대한 정확한 추정치를 얻지 못하는 이유는 무엇일까?

각 질문에 차례로 답해보자.

얼마나 많은 불확실성이 존재할까?

지난 20년 동안 기후과학자들은 기후 민감도에 관한 많은 연구를 수행해왔다. 이러한 연구 대부분은 확률분포의 형태로 추정치 범위를 제시하는 것으로 결론을 내린다. 그리고 이러한 확률분포를 통해 기후 민감도의 실젯값이 이보다 높거나 낮을 확률, 또는 특정 구간에 있을 확률을 결정할 수 있다. 예를 들어, 섭씨 4.0도 이상이거나 섭씨 2.0도와 3.0도 사이일 확률 등을 계산할 수 있다. 따라서 각 연구는,

해당 연구 결과에 따른 불확실성의 성격과 정도에 대한 추정을 제시한다. 이러한 연구의 대표적인 예는 올슨 외(Olsen et al., 2012)이다. 그림 3.5는 해당 연구에서 제시한 기후 민감도의 확률분포를 보여준다.[11]

이 확률분포에 따르면, 기후 민감도의 평균값은 섭씨 3.1도다. 기후 민감도의 실젯값이 특정 구간에 있을 확률을 구하려면, 그림 3.5의 곡선 아래 해당 면적을 구하면 된다. 예를 들어, 섭씨 1.8도에서

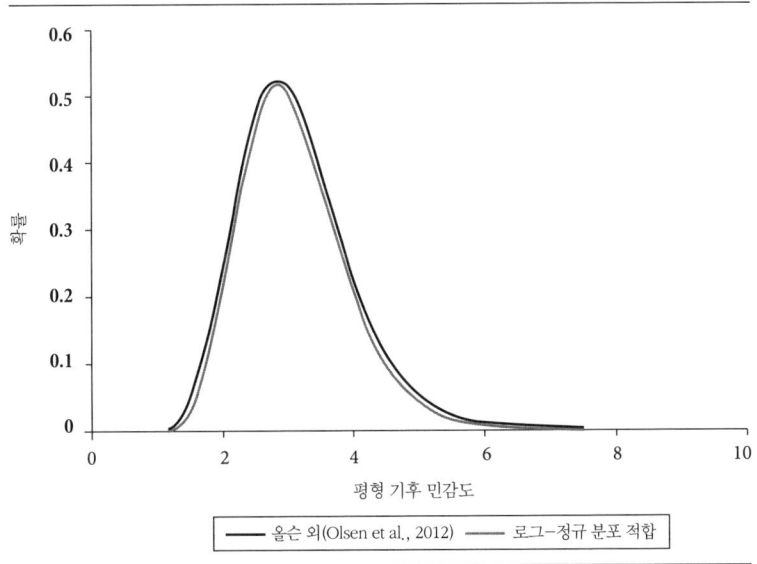

[그림 3.5] 올슨 외(Olsen et al., 2012)의 기후 민감도 확률분포

---

11. 이 그림은 길링엄 외(Gillingham et al., 2018)의 웹 부록에서 인용했다. 이 그림에는 올슨 외(Olsen et al., 2012)가 구한 원래 분포와 이에 적합시킨 로그 정규 분포가 포함돼 있다. (두 분포는 거의 겹친다.)

4.9도 사이 곡선 아래 면적은 0.95이며, 이는 기후 민감도의 실젯값이 섭씨 1.8도에서 4.9도 사이에 있을 확률이 95퍼센트라는 것을 의미한다. [이 연구의 저자들은 이를 "신뢰할 만한 구간(credible interval)"이라고 부른다.] 또한 이 확률분포를 통해 실젯값이 섭씨 2.0도에서 4.0도 사이에 있을 확률이 0.75 이상, 즉 '가능성이 있다(likely)'고 결론을 내릴 수도 있다.

그렇다면 올슨 외(Olsen et al., 2012)는 왜 단일한 값 대신 그림 3.5와 같은 확률분포를 제시했을까? 그 이유는 이들이 사용한 기후 시스템 모형 내의 모수(parameter) 일부가 불확실하다는 것을 인식했기 때문이다. 그들은 이 모수에 확률분포를 부여했고, 이에 따라 모형의 출력값인 기후 민감도 역시 확률분포의 형태를 띠게 된다.

하지만 조심할 필요가 있다. 그림 3.5에서 기후 민감도에 대한 결론을 도출하는 것은 오해의 소지가 있으며, 특히 불확실성의 정도를 과소평가할 수 있다. 올슨 외(Olsen et al., 2012)의 연구 역시 하나의 연구일 뿐이며, 다른 기후 모형을 사용한 수많은 연구들이 서로 다른 확률분포를 제시하고 있기 때문이다. 각 연구가 도출한 추정치의 불확실성 정도와 그 특성(평균값 등)이 상당히 다르며, 이는 실제 불확실성이 단일 연구에서 나타난 것보다 훨씬 더 클 것임을 시사한다.

그림 3.6은 올슨 외(Olsen et al., 2012) 및 4개의 다른 연구에서 도출한 확률분포를 보여준다.[12] 한눈에 보기에도, 이 다섯 가지 분포가 상당히 다르다는 것을 알 수 있다. 그중 하나인 앨드린 외(Aldrin et

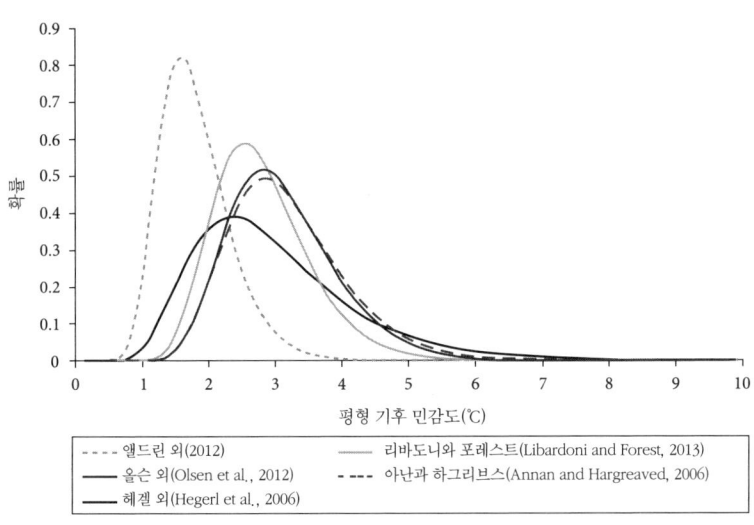

[그림 3.6] IPCC(2014)에 인용된 확률 밀도 함수에 적합시킨 로그 정규 분포

al., 2012)의 분포는 상대적으로 낮고 좁은 범위를 가지는데, 이에 따르면, 실젯값이 섭씨 0.8도에서 3.0도 사이에 있을 확률은 95퍼센트다. 다른 연구인 헤겔 외(Hegerl et al., 2006)는 섭씨 1.0도에서 약 6.0도까지의 비교적 넓은 범위를 보여준다.

왜 이런 차이가 생겼을까? 가장 중요한 이유는 각 연구에 사용한 기후 시스템 모형이 다르고, 그 모형 내의 모수와 그에 부여한 확률 분포가 다르기 때문이다. 잠깐! 기후과학자들 사이에 하나의 '올바

---

12. 네 가지 연구는 앨드린 외(Aldrin et al., 2012), 리바도니와 포레스트(Libardoni and Forest, 2013), 아난과 하그리브스(Annan and Hargreaved, 2006), 헤겔 외(Hegerl et al., 2006)이다. 이 그림은 5개 연구의 원래 분포에 적합시킨 로그 정규 분포를 보여준다. 길링엄 외(Gillingham et al., 2018)의 웹 부록에서 가져온 것으로, 허가를 받아 사용했다.

른' 기후 시스템 모형이 없다는 말인가? 그렇다. 기후 시스템은 매우 복잡하며 다양한 방식으로 모형화돼왔다.[13] 현재로서는 무엇이 '올바른' 모형인지에 대한 명확한 합의가 없다.[14]

그림 3.6에는 단지 5개의 연구에서 도출된 분포만 표시돼 있다. 추정치가 얼마나 퍼져 있는지 보다 본격적으로 살펴보기 위해 크누티, 루겐슈타인, 헤겔(Knutti, Rugenstein, and Hegerl, 2017)의 연구에서 수집한 약 130개의 평형 기후 민감도 연구 결과를 사용했다. 대부분의 연구는 기후 민감도의 '최고(most likely)' 추정치와 함께 '가능성 있는(likely)' 범위를 제공한다(66퍼센트 이상의 확률). 그들은 오래된 초기 연구도 조사했지만, 나는 1970년부터 2017년까지의 연구만 포함했다. 또한 2017년과 2018년에 발표된 9개의 연구를 추가했다.[15]

각 연구에 대해 가능한 값 범위의 하한['최소 추정치(minimum

---

13. 기후과학자들은 기본 물리법칙에 동의하지만, 계산 가능한 모형을 만들기 위해 다양한 방식으로 이러한 물리법칙을 모형화한다.
14. 다른 확률분포를 보이는 여러 기후 민감도 모형을 어떻게 판단해야 할까? 여러 모형의 단순 평균을 취해야 할까, 아니면 일부 모형의 예측에 더 큰 가중치를 부여해야 할까? 그렇다면 어떤 가중치를 적용해야 할까? 일부 학자들은 이러한 기후 모형의 '깊은(deep)' 구조적 불확실성 문제를 다루고, 모형 앙상블을 활용한 예측 방식을 제안하기도 한다.
15. 크누티, 루겐슈타인, 헤겔(Knutti, Rugenstein, and Hegerl, 2017)이 조사한 모든 연구는 그들의 논문에 나와 있다. 내가 추가한 9개의 연구는 브라운과 칼데이라(Brown and Caldeira, 2017), 크리산센토튼과 캐틀링(Krissansen-Totton and Catling, 2017), 앤드루스 외(Andrews et al., 2018), 콕스, 헌팅퍼드, 윌리엄슨(Cox, Huntingford, and Williamson, 2018), 데슬러와 포스터(Dessler and Forster, 2018), 루이스와 커리(Lewis and Curry, 2018), 로만과 노이바우어(Lohmann and Neubauer, 2018), 스케이 외(Skeie et al., 2018), 키리, 홀든, 에드워즈(Keery, Holden, Edwards, 2018)이다.

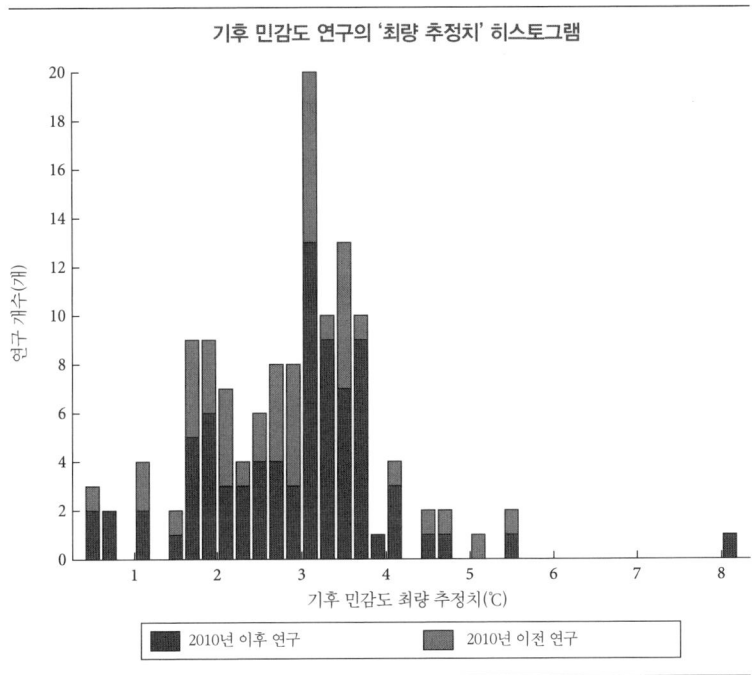

[그림 3.7] 기후 민감도의 최량 추정치 히스토그램(131개 연구 중 47개는 2010년 이전, 84개는 2010년 이후 발표). 크누티, 루겐슈타인, 헤겔(Knutti, Rugenstein, and Hegerl, 2017)이 수집한 연구 이외에 2017년, 2018년에 발표된 9개 연구가 추가됐다.

estimates)']과 상한['최대 추정치(maximum estimates)']과 '최량 추정치(best estimates)'를 정리했다. 시간이 지남에 따라 기후 민감도 추정이 어떻게 변화했는지 알아보기 위해 연구 발표 연도를 기준으로 2010년 이전과 2010년 이후의 두 그룹으로 나눴다. 그림 3.7은 이러한 연구의 '최량 추정치'가 포함된 히스토그램이다.

'최량 추정치' 대부분(131개 중 115개)은 IPCC가 '가장 가능성 높은' 범위라고 한 섭씨 1.5~4.5도 범위에 있다. 하지만 물론 이것은 여전히 넓은 범위이며, 16개 연구의 '최량 추정치'는 이 범위 밖에 있다(최저 섭씨 0.5도, 최고 섭씨 8도). 또한 2010년 이전과 이후 연구를 비교해 기후 민감도 추정치 변화도 파악할 수 있는데, 보다 최신 연구에서 평균과 표준편차가 모두 높았다. 2010년 이전 연구에서는 각각 섭씨 2.77도와 섭씨 1.03도였던 반면, 이후 연구는 섭씨 2.87도와

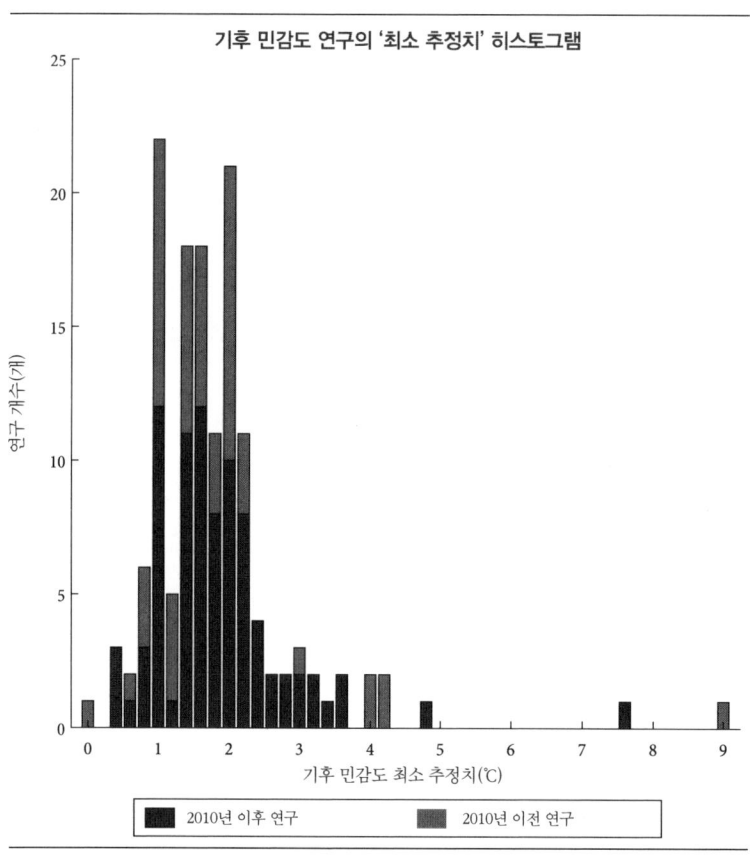

[그림 3.8] 기후 민감도의 최소 추정치 히스토그램(143개 연구 중 54개는 2010년 이전, 89개는 2010년 이후 발표)

섭씨 1.11도였다.

그림 3.8은 이들 연구에서 보고된 추정 범위의 하한('최소 추정치')에 대한 히스토그램을, 그림 3.9는 상한('최대 추정치')에 대한 히스토그램을 보여준다. '최소 추정치' 대부분은 섭씨 0.5도에서 4.0도 범위에 있으며, 이 범위를 초과하는 추정치는 단 3개뿐이다. '최대 추

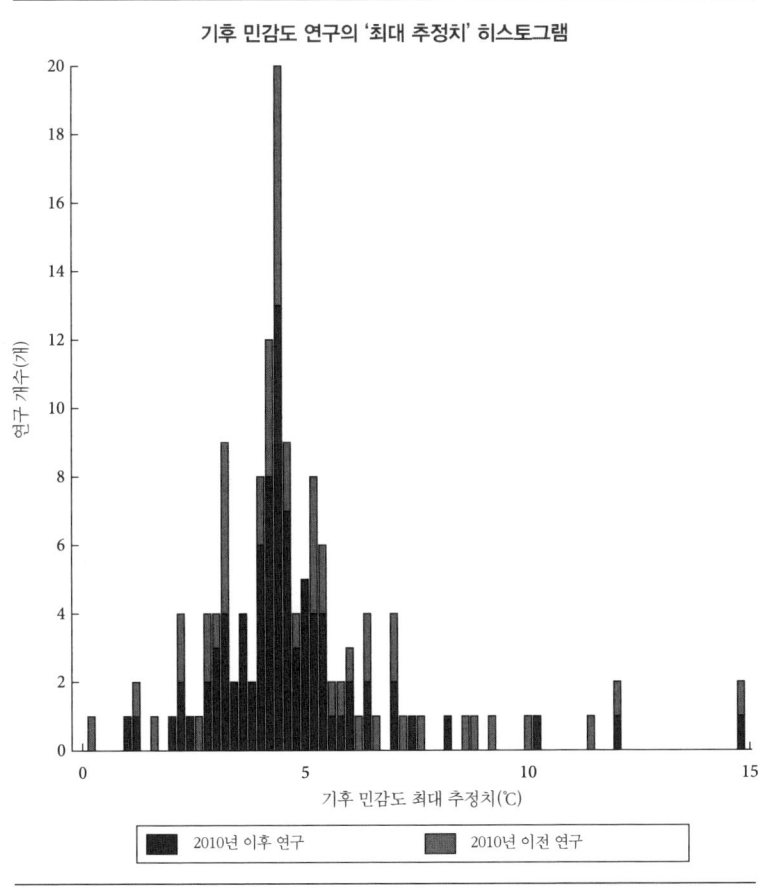

[그림 3.9] 기후 민감도의 최대 추정치 히스토그램(143개 연구 중 54개는 2010년 이전, 89개는 2010년 이후 발표)

정치' 대부분은 섭씨 3.0도에서 7.0도 범위에 있지만, 이 범위를 초과하는 추정치는 13개이며, 7개의 추정치가 섭씨 10도에서 15도 범위에 있다.

그림 3.8과 3.9를 보면, 기후 민감도에 대한 불확실성이 5개의 분포만 고려한 그림 3.6보다 훨씬 더 크다는 것을 알 수 있다. 이상값을 무시하고 단순히 '최소' 및 '최대' 추정치를 고려하면, 섭씨 0.5도에서 7.0도의 범위를 얻을 수 있다. 이 범위는 '가능성 있는(likely)' (66퍼센트 확률보다 큰 확률) 값의 구간이며, 가능성이 없진 않지만 극단적인 값은 제외한 구간이다.

기후과학자는 기후 민감도를 추정하기 위해 많은 연구를 수행해왔다. 개별 연구 결과에서도 '가능한' 값의 범위가 넓으며, 다른 연구 결과까지 고려하면 그 범위는 훨씬 더 커진다. 결국 결론은, 현재로서는 기후 민감도의 실젯값을 알 수 없다는 것이다. 기후 민감도가 향후 수십 년 동안 예상되는 기온 상승의 중요한 결정 요인임을 고려하면 이는 매우 안타까운 일이다.

불확실성은 줄어들었는가?

기후과학자는 기후 민감도와 직간접적으로 관련된 수백 편의 논문을 발표하며 바쁜 나날을 보내고 있다. 지난 수십 년 동안 기후 민감도를 결정하는 물리적 메커니즘에 대한 우리의 이해가 상당히 진전됐음은 분명하다. 그렇다면 이제 기후 민감도의 크기를 더 정확히 파악할 수 있게 됐고, 실젯값에 대한 불확실성도 줄어든 것일까?

아마 2021년 IPCC 보고서가 발표되기 전까지는 답은 "아니다"였을 것이다. 이는 그림 3.7에 나와 있는 2010년 이전과 2010년 이후의 '최량 추정치'를 비교해보면 명확하다. 최근 연구의 표준편차가 더 높았다(1.13 대 1.03).

불확실성의 증가는 프리먼, 와그너, 젝하우저(Freeman, Wagner, Zeckhauser, 2015)의 연구에서 제기됐다. 그들은 2007년 IPCC 보고서의 기후 민감도 연구 조사와 2014년 보고서의 개정된 조사를 비교했는데, 그 결과 불확실성은 증가한 것으로 나타났다. 2007년 IPCC 보고서에서는 22개의 동료 검토를 거친 연구를 바탕으로 '가장 가능성 높은(most likely)' 기후 민감도 범위를 섭씨 2.0도에서 4.5도로 제시했다.[16] 그리고 2014년 보고서에서는 '가장 가능성 높은' 범위가 섭씨 1.5도에서 4.5도로 확대됐다. 이는 범위의 하한이 섭씨 2.0도에서 1.5도로 낮아졌기 때문에 좋은 소식처럼 들리지만, 불확실성이 더 커졌다는 점에서 나쁜 소식이기도 하다.

하지만 최근에는 불확실성이 상당 부분 줄어들었다는 증거가 있다. 하나는 셔우드 외(Sherwood et al., 2020)의 최근 연구로, 이들은 기후 관련 역사적 기록과 빙핵(ice cores)에서 얻은 고기후 자료를 결합해 (이 저자들에 따르면) 개선된 기후 모형을 사용했는데, 그 결과 가장 가

---

16. 〈IPCC 2007년 보고서(IPCC, 2007)〉는 기후변화의 물리적 메커니즘과 그에 대한 우리의 지식을 상세하지만 읽기 쉽게 설명하고 있다. 개별 연구 각각은 기후 민감도에 대한 확률분포를 포함하고 있는데, IPCC는 이 분포를 표준화된 형태로 정리해 하나의 그래프로 요약했다. 〈IPCC 2014년 보고서(IPCC, 2014)〉는 이를 개정했다.

능성이 높은 범위를 섭씨 2.6도에서 4.1도로 제시했다. 이는 널리 사용되는 섭씨 1.5도에서 4.5도 범위보다 훨씬 좁고, 평균값도 섭씨 3.0도가 아닌 섭씨 3.3도로 다소 높았으며, 섭씨 4도 이상일 가능성도 더 높아졌다. (이러한 결과가 얼마나 널리 받아들여질지는 아직 미지수다.)

두 번째 증거는 보다 설득력이 있다. 2021년 발표된 IPCC 제6차 평가 보고서(AR6)로, IPCC는 최근의 데이터, 다양한 신규 모형과 연구를 검토한 결과, 기후 민감도에 대한 '가장 가능성 있는' 범위가 상당히 좁아졌다고 결론지었다. 2014년 제5차 평가 보고서는 '가장 가능성 높은' 범위를 섭씨 1.5도에서 4.5도로 제시했지만, 제6차 보고서에서는 그 범위를 섭씨 2.5도에서 4.0도로 개정했다. (IPCC는 또한 '최량 추정치'로 섭씨 3.0도를 제시했는데, 이는 이전 범위의 중간값에 해당한다.)

기후 민감도에 대한 불확실성이 줄어든 것은 매우 좋은 소식이다. 이는 기후과학자의 연구 덕분에 대기 중 이산화탄소 농도 증가가 기온에 영향을 끼치는 물리적 메커니즘에 대한 우리의 이해가 나아진 결과다. 앞으로도 그들의 연구를 통해 기후 시스템에 대한 우리의 이해가 깊어지고, 기후 민감도에 대한 보다 정확한 추정이 가능해질 것이다.

그러나 이러한 성과에도 불구하고, 여전히 상당한 불확실성이 존재한다. 기후 시스템에 대한 이해가 높아진다고 해서 그 자체로 기후 민감도의 값에 대한 불확실성이 줄어드는 것은 아니다. 정확하게 말하면, 불확실성이 존재하는 이유를 좀 더 명확하게 파악할 수 있을 뿐이다. 예를 들어, 지질학은 지난 50년 동안 엄청난 발전을 이루었고, 지진과 화산의 근본적인 물리적 메커니즘에 대한 우리의 이해는 크게 향상됐다. 하지만 그렇다고 해서 미래의 지진과 화산 폭발을 더 정확하게 예측할 수 있게 됐다는 의미는 아니다. 지진이 어떻게, 왜 발생하는지 더 잘 이해한다고 해서 다음 지진이 언제 일어날지 더 정확하게 예측할 수 있지는 않다. 마찬가지로, 경제학도 엄청난 발전을 거듭해 50년 전보다 개별 시장과 경제 전체의 작동 원리를 잘 이해할 수 있게 됐다(이건 나를 믿어도 좋다!). 하지만 이해가 높아졌다고 해서 다음 경기 침체나 금융 위기의 시기와 심각성을 더 정확하게 예측할 수 있다는 의미는 아니다. 사실, 우리가 잘 이해하게 된 것은 다음 경기 침체나 금융 위기를 정확히 예측할 수 없는 이유다.

과학 연구의 목적이 반드시 더 나은 예측을 하는 데 있는 것은 아니다. 그보다는 무슨 일이 일어나고 있으며, 그것의 근본 원인이 무엇인지 이해하는 데 있다. 우리는 기후과학자의 연구를 통해 이산화탄소가 대기 중으로 배출될 때 어떤 일이 일어나는지 훨씬 더 잘 이해할 수 있게 됐다. 그리고 이를 통해 이산화탄소가 기온에 끼치는 영향을 어느 정도 예측할 수 있게 됐다. 동시에, 예측에 내재한 본질적인 불확실성이 무엇인지도 이해하게 됐다.

왜 기후 민감도에 불확실성이 존재하는가?

기후 민감도에 불확실성이 존재하는 근본적인 이유는, 이를 결정하는 물리적 메커니즘이 복잡해서 우리가 그것을 완벽하게 이해하지 못하고 있기 때문이다. 구체적으로, 기후 민감도 크기는 되먹임 고리 (feedback loop)에 의해 결정되는데, 우리는 이러한 되먹임 고리의 강도, 심지어 그 부호를 결정하는 모숫값에 대해 대략적인 추정치만 가지고 있다. 이는 기후과학의 결점이라기보다, 오히려 지난 수십 년 간 기후변화와 관련된 물리적 메커니즘을 이해하는 데 엄청난 진전을 이루었음을 보여준다. 이러한 진전을 통해 우리는 주요 되먹임 고리의 강도를 정확히 파악하는 데 현재까지는 한계가 있다는 것을 분명히 인식하게 된 것이다.

이 문제는 로와 베이커(Roe and Baker, 2007)가 제안한 간단하지만 널리 인용되는 기후 모형을 통해 가장 쉽게 이해할 수 있다. 이 모형의 작동 방식은 다음과 같다. S_0를 되먹임 효과가 없을 때의 기후 민감도라고 하자. 즉, 되먹임 효과가 없을 때 대기 중 이산화탄소가 2배로 증가하면 복사 강제력이 증가함에 따라 일차적으로 온도가 섭씨 $\Delta T_0 = S_0$도 상승한다. 그러나 로와 베이커에 따르면, 초기 온도 상승 ΔT_0는 "기본 프로세스의 변화를 유도해…… 유효 강제력을 변화시키고, 나아가 온도 상승도 변화시킨다". 그 결과, 실제 기후 민감도 S는 다음과 같이 주어진다.

$$S = \frac{S_0}{1-f}$$

여기서 f는 0과 1 사이의 수로, 총 되먹임 계수(total feedback

factor)를 나타낸다.[17] 예를 들어 $f=0.95$라면, S는 $S_0/(1-0.95)=20 \times S_0$가 된다.

이 모형은 사실 극도로 단순화된 기후 시스템 모형이다. 보다 완전하고 복잡한 모형에는 여러 가지 되먹임 효과가 포함되지만, 여기서는 이 모든 효과를 하나로 단순화했다. 하지만 이 간단한 모형만으로도 핵심 문제, 즉 기후 민감도는 f값에 매우 민감하지만 우리는 그 값을 알지 못한다는 점을 설명할 수 있다. 로와 베이커는 f의 평균 $\bar{f}$와 표준편차 σ_f를 알 수 있다면, 그리고 σ_f가 작다면, S의 표준편차는 $\sigma_f/(1-\bar{f})^2$에 비례함을 보여주었다. 이는 S에 대한 불확실성이 f에 대한 불확실성에 의해 확대되며, 특히 f가 1에 가까울수록 그 정도는 더욱 커진다.

예를 들어, f에 대한 최량 추정치가 0.95이고, 오차 범위가 ± 0.03이라면, f는 0.92에서 0.98 사이에 존재할 수 있다. 이 경우 S는 $(1/0.08) \times S_0 = 12.5 \times S_0$에서 $(1/0.02) \times S_0 = 50 \times S_0$ 사이로, 무려 4배나 차이가 난다! 즉, f에 대한 작은 불확실성이 기후 민감도에 대한 엄청난 불확실성으로 이어진다는 것이다.

문제를 더 자세히 설명하기 위해, 로와 베이커는 f가 평균 $\bar{f}$, 표준편차 σ_f인 정규분포를 따른다고 가정하고, 기후 민감도 S의 분포를 도출했다. 그리고 중간값(median)과 95번째 백분위수가 IPCC 보고

---

17. 로와 베이커(Roe and Baker, 2007)의 표기로는 λ_0는 피드백 효과가 없는 기후 민감도, λ는 피드백 효과를 고려한 민감도이다.

서에 나온 표준화된 분포의 해당 값을 평균한 결과에 가깝다는 것을 확인했다.[18]

로-베이커 분포는 잘 알려져 있으며, 여러 후속 연구에서 탄소의 사회적 비용 추정이나, 이러한 추정치가 기후 민감도에 대한 불확실성에 어떤 영향을 받는지 분석하는 데 적용됐다. 그러나 이는 기후 민감도에 대한 불확실성을 과소평가할 수 있는데, 그 이유는 되먹임 인자 f가 실제로 정규분포를 따른다는 보장이 없으며, 설사 그렇더라도 실제 평균과 표준편차를 알 수 없기 때문이다. 사실, 로와 베이커는 중요한 되먹임 인자에 대한 불확실성의 의미를 설명하기 위해 단순히 정규분포를 가정했을 뿐이었다. 〈사이언스(Science)〉지에 게재된 앨런과 프레임(Allen and Frame, 2007)의 논문은 기후 민감도가 "알 수 없는(unknowable)" 영역에 속하며, 미래에도 불확실성은 여전할 것이라고 주장했다.

---

18. 변위 모수 θ를 추가하면, 기후 민감도 f에 대한 로-베이커 분포는 다음과 같이 주어진다.

$$g(S; \bar{f}, \sigma_f, \theta) = \frac{1}{\sigma_f \sqrt{2\pi z^2}} \exp\left[-\frac{1}{2}\left(\frac{1-\bar{f}-1/z}{\sigma_f}\right)^2\right], \ (\text{단, } z=S+\theta)$$

IPCC의 분포에 적합시키면, 모숫값은 $\bar{f}$ 0.797, σf=0.0441, θ=2.13이 된다. 이 분포는 두꺼운 꼬리, 즉 기하급수적으로 0으로 감소하는 것보다 더 느리게 감소한다. 와이츠먼(Weitzman, 2009, 2011, 2014b)은 모수의 불확실성 때문에 기후 민감도 분포가 두꺼운 꼬리를 가지게 되는데, 이는 재앙적 결과가 발생할 확률이 상대적으로 높다는 것을 의미하며, 이는 결국 온실가스 감축의 가치가 높다는 것을 시사한다고 설명한다. 다만, 핀다이크(Pindyck, 2011a)는 두꺼운 꼬리 분포 그 자체가 감축이 높은 가치를 의미하지는 않음을 보였다.

기후변화의 영향

앞서 보았듯, 기후 민감도에 대해서는 상당한 양의 과학적 연구 결과를 바탕으로 확률분포를 일관성 있게 도출할 수 있었다. 그러나 기후변화의 영향을 예측하는 데 있어서 우리가 가진 자료는 훨씬 적고, 불확실성은 훨씬 크다. 실제로 우리는 온도와 해수면 상승이 경제와 사회 전반에 끼칠 영향에 대해 아는 것이 거의 없다. 기후변화가 경제에 끼치는 영향을 추정하기 어려운 이유는 무엇일까? 우선 실증 연구의 기초가 되는 데이터가 거의 없다는 점이다. 물론 지역 및 시점별 기온에 대한 데이터가 있으며, 이를 이용해 온도 변화를 GDP나 다른 산출 지표의 변화와 연관 지어 볼 수는 있다. 실제로 일부 연구에서는 이러한 접근 방식을 사용해왔으며, 50년 이상에 걸친 대규모 국가 패널 기상 데이터를 활용한 실증 연구도 수행된 적이 있다. 예를 들어, 델, 존스, 올켄(Dell, Jones, and Olken, 2012)은 온도 상승이 GDP 절대 수준보다는 성장률에 더 큰 영향을 끼치며, 특히 가난한 국가일수록 그 영향이 크다는 것을 보여주었다.[19] 그 외에도, 온도와 강우량 변화가 농업 생산량에 끼치는 영향을 분석한 연구도 많다.[20]

---

19. 델, 존스, 올켄(Dell, Jones, and Olken, 2012)에서 이 주제와 관련된 기존 연구를 확인할 수 있다.
20. 초기 연구로는 멘델슨, 노드하우스, 쇼(Mendelsohn, Nordhaus, and Shaw, 1994)가 있으며, 보다 최근의 연구로는 데셴과 그린스톤(Deschênes and Greenstone, 2007)이 있다. 이 분야의 연구 개요는 아우프하머 외(Auffhammer et al., 2013)와 블랑과 슐렌커(Blanc and Schlenker, 2017)에서 확인할 수 있다.

그러나 이 모든 연구는 근본적인 한계가 있다. 이들 연구는 '날씨'의 변화를 GDP 또는 농업 생산량의 변화와 연관 지었는데, 날씨와 기후는 결코 같지 않다는 점이다. 온도, 강우량, 습도 등의 날씨는 주별, 월별로 변하지만, 기후는 연중 특정 주 또는 월에 예상되는 평균 기온과 강우량을 의미하며, 매우 천천히, 또는 아예 변화하지 않기도 한다. 예상치 못한 더운 여름은 그해의 밀이나 옥수수 수확량을 감소시킬 수 있지만, 예상 평균기온이 오르는 점진적인 기후변화 과정에서는 농부가 무엇을, 어디에 심을지 조정할 수 있기 때문에 매우 다른(그리고 아마도 더 낮은) 영향을 끼치게 된다. 게다가 이러한 연구에 사용된 관측된 온도 변화는 우리가 우려하는 섭씨 4도 이상의 온난화가 아닌, 상대적으로 미미한 수준의 변화다.

두 번째 문제는 기온 상승의 잠재적 영향을 이해하는 데 도움이 되는 경제 이론이 거의, 또는 전혀 없다는 것이다. 우리는 온도 상승이 농업에 어떤 영향을 끼칠지 어느 정도 알고 있으며, 실제로 지금까지 수행된 대부분의 실증 연구는 농업에 초점을 맞추고 있다. 그러나 일부 지역(예: 적도 부근)의 농업 생산량 감소는 다른 지역(예: 캐나다 북부 및 러시아)의 생산량 증가로 상쇄될 수 있다. 게다가 농업이 전체 경제 생산량에서 차지하는 비중은 크지 않아서 선진국의 경우 GDP의 1~2퍼센트, 개발도상국의 경우 GDP의 3~20퍼센트에 불과하다. 농업을 제외하면, 직관적인(heuristic) 수준에서조차 기온 상승이 경제활동에 어떤 영향을 끼칠지 설명하기 어렵다.

세 번째 문제는 기후변화가 서서히 진행되기 때문에 개인과 기업이 적응할 여지가 있다는 것이다. 농업의 경우, 19세기 미국의 정착민들은 서부로 이주하며 매우 다른 기후 조건에 맞게 농작물을 적응시켰다. (이러한 농업 적응의 역사는 7장에서 자세히 설명한다.) 또한 해수면 상승에 따른 홍수 위험이 기후변화의 잠재적 위험이지만, 이 역시 과거에 적응을 통해 극복한 사례가 있다(네덜란드의 제방이 가장 잘 알려진 예일 것이다). 물론, 적응이 기후변화의 영향을 완전히 제거한다는 의미는 아니다. 예상되는 손실의 정도를 추정하기 어렵게 만드는 또 다른 변수로 작용할 수 있다는 것이다.

어쩌면 기온과 경제의 관계는 우리가 모르는 것이(don't know) 아니라, 기후 정책 설계 및 평가와 관련된 시간적 범위 안에서는 알 수 없는 것일(can't know) 수 있다. 앞서 일부 과학자들이 기후 민감도를 '알 수 없는(unknowable)' 영역에 속한 것으로 본다고 이야기한 바 있다. 그러나 기후변화의 영향은 방금 논의한 이유로 기후 민감도보다 훨씬 더 알기 어려운 대상이 된다.

모형과 피해 함수

기후변화의 영향은 지난 수십 년 동안 널리 사용돼온 통합 평가 모형의 핵심 요소다. 이 모형은 온실가스 배출이 기온에 끼치는 영향을 설명하는 기후과학 모형과 기후변화가 생산량, 소비 및 기타 경제 변수에 끼치는 영향을 설명하는 경제학 모형을 '통합(integrate)'한 것이다. 통합 평가 모형은 탄소의 사회적 비용을 추정하는 데 널리 사용돼왔지만, 내가 다른 연구에서 지적했듯이(Pindyck, 2013a, 2017b)

심각한 결함이 있다. 여기서는 이러한 모형의 경제적 부분, 특히 기후변화의 영향을 어떻게 설명하는지를 중심으로 살펴본다.

대부분의 통합 평가 모형은 기온 상승 ΔT가 GDP에 끼치는 영향을 피해 함수(damage function) 또는 손실 함수(loss function) $L(\Delta T)$라는 형태로 표현한다. 이때, $L(0)=1$이며, ΔT가 커질수록 $L(\Delta T)$는 작아진다(즉, $dL(\Delta T)/d\Delta T \langle 0$). 시점 t의 GDP는 $GDP_t = L(\Delta T_t)GDP'_t$로 주어지는데, 여기서 GDP'_t는 온도 변화가 없을 경우 생산될 GDP를 의미하고, $1-L(\Delta T_t)$는 온도 상승으로 인한 GDP'_t의 감소분이 된다. 예를 들면, ΔT=섭씨 3도이고, $L(3)=0.95$라면 섭씨 3도의 온도 상승은 GDP를 $1-0.95=0.05$, 즉 5퍼센트 감소시킨다.

피해 함수의 구체적인 형태는 통합 평가 모형에 따라 다르다. 널리 사용되는 노드하우스(Nordhaus, 2008)의 DICE 모형은 다음과 같은 역이차 손실 함수(inverse-quadratic loss function)를 사용한다.

$$L(\Delta T) = 1/[1+\pi_1 \Delta T + \pi_2(\Delta T)^2] \qquad (3.1)$$

반면, 와이츠먼(Weitzman, 2009)은 온도 상승이 클 때 상대적으로 더 큰 손실이 발생하는 다음과 같은 '지수-이차 손실 함수(exponential-quadratic loss function)'를 사용했다.

$$L(T) = \exp[-\beta(\Delta T)^2] \qquad (3.2)$$

이 두 가지 손실 함수 중 어느 것이 더 정확할까? 알 수 없다. 두 손실 함수 모두 경제학이나 여타 이론에 기반하지 않기 때문이다. 다른 통합 평가 모형의 손실 함수도 마찬가지다.[21] 이들 함수는 기온이 상승할 때 GDP가 어떻게 감소하는지를 묘사하기 위해 만들어진 임의의 함수에 불과하다.

그렇다면 통합 평가 모형 개발자는 부주의한 사람들이고, 경제 이론을 무시했다고 말할 수 있을까? 결코 그렇지 않다. 손실 함수 $L(\Delta T)$가 어떤 형태인지를 알려줄 수 있는 경제학 또는 여타 이론이 없기 때문이다.[22]

---

21. 미국 정부의 부처 간 실무 그룹은 DICE 모형 외에도 2개의 다른 IAM을 추가로 고려해 다양한 모숫값과 할인율로 모의실험을 실행, 탄소의 사회적 비용을 추정했다. 두 IAM은 PAGE(Policy Analysis of the Greenhouse Effect)와 FUND(Climate Framework for Uncertainty, Distribution, and Negotiation)로, 호프(Hope, 2006)와 톨(Tol, 2002a,b)에 각각 잘 설명돼 있다. 이들 모형을 활용한 탄소의 사회적 비용 추정 방식은 그린스톤, 코피츠, 울버턴(Greenstone, Kopits, and Wolverton, 2013)과 탄소의 사회적 비용에 관한 부처 간 실무 그룹(Interagency Working Group on Social Cost of Carbon, 2013) 보고서에 자세히 소개돼 있다.

22. 온도 상승이 GDP 수준이 아니라 성장률에 영향을 끼칠 것으로 볼 수도 있다. 이유는? 첫째, 생태계 파괴와 기상이변으로 인한 사망 등 온난화의 일부 영향은 영구적이기 때문이다. 성장률 효과는 온난화가 영구적인 영향을 끼치게 한다. 둘째, 온난화 대응은 연구 개발 및 자본 투자에 사용할 수 있는 자원을 감소시키기 때문에 성장을 저해할 수 있다. 셋째, 실증 연구는 실제로 이러한 성장률 저하를 시사한다. 델, 존스, 올켄(Dell, Jones and Olken, 2012)은 136개국 패널의 50년간 기온과 강수량 데이터를 분석한 결과, 기온 상승이 GDP 성장률을 낮추지만 절대 수준은 낮추지 않는다는 점을 밝혔다. 성장률과 수준 효과의 정책적 함의에 대해서는 핀다이크(Pindyck, 2011b, 2012)를 참조하라. 물론, 기후변화로 인한 재앙이 발생한다면 성장률과 GDP 수준 모두 감소시킬 수 있다.

더 나아가, 어떤 경제 이론이 DICE 모형에 사용된 역이차 손실 함수를 뒷받침한다고 치자. 그렇다면 문제는 모수 π_1과 π_2의 값을 어떻게 결정할 것인가 하는 것이다. 여기서 이론은 별반 도움이 되지 않으며, 모수를 추정하거나 대략적으로라도 보정할 수 있는 데이터도 거의 없다. 따라서 모숫값 설정은 근본적으로 추측에 의존할 수밖에 없다. 한 가지 방식은 ΔT가 섭씨 2~3도일 때 $L(\Delta T)$가 아주 크지 않을 것이라는 통념에 일치하도록 값을 선택하는 것이다. 대부분 모형에서는 $L(1)$은 1에 가깝게(즉, 손실 없음), $L(2)$는 0.98~0.99, $L(3)$은 0.95~0.98이다. 물론 이러한 통념이 맞는지 알 수 없다. 온도 섭씨 3도 상승이 GDP 2~5퍼센트 손실을 일으킬 것인지 알 수 없으며, 실제로 온도 상승을 경험한 후에야 비로소 알 수 있을 것이다.

결론은, 대부분 모형에서 사용되는 손실 함수는 이론적 또는 실증적 근거가 부족하다는 것이다. 우리가 고려하는 온도 상승이 섭씨 2도 수준이라면, 그 정도 온난화 수준에서는 피해가 작거나 중간 정도일 것이라는 대략적인 합의(아마도 완전히 틀릴 수 있지만)가 있어서 크게 문제가 되지 않을 수 있다. 문제는 온도 상승이 더 큰 경우, 예를 들어 섭씨 4도 이상일 때 이러한 손실 함수는 예상되는 피해에 대해서는 아무것도 알려주지 않는다는 것이다.[23]

---

23. 일부 모형 개발자는 이 문제를 인식하고 있다. 노드하우스(p.51, Nordhaus, 2008)는 "손실 함수는 DICE 모형이 가진 불확실성의 주요 원인이다"라고 지적했다. 온도 상승이 섭씨 2~3도일 때조차 다양한 모형에서 예측하는 손실 범위는 매우 넓으며, 이와 관련해서는 톨(Tol, 2018)을 참조하라. 스턴(Stern, 2013)은 통합 평가 모형의 손실 함수가 재앙적 영향을

그렇다고 경제학자들이 기후변화의 영향에 대해 아무것도 모른다는 인상을 주고 싶지는 않다. 그 영향의 특정 측면, 특히 농업과 관련해서는 상당한 연구가 진행됐다. 농업에 끼치는 영향에 관한 연구로는 데셴, 그린스톤(Deschênes and Greenstone, 2007)과 슐렌커, 로버츠(Schlenker and Roberts, 2009)가 있다. 또한 기후변화가 사망률에 끼치는 영향과 인간의 적응 능력에 초점을 맞춘 연구로는 데셴, 그린스톤(Deschênes and Greenstone, 2011)이 있다. 최근의 정밀한 기상 데이터를 사용한 연구로는 피셔 외(Fisher et al., 2012), 아우프하머 외(Auffhammer et al., 2013) 등이 있다. 이는 몇 가지 예에 불과하며, 관련 연구는 방대한 데다 계속 늘어나고 있다.

이러한 실증 연구는 기후변화가 경제 전체, 또는 부문에 끼치는 영향에 대한 우리의 지식을 분명히 확대해줄 것이다. 하지만 대부분의 연구는 비교적 짧은 기간 동안, 기온이나 다른 기후 요소의 작은 변동을 기반으로 하고 있다. 예를 들어, 평균기온이 섭씨 4도 상승한 후 20년 또는 50년 동안 어떤 일이 일어났는지를 묘사하는 데이터는 없다. 이러한 한계를 고려할 때, 실증 연구만으로는 통합 평가 모형에 사용되는 손실 함수를 특정하거나 설정할 수 없다. (사실, 손실 함수는 농업이나 다른 부문에 끼치는 영향과 관련된 계량경제학 연구와 큰 관

포함, 다양한 잠재적 기후 영향을 간과한다고 지적했고, 디아즈와 무어(Diaz and Moore, 2017)는 모수의 불확실성 측면에서 손실 함수를 비판한다. 버크 외(Burke et al., 2015)는 기후 영향에 대한 불확실성을 분석하지만, 이 또한 기후변화 자체의 불확실성에서만 발생하는 불확실성에 초점을 맞추고 있다.

련이 없다.) 이용할 수 있는 데이터가 매우 제한적이기 때문에, 경제적 영향에 대한 추정치는 큰 편차를 보인다. 이는 최근의 톨(Tol, 2018)과 노드하우스, 모팻(Nordhaus and Moffat, 2017)의 문헌 조사 연구에서 확인할 수 있는데, 이 두 연구 모두 경제적 영향에 대한 추정치에 큰 편차가 있음을 보여준다. 게다가 조사 대상 연구는 섭씨 3도 이하의 상대적으로 작은 온도 변화로 인한 영향만을 다루고 있다.

재앙적 결과

어쩌면 기후변화와 그 영향은 경미하거나 중간 정도에 그칠 수도 있다. 감축을 위한 조치가 거의 이루어지지 않더라도 기후 민감도나 그 영향에 대한 불확실성을 고려하면 그렇게 될 가능성은 없지 않다. 만약 우리가 그런 낙관적 결과를 확신한다면 탄소의 사회적 비용이 상당히 낮을 것이며, 우리는 기후변화에 대한 걱정을 덜고 편안히 지낼 수 있을 것이다.

그러나 결과가 그렇게 호의적일지는 확신할 수 없다. 매우 불리한 결과, 재앙이라 할 만한 최악의 결과가 나올 가능성도 있다. 여기서 말하는 최악의 결과는 단순히 온도의 대폭 상승이 아니라, 심대한 후생 감소로 이어지는 매우 큰 경제적 영향을 의미한다. 탄소의 사회적 비용을 추정하는 데 사용돼온 통합 평가 모형이나 기타 모형은 이러한 극단적인 시나리오에 대해 아무런 정보를 제공하지 않는다. 이는 놀라운 일이 아니다. 앞서 설명했듯이, 이들 모형에 사용된 손실 함수는 임의로 작은 온도 상승에 대해서는 작은 피해를 가리키도록 설정돼 있으며, 섭씨 4도 이상 기온 상승 시 예상되는 피해에 대해서는 유의미한 정보를 주지 못한다. 이는 매우 안타까운 일인데, 실제로는 재앙적 결과(catastrophic outcome)의 가능성이 탄소의 사회적 비용에 큰 영향을 주며, 결국 기후 정책을 시행하는 주된 이유가 되기 때문이다.

그럼 '재앙적 결과'란 무엇일까? 기후과학자에게는 통상 높은 온도 상승을 의미한다. 얼마나 높아야 할까? 정해진 기준은 없다. 다만, 대부분의 기후변화 연구자는 2100년까지 기온이 섭씨 5도 또는 섭씨 6도 상승하면 재앙의 영역에 속한다는 데 동의할 것이다. 이산화탄소 농도가 계속 증가해 기후 시스템이 임계점에 도달한다면 이 정도 크기의 온도 상승이 발생할 수 있다. 여기서 '임계점'이란 폭주적 되먹임 현상(runaway feedback phenomenon)을 지칭하는데, 예를 들면 온난화로 인해 영구 동토층이 녹아 더 많은 온실가스가 배출되고, 이는 더 높은 온난화를 유발해 더 많은 온실가스를 방출하게 되고, 다시 온난화를 증폭시키는 과정이다.

극단적 온난화의 확률을 추정하는 것은 어렵지만, 결국 중요한 것은 온도 상승 자체가 아니라 그로 인한 영향이다. 과연 그 영향이 '재앙적'일까? 그리고 섭씨 3도 정도의 온도 상승으로도 재앙적인 영향을 끼칠 수 있을까? 이에 대한 의견은 분분하다. 일부에서는 섭씨 2도의 온도 상승도 치명적일 수 있다고 주장한다. 예를 들어, 동료 검토를 거친 70개의 연구 결과를 모아놓은 대화형 자료집인 〈카본브리프(CarbonBrief))는 섭씨 2도의 온난화가 전 세계 GDP의 13퍼센트를 영구히 감소시킬 것으로 본다.[24]

재앙적 결과의 가능성이 기후 정책에서 중요한 이유는 무엇일까? 이는 발생 확률은 낮을지라도 심각한 GDP 손실은 탄소의 사회적 비용을 대폭 상승시켜 높은 수준의 탄소세(또는 이에 상응하는 감축 정책)를 정당화할 수 있기 때문이다. 반면, 피해가 경미하거나 중간 수준이라면 사회가 적응을 통해 상대적으로 낮은 비용으로 대응할 수 있다. 즉, 기후 정책은 대체로 극단적인 결과의 (작은) 가능성에 근거해야 한다는 뜻이다.

그렇다면 재앙적 결과가 발생할 가능성은 얼마나 되며, 발생한다면 얼마나 치명적일까? 대기 중 이산화탄소 농도는 얼마나 높아져야 기후 시스템이 '임계점'에 도달하고 기온이 급격히 상승하게 될까? 그렇게 되지 않기를 바라지만, 사실 우리는 그 답을 알지 못한다. 임계점이 어디인지도, 큰 온도 상승이 어떤 영향을 끼칠지도 알 수 없다. 또한 기후변화에 관한 많은 연구가 진행 중임에도 불구하고, 이러한 질문에 대한 답이 향후 몇 년 내에 명확해질 것인지도 알기 어렵다. 재앙적 결과의 가능성과 영향은 어쩌면 '알 수 없는 것(unknowable)'의 영역에 속할지도 모른다. 그러나 그렇다고 해서 그 가능성을 무시해서는 안 된다. 다음 장에서 설명하겠지만, 오히려 기후 재앙의 가능성은 기후 정책을 수립할 때 최우선으로 고려해야 할

---

24. 카본브리프 웹 사이트(https://www.carbonbrief.org/)를 참조하라.

사항이다.

5. 더 읽어보기

이 장에서는 기후변화와 관련한 불확실성의 성격과 정도, 그리고 우리가 알고 있는 것과 모르는 것에 대해 간략히 살펴보았다. 관련 문헌은 방대하지만, 보다 깊이 있는 이해를 원하는 독자들은 다음의 책과 논문을 읽어보기를 바란다. 일부는 1장에서 이미 언급했다.

- 롬의 《기후변화: 모두가 알아야 할 것(Climate Change: What Everyone Needs to Know, 2018)》과 휴턴의 《지구온난화: 완전한 브리핑(Global Warming: The Complete Briefing, 2015)》은 과학적 관점에서 기후변화를 소개한다. 힐(Heal, 2017a)은 경제학적 관점에서 기후변화를 설명하며, 스톡(Stock, 2019)은 GDP 성장률과 기후변화 사이의 연관성에 대해 다루고, 그 관계를 추정하는 통계적 접근법을 설명한다.
- 섭씨 1.5도 이상 기온 상승의 영향에 대한 IPCC의 〈2018년 특별 보고서(IPCC, 2018)〉와 3권으로 구성된 〈IPCC 보고서(IPCC, 2014)〉는 기후변화와 그 영향, 가능한 감축 전략에 대해 우리가 알고 있는 것과 모르는 것을 상세하게 다룬다. 이 장의 주요 내용은 핀다이크(Pindyck, 2021)에서도 확인할 수 있다.

- 코피츠, 마튼, 울버튼(Kopits, Marten, and Wolverton, 2013)은 치명적인 기후 결과의 가능성이 어떤 이유로 탄소의 사회적 비용에 어떻게 영향을 끼치는지를 개괄적으로 설명하며, 정책 분석에 주는 시사점도 제시한다. 기후 불확실성, 특히 재앙적 결과의 가능성에 대한 불확실성이 기후 정책 분석을 얼마나 복잡하게 만드는지는 핀다이크(Pindyck, 2013b)와 힐과 밀너(Heal and Millner, 2014)를 참조하라. 호킨스와 서튼(Hawkins and Sutton, 2009)은 원인별로 기후변화의 불확실성을 세분화해 이해를 돕는다.
- 기온 변화가 농업 생산량이나 GDP 등 경제 생산성과 어떤 관련이 있는지를 다루는 실증 연구도 늘고 있다. 델, 존스, 올켄(Dell, Jones, and Olken, 2014), 아우프하머 외(Auffhammer, 2013), 블랑과 슐렌커(Blanc and Schlenker, 2017)에서 이러한 방향의 연구 흐름을 확인할 수 있다. 기온 상승(및 보다 일반적인 기후변화)의 영향에 대한 추정치는 매우 다양한 범위를 가지며, 최근의 두 가지 문헌 조사로는 톨(Tol, 2018), 그리고 노드하우스와 모팻(Nordhaus and Moffat, 2017)이 있다. 또한 아우프하머(Auffhammer, 2018), 그리고 콜스태드와 무어(Kolstad and Moore, 2020)는 기후변화로 인한 경제적 피해를 정량화하는 데 따르는 어려움과 사용된 통계적 방법론, 그동안의 진전을 잘 요약하고 있다.
- 사회적 탄소 비용은 탄소세나 기타 감축 정책을 설계하는 데

유용한 지표로 쓰인다. 이산화탄소 배출과 같은 외부 효과에 세금을 부과해야 하는 이유와 방법은 무엇일까? 환경 정책의 기본 개념에 대해서는 핀다이크와 루빈펠드(Pindyck and Rubinfeld, 2018)의 18장을 참조하라. 환경경제학과 정책을 본격적으로 다루는 훌륭한 교과서로는 콜스태드(Kolstad, 2010), 그리고 파누프와 레콰테(Phaneuf and Requate, 2017)가 있다.

- 탄소의 사회적 비용에 대한 최근 추정치는 미국립과학원(National Academy of Sciences, 2017)을 참조하라. 일부에서는 피해의 비한계적 속성 때문에 탄소의 사회적 비용을 사용하는 것이 문제가 있다고 본다[모간 외(Morgan et al., 2017)]. 나는 최근 수백 명의 기후과학 및 기후경제학 전문가를 대상으로 탄소의 사회적 비용에 대한 설문 조사를 실시했으며, 그 결과 전문가들 사이에 상당한 이질성이 존재하며 수치에 큰 차이가 있음을 확인할 수 있었다. 자세한 내용은 핀다이크(Pindyck, 2019)를 참조하라.

- 미래의 비용과 편익을 현재 가치로 환산하는 데 사용되는 할인율에 따라 탄소의 사회적 비용은 크게 달라진다. 온실가스 배출 감축으로 인한 혜택은 대부분 먼 미래에 발생하지만, 비용은 지금 발생한다는 점을 고려할 때 할인율이 높으면 탄소의 사회적 비용이 상대적으로 낮아진다. 할인율에 대한 개념과 관련해서는 골리에(Gollier, 2001, 2013)와 프레더릭(Frederick, 2006)을 참조하라.

4장

불확실성이 기후 정책에 끼치는 함의

CLIMATE FUTURE

서론에서 설명했듯이, 우리가 읽는 책, 논문, 언론 보도는 기후변화와 그 영향에 대해 실제보다 훨씬 더 많이 알고 있는 것처럼 착각하게 만든다. 마찬가지로, 논평가와 정치인들은 우리가 지금 당장 조치를 취하지 않고 이산화탄소 배출을 급격히 줄이지 않으면 무슨 일이 벌어질 것이라고 단언하곤 한다. 마치 정말로 앞으로 무슨 일이 일어날지 알고 있는 것처럼 말이다. 그들은 이런 일이 발생할 수도 있다(might happen)고 말하지 않으며, 그런 일이 반드시 일어날 것(will happen)이라고 주장한다.

사실 이는 놀라운 일이 아니다. 인간은 불확실성보다는 확실성을 선호하며, 앞날을 알 수 없을 때 불편함을 느낀다.[1] 또한 우리는 확률과 관련된 개념을 이해하는 데 종종 어려움을 겪는다. 대부분은 "기온이 섭씨 X도 상승할 확률은 10퍼센트이다"라는 표현보다는, "2050년까지 기온이 섭씨 X도 상승하고 해수면이 Y미터 상승하며, 그 결과 GDP가 Z퍼센트 하락할 것이다"와 같은 단정적인 설명을

---

1. 그 결과, 경제학자들은 (인정하긴 싫겠지만) 예측에 충분한 근거가 거의 없다는 것을 알면서도 예측을 시도하는 경우가 많다. 이에 대한 멋진 논의는 맨스키(Manski, 2020)를 참조하라.

선호한다. 많은 이들은 온실가스 배출량을 정확하게 예측할 수 있더라도 온도나 해수면이 얼마나 상승할지 알 수 없다는 사실을 받아들이기 어려워한다. 그리고 설사 기온과 해수면 상승을 정확하게 예측할 수 있다손 치더라도 GDP나 다른 사회적 후생에 어떤 영향을 줄지는 여전히 알 수 없다. 이전 장에서 논의했듯이, 분명한 사실은 기후변화의 강도, 그리고 그것이 경제와 사회에 끼치는 영향을 의미하는 '기후 결과(climate outcome)'는 대부분이 생각하는 것보다 훨씬 더 불확실하다는 것이다.

이 장에서는 이러한 불확실성이 기후 정책에 끼치는 함의에 대해 살펴본다. 불확실성이 너무 크다면 당장 배출을 급격하게 줄이기보다는 상황을 지켜보는 게 낫다고 생각할 수도 있다. 기후가 얼마나 변할지, 또 그 영향이 어떤 것인지 모른다면, 지금 당장 큰 비용을 들여 굳이 조치를 취할 필요가 있을까? 실제로 탄소세 등 감축 정책에 반대하는 많은 이가 이러한 주장을 편다. 하지만 이는 잘못된 주장이며, 오히려 그 반대가 맞는다. 앞으로 살펴보겠지만, 불확실성은 오히려 우리가 지금 당장 행동해야 하는 이유가 될 수 있다. 왜? 불확실성, 특히 극단적인 결과가 발생할 수 있는 상황에서 우리는 보험이 필요하기 때문이다.

현재로서는 각국이 어떤 기후 정책을 채택할지, 따라서 세계가 이산화탄소 배출을 어느 정도 줄일 수 있을지 알 수 없다. 물론 운이 좋다면, 이산화탄소 배출과 무관하게 기후변화와 그 영향이 미미할 수도 있다. 하지만 운이 나쁘다면, 사회에 막대한 비용을 초래하는 재양적인 기후 결과가 나타날 수도 있다. 이러한 불확실성은 문제를 무시하고 지금 아무런 조치도 취하지 말아야 한다는 근거가 될 수 없다. 오히려 미래에 막대한 비용이 발생할 가능성에 대비해 지금 당장 행동해야 함을 의미한다.

주택 소유자가 보험에 가입하는 경우를 생각해보자. 앞으로 화재, 홍수 또는 나무가 쓰러져 집이 손상될지, 그리고 그로 인한 피해가 얼마나 클지 우리는 알 수 없다. 하지만 그렇다고 해서 주택 보험에 가입하지 않고 일단 기다려야 한다는 뜻은 아니다. 신중한 주택 보유자라면, 비록 발생 확률이 낮더라도 잠재적 피해 비용을 보전할 수 있는 보험에 가입할 것이다.

기후 결과에 대한 불확실성은 또 다른 시사점을 가진다. 기후 정책, 일반적으로는 환경 정책의 본질적인 특성인 비가역성(irreversibility)을 생각해보자. 환경 피해의 비가역성은 잘 알려져 있으며, 따라서 '보존주의적(conservationist)' 정책이 바람직하다고 여겨지는 경우가 많다. 조니 미첼(Joni Mitchell: 캐나다의 가수, 화가로서 북미에서는 전설적인 싱어송라이터로 평가받는다—옮긴이)의 노래 덕분에 경제학자가 아닌 사람들도 "낙원에 포장도로를 깔고, 주차장을 만들면" 낙원이 영원히 사라질 수 있다는 사실을 알고 있다. 그리고 낙원의 미래 가치가 불확실하다면, 지금 낙원을 보호함으로써 얻는 이익에는 '옵션 가치(option value)'가 포함되며, 이는 비용—편익 분석의 저울을 보호 쪽으로 기울게 만든다.

그러나 반대 방향으로 작동하는 또 다른 비가역성도 존재한다. 낙원을 보호하는 데 드는 비용은 매몰 비용(sunk cost), 즉 지출을 되돌릴 수 없어 나중에 회수할 수 없는 비용으로 남게 된다. 깨끗한 공기와 물이 있는 낙원을 유지하기 위한 시설 투자와 운영 비용은 미래에 회수할 수 없다는 것이다. 이런 종류의 비가역성은 정책 판단을 덜 '보존주의적'인 정책으로, 즉 비용-편익 분석 결과의 저울추를 보호가 아닌 개발 쪽으로 기울게 만들 수 있다.

이 두 가지 불가역성 중 기후 정책에 적용되는 것은? 둘 다. 그렇다면 반대 방향으로 작용하는 두 효과 중 어느 것이 더 클까? 그건 알 수가 없다. 이 장의 나머지를 읽어보면 이러한 비가역성이 어떻게 작동하는지, 그리고 둘 다 중요하지만 왜 어느 것이 더 중요하다고 말할 수 없는지 이해할 수 있을 것이다.

1. 불확실성의 의미

나는 우리가 미래의 이산화탄소 배출량과 대기 중 축적과 관련된 메커니즘을 꽤 이해하고 있다고 말했다. 물론 장기적인 GDP 변화, 탄소 집약도의 변화, 이산화탄소 소산율에 대해서는 불확실성이 존재하지만, 이 불확실성은 비교적 제한적이며 그렇게 크지 않다. 그러나 장기적인 온도 변화를 결정짓는 기후 민감도에 대한 불확실성은 훨씬 더 커서, 온화한 기온 상승과 심각한 기온 상승 간의 예상 격차는 3배 이상 벌어질 수 있다. 게다가 온도 상승으로 인해 나타날 경제적·사회적 영향에 대해서는 이론이나 데이터가 거의 없기 때문에 예측은 추측에 의존할 수밖에 없다. 결과적으로, 예측의 범위가 매우 넓어질 수밖에 없게 된다.

이처럼 큰 불확실성은 기후 정책 설계와 분석이 환경경제학의 여타 문제들과는 다르게 작동하게 만든다. 대부분의 환경 문제는 어느 정도 표준적인 비용–편익 분석이 가능하다. 석탄 화력발전소의 이산화황과 질소산화물 배출 제한이 좋은 예다. 이러한 오염 물질은 바람이 불어오는 지역에 사는 거주민의 건강에 심각한 해를 끼치며, 호수와 하천의 산성화를 유발해 물고기와 기타 생태계에 피해를 준다. 당연히 우리는 이러한 배출을 줄이고자 하지만, 여기에는 적지 않은 비용이 든다. 이산화황 배출을 줄이기 위해서는 발전소 배기가스에서 오염 물질을 제거하는 고가의 '스크러버(scrubber)'를 설치하거나, 더 비싼 저유황 석탄을 사용해야 한다.[2] 반면, 배출을 줄이면 이로 인한 건강 문제와 호수 및 강에 대한 피해가 줄어드는 이점이 있다.

그렇다면 발전소 배출량을 어느 정도 줄여야 할까? 감축 비용과 그에 따른 편익을 비교해, 편익이 비용을 초과할 경우 감축이 타당하다는 판단을 내리게 된다. 물론 모든 정책의 비용과 편익에는 불확실성이 존재하지만, 이러한 불확실성의 성격과 규모는 비교적 잘 알려

---

2. 최근에는 저렴한 천연가스 공급과 태양광 및 풍력발전 확대로 발전용 석탄 소비가 급격히 감소하고 있다.

져 있고, 다른 공공 및 민간의 의사 결정에 수반되는 불확실성과 본질적으로 유사하다. 물론 경제학자들은 분석의 세부적인 내용에서는 논쟁을 벌여왔으며, 앞으로도 그럴 것이다. 하지만 기본적인 수준에서는 합의된 영역에 있으며, 우리가 하는 것이 무엇인지 알고 있다고 생각한다. 만약 이산화황 배출 감축이 필요하다는 결론이 내려진다면, 대부분의 경제학자는 그 결론이 근거가 있는 합리적인 것으로 받아들일 것이다.

그러나 앞서 설명했듯이 기후변화는 다르다. 그 안에 내재된 불확실성이 감축 정책에 대한 논의를 훨씬 더 복잡하게 만든다. 기후과학자와 경제학자 사이에서도 다양한 기후 결과, 특히 재앙적인 결과의 가능성에 대한 의견이 일치하지 않는다. 또한 감축 정책의 잠재적 편익을 평가할 때 어떤 분석 프레임워크를 사용할 것인가에 대해서도 이견이 존재한다. 특히, 대부분의 편익이 먼 미래에 발생하기 때문에 미래의 편익과 현재의 비용을 비교하는 데 사용할 할인율이 특히 중요한데, 이러한 이견으로 인해 표준적인 비용—편익 분석만으로는 기후 정책을 적절히 평가하기 어렵다.

한마디로, 기후변화의 규모와 영향에 내재된 엄청난 불확실성은 기후 정책을 매우 복잡하게 만든다. 이 불확실성은 단순히 온도 상승의 정도뿐만 아니라, 그것이 초래할 수 있는 다양한 경제적·사회적 영향 전반에 걸쳐 존재한다. 그렇다면 우리는 어떻게 해야 할까? 기후변화 모형에 이러한 불확실성을 어떻게 반영할 수 있을까? 재앙적인 결과가 발생할 가능성에 어떻게 대처해야 할까? 그리고 조기 행동의 보험 가치, 기후 정책에 내재한 상충하는 두 비가역성을 어떻게 다룰 수 있을까?

불확실성의 처리

지난 수십 년 동안 통합 평가 모형 개발은 학계에서 주목받는 분야였다. 수십 개의 대규모 모형, 그리고 그보다 더 많은 수의 소규모 모형이 개발됐고, 기온, 해수면 변화와 이로 인한 경제적 영향을 예측하는 데 사용됐다. 하지만 기후변화 그 자체와 그 영향에 대한 불확실성이 워낙 크기 때문에 이러한 예측은 물론, 나아가 이들 모형의 유용성 자체에 대해서도 의문이 제기되고 있다. 우리는 무엇을 할 수 있을까? 무슨 일이 일어날지 모른다고 선언하고 그에 따라 행동해야 할까? 그렇다면 '그에 따른 행동'이란 과연 무엇을 의미할까?

모형을 구축하는 이들 대부분은 모형을 폐기해서는 안 되며, 불확실성을 설명할 방법이 있으므로 여전히 유용하다고 주장한다. 한 가지 접근법은 모형의 모수에 불확실성을 통합하는 것이다. 예를 들어, 앞 장에서 소개한 손실 함수식(3.1)에는 2개의 모수 π_1, π_2가 포함돼 있었는데, 온도 상승의 영향에 대한 불확실성을 반영하기 위해 이 두 모수를 확률변수로 간주할 수 있다. 이렇게 하면, 이 모수가 예상 결과의 범위에 어떤 영향을 끼치는지를 살펴볼 수 있다. 이 방식이 바로 아래에서 설명하는 몬테카를로 모의실험(Monte Carlo simulation)이다.

두 번째 방식은 상대적으로 덜 사용되는데, 모형의 작동 방식에 불확실성을 통합하는 것이다. 예를 들어, '친환경 기술'에 대한 투자는 그 투자에 대한 수익이 얼마나 위험한지에 따라 달라지는데, 이 위험은 기술별 위험뿐만 아니라 경제 전반 위험에도 영향을 받는다. 그리고 세 번째 방식은 불확실한 모수가 있는 모형을 사용해 불확실성을 '최상의 경우(best-case)'와 '최악의 경우(worst-case)' 결과의 형태로 요약하는 것이다.

모수 불확실성: 몬테카를로 모의실험

통합 평가 모형(및 관련 모형)의 개발자들은 모수와 함수의 형태에 대한 불확실성이 존재한다는 사실을 충분히 인식하고 있다. 그들은 이를 어떻게 다룰까? 그들이 자주 사용하는 방식 중 하나가 바로 몬테카를로 모의실험이다. 모형의 각 모수를 어떤 고정된 값으로 두는 대신, 해당 모수에 확률분포를 부여하는 방식이다. 그렇다면 이 확률분포는 어디서 오는가? 모형 개발자가 선택하는데, 이 과정에서 해당 모수의 불확실성에 대한 그의 견해가 반영된다. (확률분포의 표준편차는 다시 모형 개발자가 선택하며, 이는 그가 인지한 불확실성의 정도를 반영한다.)

모형에 불확실한 모수가 10개에서 20개가 있다면, 10개 또는 20개의 확률분포(각 불확실한 모수에 대해 하나씩)가 있을 수 있다. 그런 다음 모형을 10만 회 이상 반복해 실행하는데, 반복할 때마다 가정한 확률분포를 사용해 각 모수에 대한 무작위값을 얻는다. 이렇게 반복 실행하면, 세기말의 기온 상승 또는 GDP 손실처럼 관심 있는 변수에 대한 분포(평균 및 표준편차 포함)를 도출할 수 있다.[3]

이 방식은 일리 있는 접근이며, 실제로 몬테카를로 모의실험은 다양한 과학 연구에서 널리 사용된다. 하지만 기후변화 맥락에서 이 기법이 불확실성의 본질과 그 정책적 함의를 알려줄 수 있을까? 안타깝게도 대답은 "아니다"이다. 문제는 각 모수에 적용할 확률분포를 결정하는 것이다. 모수 대부분에 대해 그 값을 모르는 것과 마찬가지로 우리는 각 모수에 대한 확률분포가 무엇인지 알지 못하며, 선택한 분포에 따라 예상 결과가 매우 다르게 나올 수 있다.[4]

설상가상으로, 모형의 핵심 변수 간 관계를 규정하는 함수 형태조차 모른다는 점이다. 이는 기후변화의 영향을 추정하는 데 특히 문제가 된다. 앞서 언급했듯이, 노드하우스의 DICE 모형에서 사용된 손실 함수는 다음과 같은 역이차 방정식이다.

$$L(\Delta T) = 1/[1 + \pi_1 \Delta T + \pi_2 (\Delta T)^2]$$

---

3. 노드하우스(Nordhaus, 2018)는 몬테카를로 모의실험을 통합 평가 모형에 적용한 예를 보여준다. MIT의 글로벌 변화 과학 및 정책 공동 프로그램 또한 모형화 작업 초기부터 불확실성의 중요성을 인식했으며, 자신들이 사용하는 모형에 피해 함수를 명시적으로 포함할 근거가 부족함을 인정했다.
4. 핀다이크(Pindyck, 2013b)는 온도 변화에 대해 감마 분포, 프레쳇 분포(일반화된 극값, 유형 2 분포라고도 함), 로와 베이커(Roe and Baker, 2007)가 제시한 분포 등 세 가지를 이용해 분석을 수행했다. 이 세 분포 모두 평균과 분산이 같도록 보정했는데, 각 분포에서 도출된 온도 상승 회피를 위한 사회적 지불 의사 금액은 분포마다 매우 달랐다.

여기서 ΔT는 온도 상승, $L(\Delta T)$는 온도 상승 ΔT로 인한 GDP 감소를 나타낸다. 하지만 이 손실 함수는 이론이나 데이터에서 도출된 것이 아니며, 임의적이고 가설적인 형태일 뿐이다. 또한 설사 이 함수가 옳다고 해도 모수 π_1과 π_2의 정확한 값, 또는 해당 모수의 정확한 확률분포, 아니면 평균·분산이라도 알려줄 수 있는 이론이나 데이터가 존재하지 않는다.

논의를 진전시키기 위해 π_1과 π_2에 대한 확률분포를 어떻게든 선택했다고 가정하자. 몬테카를로 모의실험으로 온도 상승 ΔT에 대한 손실값 $L(\Delta T)$의 평균값을 구할 수 있다. 그러나 온도가 상승함에 따라 역이차식이 나타내는 것보다 손실이 더 빨리 증가할 가능성이 매우 크다고 하자. 이 경우 역이차 함수 대신 역삼차 손실 함수가 적절할 수 있다. 예를 들어, 다음과 같은 손실 함수가 바람직하다고 판단할 수 있다.

$$L(\Delta T) = 1/[1 + \pi_1 \Delta T + \pi_2 (\Delta T)^3]$$

몬테카를로 모의실험은 이제 매우 다른 (그리고 더 큰) 손실을 예상하게 된다. 아니면, π_1과 π_2에 대해 잘못된 확률분포를 사용하고 있거나, 분포는 맞지만 평균·분산이 잘못됐을 수 있다고 주장할 수도 있다. 확률분포 또는 평균·분산을 바꾸면 예상 손실의 추정치도 완전히 달라질 수 있다.

다시 말하지만, 몬테카를로 모의실험은 모형에 불확실성을 통합하는 강력한 도구가 될 수 있으며, 실제로 널리 사용되고 있다. 하지만 모형 자체의 이론적·실증적 기반이 탄탄하고, 모수에 대한 확률분포가 이론적·실증적으로 잘 정립돼 있어야 한다. 기후변화의 경우, 우리는 정확한 확률분포에 대해 거의 알지 못하며, 확률분포가 적용되는 손실 함수에 대해서도 거의 알지 못한다. 임의로 설정한 함수에 임의의 확률분포를 넣고 수십만 번 모의실험한 결과에서 우리가 배울 수 있는 것이 있을까? 안타깝게도 그다지 많지 않다. A가 B에 어떻게 영향을 끼치는지 이해하지 못하는 상황에서, A와 B의 관계를 임의로 모형화하고 수십만 번의 몬테카를로 모의실험을 실행한다고 해서 우리의 이해가 부족하다는 사실은 변하지 않는다.[5]

불확실성을 고려하는 다른 접근 방식

또 다른 방식은 모형의 작동 방식에 불확실성을 통합하는 것이다. 카이와 론첵(Cai and Lontzek, 2019), 루틱(Rudik, 2020), 판덴브레머와 판데르플록(van den Bremer and van der Ploeg, 2021)의 모형이 그 예다. 이들 모형에서는 여러 주요 모수를 불확실한 것으로 다루지만, 모수에 대한 확률분포를 정해야 하는 몬테카를로 모의실험을 수행하는 대신 모숫값의 범위 내에서 모형을 푼다. 이때 변수의 동적 과정이 확률적이라는 점이 특징이다. 예를 들어, 카이와 론첵(Cai and

---

5. 전 영란은행 총재였던 머빈 킹이 (매우 다른 맥락에서) 말한 것처럼 "······미래가 어떻게 될지 모른다면 우리는 모르는 것이고, 그렇지 않은 척하는 것은 의미가 없습니다"(King, 2016). 모형과 모형 사용자는 때때로 그렇지 않은 척한다.

Lontzek, 2019)의 모형에서는 탄소 배출의 동인인 경제성장을 확률과정(random process)으로 모형화한다. 경제성장이 본질적으로 불확실하다는 사실을 반영하는, 적절한 가정이다. 그리고 경제성장이 불확실하면, 모형이 도출하는 탄소의 사회적 비용 역시 확률적으로 주어지게 되어 역시 불확실해진다.

이는 불확실성 자체를 모형에서 명시적으로 고려하기 때문에 한 걸음 더 나아간 것이라고 할 수 있다. 예를 들어, 경제성장의 불확실성의 성격과 정도를 명시하고 이것이 이산화탄소 배출에 어떤 영향을 끼치는지 설명해주기 때문이다. 다만, 이 방식이 진전된 것이긴 하지만 여전히 모형의 일부 주요 관계를 나타내는 함수의 정확한 형태를 알지 못한다는 점은 해결할 수 없다.

허슬러, 크루셀, 올로브손(Hassler, Krusell, and Olovsson, 2018)은 불확실한 모수가 있는 모형에 대해 '최상의 경우'와 '최악의 경우'를 각각 추정하는 다른 접근 방식을 택했다. '최상의 경우'는 가장 유리한(그러나 그럴듯한) 모숫값을, '최악의 경우'는 가장 불리한(그러나 그럴듯한) 모숫값을 사용해 결과를 도출한다. 이 접근법의 장점은 비가역성이 어떤 식으로 작동하는지 명확하게 보여준다는 데 있다. 지금 막대한 비용을 들여 이산화탄소 감축 노력을 기울였는데, 20년 또는 30년 후 기후변화가 실제로 심각한 문제가 아니었다는 사실이 밝혀진다면 아쉬움이 클 것이다. 반대로, 지금 당장 거의 아무것도 하지 않고 있다가 수십 년 후 재앙적인 기후 결과, 즉 '최악의 경우'를 맞이한다면 그때 역시 큰 후회를 하게 될 것이다.

그런데 이 접근에는 중요한 문제가 있다. '최상의 경우'가 과연 우리가 합리적으로 기대할 수 있는 가장 유리한 결과일까? 그리고 '최악의 경우'가 정말로 가장 불리한 결과일까? 아쉽게도 이 질문에 답하기는 어려운데, 그 이유는 이러한 분석이 이론적·실증적 근거가 부족한 모형에 기반하고 있기 때문이다. 그럼에도 이 접근 방식은 적어도 결과의 가능한 범위를 추정하고, 우리가 직면한 불확실성의 정도를 파악하는 데 도움이 된다는 점에서 유용하다. 특히 기후 정책 설계 시 비가역성과 보험 가치의 역할과 중요성을 평가하는 데 효과적으로 활용될 수 있다.

불확실성은 기후 정책에 어떤 영향을 끼칠까?

이쯤에서 당신이 기후변화와 관련해서는 우리가 극도의 불확실성의 세계에 살고 있다는 사실을 이해했기를 바란다. 사실, 불확실성 그 자체의 성격과 정도에도 불확실성 또는 상당한 의견 차이가 있다. 이토록 불확실한 세상에서 우리는 어떻게 행동해야 할까? 좌절한 채 문제를 회피하는 것은 아마 최선의 선택이 아닐 것이다. 그렇다고 화석연료 생산을 즉각 중단하고, 자동차를 폐차하고, 집 안의 전등을 모두 끄는 것도 좋은 생각은 아니다. 아마 이 둘 사이 어딘가를 선택해야 할 텐데, 그 정책은 무엇이어야 할까? 우리가 직면한 이 불확실성은 기후 정책에 어떤 영향을 끼치는 것일까?

앞서 이 장에서 설명했듯, 불확실성은 두 가지 방식으로 정책에 영향을 끼친다. 첫째, 불확실성은 최악의 결과에 대비하는 보험 가치를 만들어낸다. 보험 가치는 우리가 가능한 한 일찍, 그리고 보다 엄격한 감축 정책을 채택하도록 유인한다. 둘째, 기후 정책은 본질적으로 비가역성을 내포하고 있으며, 이 비가역성은 불확실성과 상호작용해 정책 설계에 중요한 영향을 줄 수 있다. 다만, 이들 비가역성의 순 효과는 불분명하다. 곧 알게 되겠지만, 이러한 비가역성이 더 공격적인 기후 정책으로 이어질지, 아니면 덜 공격적인 기후 정책으로 이어질지 확신할 수 없다.

기후 보험의 가치

기후변화에 대한 불확실성은 두 가지 방식으로 보험 가치를 창출하며, 이를 명확히 구분하는 것이 중요하다.

(1) 첫째, 보험 가치는 온도 상승으로 인한 GDP 손실, 즉 '피해 함수'를 통해 나타난다. 온도 상승의 영향은 매우 불확실하지만, 상승 폭이 커질수록 피해 함수가 점점 더 가파르게 증가할 가능성이 크다. 다시 말해, 평균온도가 섭씨 3도에서 섭씨 4도로 상승할 때 발생하는 GDP 손실은 섭씨 1도에서 섭씨 2도로 상승할 때보다 훨씬 클 수 있다. 온도 상승 폭이 커질수록 피해는 더 심각해지고 적응은 더 어려워지므로 동일한 섭씨 1도 상승이라도 고온 상태에서의 추가 온난화는 훨씬 더 큰 피해를

초래한다.

(2) 불확실성이 보험 가치를 창출하는 두 번째 채널은 사회적 위험 회피다. 위험 회피란 기댓값이 같거나 더 크더라도 위험한 결과보다는 확실한 결과를 선호하는 것을 말한다. 우리는 '올바른' 사회 후생 함수가 무엇인지 모르지만, 적어도 어느 정도는 위험 회피 성향이 있을 것으로 예상한다. 사회 구성원 대부분이 위험을 회피하는 경향이 있기 때문이다. 이는 사회 전체가 매우 나쁜 기후 결과의 위험을 피하기 위해 비용을 지불할 의사가 있음을 시사한다.

피해 함수

피해 함수의 기울기가 급격히 증가하는 경우, 불확실성이 어떻게 보험 가치를 창출하는지를 간단한 예를 통해 살펴보자. 미래 한 시점, 예를 들면 2050년을 고려하되, 편의상 미래 비용이나 편익을 할인하지 않는다고 하자. 기온 상승 ΔT로 인한 GDP의 손실률을 다음 식으로 가정한다.

$$L(\Delta T) = 1 - \frac{1}{1+0.01(\Delta T)^2} \qquad (4.1)$$

식 (4.1)에 따르면, $L(0)=0$, 즉 온도 상승이 없을 때 GDP 손실은 없으며, $L(2)=0.04$, 즉 온도 상승이 섭씨 2도일 때 GDP 손실은 4퍼센트, $L(4)=0.14$, 즉 온도 상승이 섭씨 4도일 때 GDP 손실은 14퍼센트, $L(6)=0.26$, 즉 온도 상승이 섭씨 6도일 때 GDP 손실은 26퍼센트가 된다. 온도가 섭씨 2도 상승할 때마다 추가 손실이 점점 더 커지는데, 이것이 바로 "피해 함수의 기울기가 급격히 증가"를 의미한다.

먼저, 2050년 평균온도 상승이 섭씨 2도로 확실하다고 가정하자. 그리고 식 (4.1)처럼 온도 상승 섭씨 2도로 인해 GDP가 4퍼센트 감소할 것이라는 사실을 확실히 안다고 가정하자. 이러한 온도 상승을 피하기 위해 GDP의 몇 퍼센트까지 희생해야 할까? 최대 4퍼센트다. 물론, GDP 4퍼센트 미만으로 온도 상승을 피할 수 있다면 좋겠지만, 어쨌든 GDP의 최대 4퍼센트까지 희생할 의향이 있다.

이제 온도 상승에 대한 불확실성이 있다고 가정하자. 기온이 전혀 상승하지 않을 수도, 섭씨 4도 상승할 수도 있는데, 각 결과의 확률은 50퍼센트라고 가정하자. 온도 상승의 기댓값은 앞선 경우와 동일한 섭씨 2도이지만($=0.5 \times 0 + 0.5 \times 4$), 이제는 0이 될 수도 있고 섭씨 4도가 될 수도 있는 불확실성이 있다. 이 불확실성이 상황을 바꿀까?

섭씨 4도의 온도 상승이 GDP에 끼치는 영향은 얼마인가? 기온 상승이 섭씨 2도일 때 손실인 4퍼센트의 2배인 8퍼센트 감소일까? 그렇지 않다. GDP에 끼치는 영향은 8퍼센트 손실보다 훨씬 더 클 것으로 예상된다. 왜 그럴까? 섭씨 4도의 온난화는 해수면 상승, 농작물 피해, 전염병 확산을 초래할 가능성이 훨씬 더 크기 때문이다. 우리는 실제 영향이 어느 정도일지는 알 수 없지만, 섭씨 2도 상승의 영향보다 2배 이상 심할 것으로 예상할 수는 있다. 그래서 식 (4.1)처럼 GDP가 14퍼센트 감소한다고 가정해보자. 이 경우 섭씨 4도 상승 가능성을 피하기 위해 GDP의 몇 퍼센트를 기꺼이 희생할 수 있을까?

이에 대한 답을 찾기 위해, GDP에 끼치는 영향의 기댓값을 고려해보자. 기온 상승의 예상 규모는 여전히 섭씨 2도이며, 섭씨 2도 기온 상승의 손실은 GDP의 4퍼센트라고 했다. 그러나 기온 상승이 없거나 섭씨 4도 상승할 확률이 반반이므로, 예상 영향은 GDP의 4퍼센트보다 더 큰 7퍼센트(=0.5×0+0.5×14)다. 즉, 우리는 섭씨 4도 온도 상승의 50퍼센트 확률을 회피하기 위해 GDP 최대 7퍼센트까지 지불할 의향이 있다. (다시 한번 말하지만, GDP의 7퍼센트 미만의 비용으로 온도 상승을 피할 수 있으면 좋다.) 온도 상승 기댓값은 여전히 섭씨 2도임에도 왜 우리는 그보다 훨씬 더 많은 희생을 기꺼이 감수할 의사가 있을까? 발생 확률이 50퍼센트인 섭씨 4도의 온도 상승이 훨씬 더 큰 피해를 가져올 것이기 때문이다. 한 걸음 더 나아가보자. 기온이 상승하지 않을 확률이 75퍼센트이고, 기온이 섭씨 8도 상승할 확률이 25퍼센트라고 하자. 그리고 기온이 섭씨 8도 상승하면 재앙에 가까워서 식 (4.1)처럼 GDP 40퍼센트 손실이 발생한다고 가정하자. 온도 상승의 기댓값은 여전히 섭씨 2도(=0.75×0+0.25×8)다. 그러나 예상 영향은 이제 GDP의 4퍼센트보다 훨씬 더 큰 GDP의 10퍼센트(=0.75×0+0.25×40)다. 즉, 기온이 섭씨 8도 상승할 확률이 25퍼센트인 상황을 피하기 위해 GDP의 10퍼센트까지 기꺼이 희생할 수 있다는 뜻이다.

지금까지의 계산은 표 4.1에 요약돼 있다. 여기서 무슨 일이 일어나고 있는지는 매우 간단하다. 섭씨 4도 온도 상승 시 GDP 손실이 섭씨 2도 온도 상승 시보다 2배 이상 크기 때문에, 섭씨 4도 상승이 일어날 확률은 50퍼센트이지만 우리는 위험을 회피하기 위해 더 많은 것을 희생할 의사가 있다. 그리고 섭씨 8도 온도 상승은 섭씨 4도 온도 상승보다 2배 이상, 섭씨 2도 온도 상승보다 4배 이상 더 해롭다. 따라서 우리는 결과가 매우 비관적이라면, 발생할 가능성이 작더라도 이를 회피하기 위해 기꺼이 높은 비용을 지불할 용의가 있는 것이다.

사실, 이것이 바로 보험의 본질이다. 우리는 가능성이 작더라도 매우 나쁜 결과를 회피하기 위해 비용을 지불한다. 그래서 우리는 화재, 폭풍, 홍수로 인한 큰 피해에 대비해 주택 보험에 가입하고, 건강하고 더 오래 살 수 있을 것으로 생각하더라도 입원 비용을 충당하기 위해 의료보험과 생명보험에 가입한다. 마찬가지로, 우리 사회는

가능한 최대 온도 상승 ΔT	최대 ΔT 발생 확률	$\Delta T=0$일 확률	최대 ΔT 발생 시 GDP 손실률	GDP 기대 손실
2°C	1	0	4%	4%
4°C	0.5	0.5	14%	7%
8°C	0.25	0.75	40%	10%

[표 4.1] 가능한 온도 결과와 경제적 영향. 영향은 (가상의) 손실 함수식 (4.1)에 기반한다. 모든 경우 온도 변화 기댓값은 섭씨 2도이지만, 가능한 최대 온도 변화 폭이 커짐에 따라 GDP 기대 손실은 급격히 증가한다.

(가능성은 작더라도) 매우 나쁜 기후 결과에 대비한 보험에 상당한 금액을 지불할 준비가 되어 있어야 한다.

GDP 손실과 사회 후생

앞서 살펴본 간단한 계산은, 우리는 매우 나쁜 기후 결과의 위험에 대비하기 위해 GDP의 상당 부분을 희생할 용의가 있음을 보여준다. 하지만 지금까지는 보험 가치의 한 가지 원천만 고려했다. 우리는 GDP 기대 손실에만 초점을 맞추면서, 사회 후생의 관점에서 볼 때 GDP 10퍼센트 손실은 5퍼센트 손실보다 정확히 2배 더 나쁘다고 암묵적으로 가정했다. 그러나 GDP 10퍼센트 손실은 5퍼센트 손실보다 2배 이상 나쁠 수 있다. 이는 사람들이 더 많은, 또는 더 적은 소득과 소비를 어떻게 평가하느냐와 관련돼 있다.

예를 들어, 당신의 연간 가처분소득이 6만 달러라고 가정하자. 이 소득이 7만 달러로 늘어서 1만 달러를 추가로 소비할 수 있게 되면 당신은 매우 기쁠 것이다. 하지만 이제 출발 소득이 16만 달러이고 동일하게 1만 달러가 추가된다면, 여전히 당신은 기쁘겠지만 6만 달러에서 증가했을 때만큼은 아닐 것이다. 16만 달러하에서는 이미 원하는 물건을 많이 구매할 수 있었으므로 추가된 1만 달러는 이전만큼의 만족을 주지 않기 때문이다. 이를 '소득의 한계효용이 감소'한다고 하는데, 추가 소득 1만 달러의 가치는(만족감 측면에서) 출발 소득이 높을수록 낮아진다.

물론 대부분 사람에게 기후변화는 소득을 증가시키는 것이 아니라 감소시킬 것이다. 그래서 소득을 늘리는 대신 소득의 일부를 빼앗 긴다면 어떻게 될지 살펴보자. 기후변화로 인해 경제가 피해를 보고, 그 결과 가처분소득의 일부를 잃게 됐다고 가정하자.

소득 6만 달러로 시작해 10퍼센트 손실(소득이 5만 4,000달러로 감소)과 5퍼센트 손실(소득이 5만 7,000달러로 감소)을 비교해보자. 10퍼센트의 소득 손실이 5퍼센트의 손실보다 정확히 2배 더 '나쁘게' 느껴질까? 어쩌면 당신 생각은 다를지도 모르겠지만, 대부분은 10퍼센트의 소득 손실이 5퍼센트의 손실보다 2배 이상 더 나쁘다고 말할 것이다. 10퍼센트의 손실(6,000달러)을 두 번의 5퍼센트 손실(즉, 3,000달러와 또 다른 3,000달러)로 나누면 이를 알 수 있다. 첫 번째 5퍼센트 손실은 수입을 5만 7,000달러로 감소시키며 3,000달러의 감소는 큰 타격을 준다. 그러나 두 번째 5퍼센트 손실은 5만 7,000달러에서 5만 4,000달러로 감소시켜서 대부분 경우 두 번째 3,000달러 감소는 첫 번째 3,000달러 감소보다 더 큰 타격을 준다. 즉, 소득이 5만 7,000달러일 때보다 5만 4,000달러일 때 3,000달러의 가치가 더 높다. 이는 다시 소득의 한계 효용이 감소하는 예다.

사실 '소득의 한계효용 감소'라고 부르는 것은 위험 회피에 해당한다. 여전히 가처분소득은 6만 달러인데, 이번에는 당신에게 다음과 같은 선택지를 준다고 하자. 옵션 A는 수입이 5퍼센트로 확실히 감소하고(즉, 5만 7,000달러), 옵션 B는 동전을 던져 앞면이 나오면 수입이 6만 달러로 그대로지만, 뒷면이 나오면 수입이 10퍼센트 감소해 5만 4,000달러가 된다. 당신은 어떤 옵션을 선택하겠는가? 대부분 사람은 옵션 A를 선택하는데, 이는 위험 회피적이기 때문이다. 소득의 10퍼센트 감소는 5퍼센트 감소보다 2배 이상 더 나쁘다.

한 가지 예를 더 들어보자. 당신은 아마도 1만 달러를 받을 확률과 1만 달러를 잃을 확률이 50 대 50인 복권은 사지 않을 것이다. 그 이유는 (대부분의 사람에게) 1만 달러를 받을 때의 즐거움이 1만 달러를 잃을 때의 아쉬움보다 작기 때문이다. 당신은 이겼을 때 얼마나 받을 수 있어야 이 복권에 참여할까? 2,000달러일 때(즉, 1만 2,000달러를 받거나 1만 달러를 잃을 확률이 50 대 50일 때), 아니면 3,000달러? 아마 사람마다 다를 텐데, 복권 참여를 위해 받아야 할 금액이 많다고 생각할수록 그 사람의 위험 회피 성향이 크다는 의미다.[6] 그리고 이 위험을 감수하기 위해 당신이 받아야 하는 금액이 바로 보험료와 관련된다.

그렇다면 우리 사회 전체의 위험 회피 수준은 어떨까? 사회는 위험에 대해 다른 태도를 가진 다양한 사람들로 구성돼 있어서 이 질문에 바로 답하기는 어렵다. 금융시장 데이터에 따르면, 투자자들은 전체적으로 높은 위험 회피 성향을 지닌 것으로 보이지만, 모두가 투

---

[6]. 경제학자는 위험 회피를 소득, 부, 소비를 행복(또는 만족)의 단위로 환산해주는 효용 함수의 관점에서 설명한다. 교과서적인 설명은 핀다이크와 루빈펠드(Pindyck and Rubinfeld, 2018)를 참조하라. 일반적으로 사용되는 효용 함수는 다음과 같다.

$$u(y) = \frac{1}{1-\eta} y^{1-\eta}$$

여기서 y는 소득이며, η는 상대적 위험 회피 계수라고 불린다. 이 경우 한계효용, 즉 추가 1달러 소득에 따른 효용 증가는 $du/dy = y^{-\eta}$가 된다. 한계효용은 소득이 증가함에 따라 감소하며, η가 클수록 급격히 감소한다. 따라서 η가 클수록 1만 달러의 당첨 또는 손실 확률이 50 대 50인 복권을 받아들이기 위한 보험료는 커진다.

자자는 아니며, 기후변화 회피와 주식시장 투자는 결코 같지 않다.[7]

이러한 사실은 기후 정책에 무엇을 시사할까? 이는 기후변화에 관한 불확실성이 왜 중요한지, 특히 가능성이 작더라도 극도로 나쁜 기후 결과의 위험을 방지하기 위해 사회가 왜 GDP의 상당 부분을 희생해야 하는지 보여준다. 즉, '꼬리 위험(tail risk)'이라고도 불리는 극단적 결과의 위험이 있을 때, 불확실하다고 손 놓고 기다리지 말고 당장 엄격한 감축 정책을 실행하는 것이 바람직하다는 것을 시사한다. 바로 지금 배출을 줄이는 것은 보험에 가입하는 것과 같고, 그 보험의 가치는 상당할 수 있다.

당신은 "뭐, 멋지군. 그런데 기후 보험의 가치가 정확히 얼마지? 그리고 그 보험 가치에 합당한 감축량은 어느 정도야?"라고 질문할 수 있다. 유감스럽게도 나는 그 수치를 알려줄 수 없고, 아마 현재로서는 누구라도 그럴 것이다. 이 답변에 실망할 수도 있지만, 막상 우리가 아는 것이 많지 않음을 상기하라. 우리는 실제 손실 함수의 형태도[표 4.1에서 사용된 식 (4.1)의 손실 함수는 가정에 불과하다], 사회 전반의 위험 회피 수준도 정확히 알지 못한다. 하지만 현시점에서 우리가 말할 수 있는 것은 보험 가치가 상당할 가능성이 크며, 감축 정책을 더욱 일찍, 그리고 보다 엄격한 방향으로 이끌 것이라는 점이다.

---

7. 금융시장과 소비 및 저축 데이터에 따르면, 사회 전체의 상대적 위험 회피 계수 η(앞 각주의 효용 함수에서의 η)의 크기는 2에서 5 사이로, 상당한 수준인 것으로 추정된다.

비가역성의 영향

환경 피해는 되돌릴 수 없다는 점은 잘 알려졌으며, '보존주의적' 정책이 지지를 얻는 이유이기도 하다. 하지만 반대 방향으로 작용하는 다른 종류의 비가역성도 있는데, 바로 환경보호를 선택할 때 발생하는 매몰 비용이다. 예를 들어, 공기와 물을 깨끗하게 유지하기 위해서는 저감 장비에 투자하고 운영해야 하며, 이 과정에서 발생하는 비용은 나중에 회수할 수 없다. 만약 미래에 깨끗한 공기와 물의 가치가 현재 우리가 예상한 것보다 낮은 것으로 판단된다면, 이러한 비가역성은 보존주의적이지 않은 정책의 손을 들어주게 된다. 미래에 깨끗한 공기와 물의 가치가 현재 생각했던 것보다 낮은 것으로 판명되면 다른 곳에 쓸 수 있었던, 돌이킬 수 없는 지출을 후회할 수 있기 때문이다.

 이러한 두 가지 비가역성은 기후 정책에도 동일하게 적용된다. 이산화탄소는 수 세기 동안 대기 중에 남아 있고, 기후변화로 인한 생태계 파괴는 영구적일 수 있으므로 일찍 조치를 취해야 한다는 주장은 강한 설득력을 지닌다. 하지만 이산화탄소 감축에는 GDP의 몇 퍼센트에 달하는 상당한 비용이 수반되며, 이러한 비용은 대부분 매몰 비용이므로 기다릴 필요가 있다는 주장 역시 타당하다.[8] 우리는

---

8. 좀 더 기다리거나 천천히 시작해도 된다는 다른 이유도 있다. 기술 진보 덕분에 향후 감축 비용이 줄어들 수 있으며, '오염되지 않은' 대기는 고갈되는 자원이기 때문에 지금보다는 미래에 탄소의 사회적 비용이 높다는 것이다.

이러한 비가역성이 모두 중요하다는 것을 알고 있으며, 동시에 반대 방향으로 작용한다는 것도 알고 있다. 어떤 유형의 비가역성이 더 우세할지는 불확실성의 성격과 정도에 따라 달라진다.

불확실성의 중요성을 이해하기 위해 첫 번째 비가역성, 즉 환경 피해에 대해 살펴보자. 대기 중 이산화탄소 농도가 증가할 경우 발생할 환경 피해를 정확히 알고 있으며, 그 피해를 완전히 되돌릴 수 없다고 가정해보자. 그 피해가 매우 높은 가치로 평가될 것이 확실하다면, 지금 당장 감축해 피해를 줄이고자 할 것이다. 반면, 피해가 그다지 크지 않을 것이라고 확신한다면 굳이 감축에 자원을 투입하지 않을 것이다. 문제는 미래의 피해를 어떻게 평가해야 할지 지금 알지 못하며, 실제로 피해가 발생할 때까지도 알 수 없으리라는 것이다.

만약 피해를 되돌릴 수 있다면 지금 어떤 조치도 취할 필요가 없다. 나중에 그 피해가 크다는 것을 알게 된다면 우리는 단순히 그 피해를 '되돌리는(undo)' 방식으로 대응하면 되기 때문이다. 그러나 피해가 되돌릴 수 없는 것이라면, 우리는 조치를 취하지 않은 것을 후회하게 될 수도 있다. 게다가 불확실성이 존재한다는 것은 피해액이 약간, 보통, 크거나, 매우 크거나, 또는 상상 이상으로 클 수 있음을 의미한다. 그래서 지금 당장 탄소 배출을 줄이지 않고 아무 조치도 취하지 않았을 때, 나중에 우리가 느낄 후회는 한계가 없을지도 모른다. 따라서 온실가스 감축의 편익에는 '옵션 가치(option value)'가 포함돼야 하며, 이는 비용-편익 분석의 저울을 감축 쪽으로 기울게 한다.

반대로 두 번째 비가역성, 즉 지금 지출한 감축 비용이 매몰 비용이 되어 회수할 수 없다면 어떨까? 이 경우 미래 피해의 가치에 대한 불확실성 때문에 지금 조치하기보다는 기다리는 게 낫다. 피해가 크지 않거나 대수롭지 않을 수도 있으며, 이 경우에는 피해를 줄이기 위해 오늘 자원을 소비한 것을 후회하게 될 것이다. 이제 기다리는 것이 '옵션 가치'를 가지며, 비용-편익 분석은 당분간 기다리자는 쪽으로 기울게 만든다.

이렇게 상충하는 두 종류의 비가역성을 이해하는 좋은 방법은 수치적 예시를 통해 확인하는 것이다. 이 장의 부록에는 비가역성이 불확실성과 어떻게 상호작용해 기후 정책에 어떤 영향을 끼치는지 좀 더 명확하게 보여주는 예시가 담겨 있다.

배출 감축: 기다릴 것인가, 가속할 것인가?

지금까지의 논의(그리고 부록의 예)는 기후 정책의 본질적인 측면인 두 가지 비가역성의 상반된 효과를 설명하기 위한 것이었다. 지금쯤이면 독자들은 결론이 무엇인지 궁금할 것이다. 이 두 가지 중 어느 것이 더 중요할까? 실제 기후 정책과 관련해 두 가지 비가역성 중 어느 것이 더 중요할까? 매몰 비용 때문에 두고 봐야 할까, 아니면 돌이킬 수 없는 환경 피해 때문에 감축을 가속해야 할까? 그리고 어느 정도까지 주저하거나, 아니면 가속해야 할까?

안타깝게도 이 질문에 대한 정확한 답은 없다. 기후 시스템과 기후 변화의 영향에 대해 충분히 알지 못하기 때문이다. 예를 들어, 배출을 80퍼센트 감축하는 고비용 정책을 고려하고 있다고 하자. 이 정책을 지금 당장 시행할지, 몇 년을 기다려야 할지 결정해야 한다면, 두 가지 상반된 비가역성은 우리를 어느 쪽으로 이끌까? 답은 배출량을 그만큼 줄이는 데 드는 비용이 얼마인지에 달려 있는데, 이는 불확실하다. 또한 그 답은 배출량 80퍼센트 감축이 미래의 온도 상승과 그 영향이 GDP에 끼치는 정도에 달려 있는데, 그 역시 알지 못한다. 따라서 우리는 감축하지 않았을 때의 피해를 추정하기 어려우며, 이로 인해 이 두 가지 비가역성의 크기를 정량화할 수 있는 방식으로 불확실성을 특징짓기 어렵다.

그렇다면 결론은? 한편으로는, 감축이 온도 변화에 끼치는 영향과 온도 변화가 GDP와 후생에 끼치는 영향 모두 불확실하므로 두 가지 상반되는 비가역성의 순 효과를 단정하기 어렵다. 그러나 다른 한편으로는, 이 거대한 불확실성은 조기 감축의 보험 가치를 매우 크게 만든다. 따라서 비가역성의 순 효과가 무엇이든 보험 가치가 그것을 압도할 가능성이 크며, 조기 감축이 바람직하다는 결론에 도달할 수 있다.

2. 더 읽어보기

이전 장에서는 기후변화와 관련된 불확실성이 왜 그렇게 큰지를 살펴봤고, 이번 장에서는 이러한 불확실성이 기후 정책에 끼치는 영향을 다뤘다. 먼저, 불확실성이 클수록 조기 감축의 보험 가치가 크다고 강조했다. 또한 불확실성 때문에 기후 정책은 서로 반대 방향으로 작용하는 두 가지 비가역성의 영향을 받게 된다고 설명했다. 이러한 문제를 다루는 연구는 점점 많아지고 있으며, 다음은 몇 가지 예다.

- 핀다이크(Pindyck, 2007)는 불확실성이 환경 정책에 끼치는 영향에 대한 일반적인 논의(기후변화와 무관하게)를 다루고 있다. 기후변화의 정도와 영향에 대한 불확실성 때문에 감축을 미뤄야 할까? 답이 "아니다"인 이유에 대한 근거는 리터만(Litterman, 2013)과 핀다이크(Pindyck, 2013c)를 참조하기 바란다. 그들에 따르면, 지금 당장 탄소세 같은 제도를 도입해 감축을 시작해야 한다.
- 기후 정책뿐만 아니라, 모든 정책에서 정부는 상당한 불확실성에 직면해 정책 결정을 내려야 한다. 불확실성에 대처하기 위한 의사 결정 규칙은 무엇일까? 맨스키(Manski, 2013)는 이러한 일반적인 문제를 엄밀히, 그러나 읽기 쉽게 다루고 있다.
- 힐과 밀너(Heal and Millner, 2014)는 사회 후생의 관점에서 불확실성이 기후변화 정책에 끼치는 영향을 다루고 있다. 그리고 이 장의 내용 중 일부는 핀다이크(Pindyck, 2021)에도 나와 있다.
- 비가역성이라는 관점에서 환경 피해를 분석한 최초의 연구 중 하나는 애로와 피셔(Arrow and Fisher, 1974)다. 이 장에서 설명한 것과 같이, 기후 정책에 영향을 끼치는 비가역성에는 조기 감축으로 인한 매몰 비용과 대기 중 이산화탄소의 축적이라

는 두 가지가 있는데, 불확실성 때문에 이 두 가지 모두 중요하다. 콜스타드(Kolstad 1996), 울프와 울프(Ulph and Ulph, 1997), 핀다이크(Pindyck, 2000) 등 많은 연구가 이 문제를 이론적으로 분석했다. 다만, 이들 연구는 근본적 문제를 다루긴 하지만, 기후 정책을 수립하는 방법까지는 알려주지 않는다.

- 불확실성과 결합된 비가역성이 경제적 의사 결정에 어떻게 영향을 끼치는지에 대한 엄밀한 교과서적 분석은 딕싯과 핀다이크(Dixit과 Pindyck, 1994)를 참조하기 바란다.
- 통합 평가 모형은 재앙적 기후 결과의 가능성이나 심각성에 대해 그리 많은 것을 말해주지 않는다. 극단적 결과를 설득력 있게 모형화할 이론과 데이터가 부족한 상황에서, 모형은 일어날 수 있는 일에 대한 하나의 가상의 묘사에 불과하기 때문이다. 한편, 재앙적 결과를 다루는 모형에 대한 조사 연구를 통해 모형 개발자의 생각을 알 수 있다. 코피츠, 마튼, 울버튼(Kopits, Marten, and Wolverton, 2013)을 참조하라.
- 전 영란은행 총재였던 머빈 킹은 다른 맥락에서 '깊은 불확실성(deep uncertainty)'[그는 근본적 불확실성(radical uncertainty)이라고 부르는]에 대해 논의하지만, 그가 말한 내용(King 2016, p.131)은 기후 정책과 밀접한 관련이 있다. "근본적 불확실성의 핵심은 우리가 미래에 어떤 일이 일어날지 모른다면 그것은 모르는 것이며, 아는 척하는 것은 아무 소용이 없다는 것이다". 안타깝게도, 우리가 읽고 듣는 많은 것들이 기후변화와 그 영

향에 대해 우리가 실제보다 훨씬 더 많이 알고 있는 것처럼 만든다.

3. 부록: 비가역성의 효과

'비가역성의 영향'(166쪽)에서 미래의 비용과 편익에 불확실성이 있을 때, 기후 정책(그리고 보다 일반적으로는 환경 정책)에 영향을 끼칠 수 있는 비가역성에는 두 가지 종류가 있다고 했다. 첫째, 환경 피해 자체가 되돌릴 수 없는 경우로, 그렇지 않은 경우보다 '보존주의적'인 정책으로 이어질 수 있다. 둘째, 감축과 같은 기후 정책은 사회에 매몰 비용, 즉 감축 장비에 대한 투자와 운영에 필요한 비용을 지속해서 발생시킬 수 있다. 이 비가역성은 덜 '보존주의적'인 정책으로 이어질 수 있다. 이 두 가지 비가역성은 모두 중요하지만 서로 반대 방향으로 작용하며, 어느 쪽이 더 우세할지는 관련된 불확실성의 성격과 정도에 따라 달라진다. 이 부록에서는 수치적 예를 통해 이 두 가지가 어떻게 작동하는지 설명한다.

예제

우리(사회)가 감축을 위해 오늘 돈을 쓸지를 결정해야 하고, 미래의 어느 시점, 예를 들어 지금부터 40년 후에 다시 돈을 쓸지를 결정해야 한다고 가정하자. 구체적으로, 각 시점에 (1) 감축에 아무런 돈을 쓰지 않거나($A=0$), (2) 감축에 GDP의 6퍼센트를 지출하는($A=0.06$) 두 가지 중 하나를 선택한다고 가정한다. 오늘 지출하지 않는다면($A_1=0$), 대기 중에 10단위의 이산화탄소가 누적된다. 따라서 현재 시점의 배출량을 E_1, 누적 배출량을 M_1이라고 하면, $E_1=M_1=10$이 된다. 반면, 배출량 감축을 위해 GDP의 6퍼센트를 지출한다면($A_1=0.06$), 배출은 80퍼센트 감소해 $E_1=M_1=2$가 된다. 마지막으로, 이산화탄소는 부분적으로 비가역적(partly irreversible)이라고 가정해, 현재 배출량의 50퍼센트는 향후 40년 동안 소산돼 오늘 10단위의 이산화탄소를 배출하면 5단위만 남게 된다.

논의를 단순화하기 위해 오늘의 배출로 인해 현재 경제에는 피해가 발생하지 않으며, 모든 피해는 미래에만 발생한다고 가정한다. 얼마나 큰 피해가 발생할지 두 가지 가능성이 있는데, 피해가 발생하지 않을 확률('좋은' 결과)과 상당한 피해가 발생할 확률('나쁜' 결과)이 각각 50퍼센트다. 감축 및 결과 확률은 표 4.2에 요약돼 있다.

현재 감축하지 않아서($A_1=0$) 10단위의 이산화탄소가 배출된다고 가정하자. 앞으로 얼마나 많은 감축을 원할까? 답은 경제적 영향에 따라 달라지며, 그때가 되면 분명해질 것이다. 영향이 0('좋은' 결과)이면 감축할 이유가 없으므로 $A_2=0$이 될 것이다(이 결과는 표에 표시되지 않았다). 그러나 '나쁜' 결과(GDP의 8퍼센트 손실)가 발생하면 배출량을 감축해야 하므로 $A_2=0.06$이 된다. 표 4.2에서 볼 수 있듯이 '나쁜' 결과가 발생하고 $A_2=0$이면 GDP 손실은 31퍼센트이지만, $A_2=0.06$이면 손실은 17퍼센트다. 감축에는 GDP의 6퍼센트가 소요

감축에 지출된 GDP 비율 A_1	$M_1=E_1$	감축에 지출된 GDP 비율 A_2	$M_2=(1-\delta)M_1+E_2$	'나쁜 결과'로 인한 GDP 손실
$A_1=0$	10	$A_2=0$	5+10=15	31%
$A_1=0$	10	$A_2=0.06$	5+2=7	17%
$A_1=0$인 경우 기대 손실: 0.5×0+0.5×0.23=11.5%				
$A_1=0.06$	2	$A_2=0$	1+10=11	25%
$A_1=0.06$	2	$A_2=0.06$	1+2=3	8%
$A_1=0.06$인 경우 기대 손실: 0.5×0+0.5×0.14=7%				

[표 4.2] 예시: 즉각적인 감축 대 정보 기다리기. A_1은 GDP 대비 현재 감축에 대한 지출, A_2는 40년 후의 지출, 배출량은 E, 대기 중 누적량은 M으로 표시. $A_1=0$이면 10단위(E_1)가 대기 중으로 유입되지만(따라서 $M_1=10$), 절반($\delta=0.5$)은 향후 40년 동안 소멸. $A_1=0.06$(GDP의 6퍼센트를 감축에 사용)인 경우 배출량은 80퍼센트 감소해 $E_1=M_1=2$. 피해는 40년 후에 발생하며 대기 중 이산화탄소의 양 $M_2=(1-\delta)M_1+E_2$에 의존. 영향은 불확실하며 동일한 확률로 '좋음', 즉 GDP 손실이 없거나 '나쁨'(이 경우 GDP 손실은 $1-1/(1+0.03M_2)$이며, 마지막 열에 표시)이 될 수 있음. A_1의 값이 무엇이든 영향이 '나쁨'으로 판명되면 감축하는 것이 최적(즉, $A_2=0.06$으로 설정). 또한 $A_1=0$(11.5퍼센트)인 경우와 $A_1=0.06$(7퍼센트)인 경우의 예상 GDP 손실도 표시돼 있음. 차이(11.5−7=4.5퍼센트)가 감축 비용인 6퍼센트보다 작으므로, 지금 감축하지 않고 기다렸다가 나중에 영향이 '나쁨'인 것을 알게 된 경우에만 감축하는 것이 최적.

되지만, 14퍼센트(=31퍼센트−17퍼센트)의 비용을 아낄 수 있으므로 감축 투자는 분명 그만한 가치가 있다.

그렇다면 영향이 '나쁠' 것인지 '좋을' 것인지 알기 전에 처음부터 왜 감축($A_1=0.06$)하지 않을까? 그 이유는 GDP의 6퍼센트를 감축에 쓰는 것은 불가역적인 지출로, 기후변화의 영향이 '좋은' 것으로 판명되면 후회할 것이기 때문이다. 그러나 잠재적 후회가 충분히 클지 알기 위해서는 $A_1=0.06$이면 어떤 일이 일어나는지 확인해야 한다. 표 4.2에서 볼 수 있듯이 $A_1=0.06$인 경우, 2단위의 이산화탄소가 배출되며, 40년 후에는 1단위만 남게 된다. 그런 다음 기후변화의 영향이

'좋은' 것으로 판명되면 감축할 이유가 없으므로 $A_2=0$이 될 것이다. 그러나 '나쁜' 것으로 판명된다면 감축을 해야 하고 $A_2=0.06$이 되며 GDP 손실은 8퍼센트다($A_2=0$이면 GDP 손실은 25퍼센트가 되기 때문).

이제 A_1에 대한 초기 결정으로 돌아와서, $A_1=0$일 경우 예상되는 GDP 손실은 얼마일까? 표 4.2에서 볼 수 있듯이 영향이 '나쁨'으로 판명될 확률은 50퍼센트이며, 이 경우 $A_2=0.06$을 선택할 것이고, GDP의 17퍼센트[$=1-1/(1+0.03 \times 7)=0.17$이므로], 총 GDP 손실은 23퍼센트다. 따라서 $A_1=0$인 경우 기대 손실은 $(0.5)(0)+(0.5)(23$퍼센트$)=11.5$퍼센트다. 또한 비슷한 논리로 $A_1=0.06$의 기대 손실은 7퍼센트임을 알 수 있다. 그런데 그 차이(11.5-7=4.5퍼센트)가 감축 비용인 6퍼센트보다 적으므로 지금 감축하지 않고 기다렸다가 영향이 나쁜 것으로 판명되는 경우 감축하는 것이 나은 선택이다.

요약하자면, 우리는 이산화탄소 배출이 부분적으로만 비가역적이라고, 즉 현재 배출량의 50퍼센트가 40년 후 소산될 것이라고 가정했다. 그러나 감축 비용(GDP의 6퍼센트)은 비가역적인, 결코 회수할 수 없는 매몰 비용이다. 이 경우 이산화탄소의 영향이 불확실하고 미래에나 알 수 있다는 점을 고려할 때, 지금 당장 GDP의 6퍼센트를 감축에 지출하기보다는 기다리는 것이 나은 선택이다. 즉, 현재 배출량의 절반은 사라지게 되어 감축 비용의 비가역성이 환경의 비가역성보다 더 커지는 상황이다.

다른 예제

핵심 가정 중 하나를 변경한 다음 위 과정을 반복해보자. 이번에는 이산화탄소가 소멸되지 않아 환경 피해를 완전히 되돌릴 수 없다고 가정하자. 즉, $\delta=0$이 되고, $M_2=M_1+E_2$이며, 결과는 표 4.3에 나타나 있다.

이제 대기 중으로 배출된 이산화탄소가 사라지지 않는 것으로 가정했기 때문에, 감축 정책이 어떻게 되든 '나쁜' 결과에 따른 GDP 손실은 더 클 것이다. (표 4.3의 마지막 열과 표 4.2의 마지막 열을 비교해보라.) 앞의 예에서와 마찬가지로, A_1의 값이 무엇이든 미래에 영향이 '나쁜' 것으로 판명되면 감축하는 것이 최적이다(즉, $A_2=0.06$).

영향이 '좋음'인지 '나쁨'인지 알기 전에 현재 최적의 감축 정책은 무엇일까? 원래 예시에서와 같이 $A_1=0$과 $A_1=0.06$인 경우 각각 예

감축에 지출된 GDP 비율 A_1	$M_1=E_1$	감축에 지출된 GDP 비율 A_2	$M_2=(1-\delta)M_1+E_2$	'나쁜 결과'로 인한 GDP 손실
$A_1=0$	10	$A_2=0$	10+10=20	37.5%
$A_1=0$	10	$A_2=0.06$	10+2=12	**26.5%**
$A_1=0$인 경우 기대 손실: 0.5×0+0.5×0.325=16%				
$A_1=0.06$	2	$A_2=0$	2+10=12	26.5%
$A_1=0.06$	2	$A_2=0.06$	2+2=4	**11%**
$A_1=0.06$인 경우 기대 손실: 0.5×0+0.5×0.17=8.5%				

[표 4.3] 수정된 예시: 즉각적인 배출량 감축 대 정보 기다리기. 여기서는 배출을 완전히 되돌릴 수 없다는 점을 제외하면(소산율 $\delta=0$), 표 4.2와 모든 것이 동일하다. A_1의 값이 무엇이든 간에 미래에 영향이 '나쁨'으로 판명되면 감축하는 것이 최적이다($A_2=0.06$). 또한 $A_1=0$인 경우와 $A_1=0.06$인 경우의 예상 GDP 손실도 16퍼센트, 8.5퍼센트로 계산된다. 이제 그 차이 7.5퍼센트(=16-8.5)가 조기 감축 비용인 6퍼센트보다 크므로 즉시 감축하는 것이 최선이다.

상 손실을 계산한다. A_1=0인 경우 예상되는 GDP 손실은 16퍼센트, A_1=0.06이면 예상 손실은 8.5퍼센트다. 그 차이(16-8.5=7.5퍼센트)가 6퍼센트보다 크므로 즉시 감축하는 것이 최선이다. 여기서는 배출이 완전히 비가역적이기 때문에 우리는 조기 행동에 나서야 한다. 기다리는 쪽을 바람직하게 하는 비가역적인 매몰 비용이 있긴 하지만, 이제는 환경 피해에서 기인하는 비가역성의 영향이 지배적이다.

연습 문제

당신 스스로 다음 연습 문제를 풀어보라. 표 4.3에서 수치 하나만 변경해보자. 감축을 위해 GDP의 6퍼센트가 아닌 8퍼센트의 지출이 필요하다고 가정하자. (여기서는 여전히 소산이 없다고 가정한다. 즉, 처음에 배출된 이산화탄소가 40년 동안 대기 중에 남아 있다.) 따라서 표 4.3에서 A_1=0.06을 A_1=0.08로, A_2=0.06을 A_2=0.08로 바꾸자. 그리고 A_1=0인 경우와 A_1=0.08인 경우의 예상 손실을 계산한다. 이를 진행하면, A_1=0인 경우 예상 손실은 17퍼센트, A_1=0.08인 경우 9퍼센트가 될 것이다. 그리고 차이는 8퍼센트(=17퍼센트-9퍼센트)로 감축 비용 8퍼센트와 같다. 이 경우 두 가지 비가역성의 효과는 서로 상쇄돼 지금 감축하는 것과 지금 감축하지 않는 것이 무차별해진다. (따라서 우리는 동전을 던져 결정할 수도 있다.)

5장

우리가 기대할 수 있는 것들

CLIMATE FUTURE

2장에서는 매우 간단한 모형을 사용해 세기말까지 지구 평균온도 상승을 섭씨 2도 이하로 억제할 가능성을 살펴보았다. 그리고 이산화탄소 배출에 대한 낙관적인 시나리오(2100년까지 배출량을 0으로 감축)를 가정하더라도, 온도 상승은 섭씨 2도를 훨씬 초과할 가능성이 크다는 결론에 도달했다. 이 과정에서 기후 민감도값에 대한 불확실성이 핵심적인 역할을 하는데, 우리는 '가장 가능성이 높은' 범위의 중간값인 3.0을 사용했다. 온도 상승을 섭씨 2도 이하로 억제하려면 실제 기후 민감도값이 이보다 훨씬 더 낮아야 하며, 반대로 예상보다 더 높다면 온도 상승은 섭씨 4도 이상이 될 수도 있다. 즉, 섭씨 2도 이하의 온도 상승에 내기한다면(그리고 그 결과를 확인할 수 있을 만큼 오래 산다면), 확률은 결코 우리 편이 아닐 것이다.

  이 장에서는 일어날 수도, 일어나지 않을 수도 있는 일에 대해 자세히 알아본다. 먼저 이산화탄소 배출량부터 시작해 어떤 시나리오가 현실적인지 검토한다. 알려진 것과 같이, 일부 국가와 미국 내 몇몇 지역은 2050년 넷제로(net zero)를 법제화하거나 목표로 설정했다. 그렇다면 2장에서 살펴본 낙관적 시나리오보다 더 나은 결과가 가능하지 않을까? 파리협정이 앞으로 더 엄격하고 빠르게 감축을 요구하는 방향으로 개정된다면, 세기말 이전에 전 세계 이산화탄소 배출량을 영(0)으로 만드는 것이 가능하지 않을까? 어쩌면 가능할지도 모른다. 사실, 각국이 향후 어떤 기후 정책을 채택할지는 기후 시스템만큼이나 불확실하다. 하지만 세기말 이전에 전 세계 배출량 제로를 달성하는 것이 가능하긴(possible) 해도 그 가능성은 희박(unlikely)하며, 우리가 기대해서는 안 되는 일임을 알게 될 것이다.

지금까지의 논의에서는 메테인이 이산화탄소보다 기후변화에 영향을 덜 끼친다는 언급 외에는 별다른 고려가 없었다. 하지만 지구온난화 지수 측면에서 메테인 1톤은 이산화탄소 1톤보다 약 28배 더 강력하다. 그렇다면 어떻게 메테인이 기후변화에 끼치는 영향이 적다고 할 수 있을까? 이산화탄소는 수 세기 동안 대기 중에 머물러 있지만, 메테인은 대기 중에 10년 정도만 머무를뿐더러, 배출량 또한 이산화탄소보다 훨씬 적기 때문이다. 이로써 메테인이 전체 온실가스로 인한 온난화 기여도에서 차지하는 비중은 20퍼센트 미만이다. 그러나 20퍼센트는 결코 무시할 수 없는 비중이므로, 메테인이 기후변화에 끼치는 잠재적 영향을 보다 면밀히 분석할 필요가 있다.

우리는 다양한 이산화탄소 및 메테인 배출 시나리오하에서 지구 평균온도의 변화에 어떤 '가능한(possible)' 결과가 나타날 수 있는지를 살펴볼 것이다. 여기서 '가능한'이 중요한데, 기후 민감도(및 기후 시스템의 다른 측면)에 대한 불확실성을 감안하면 우리가 할 수 있는 최선은 특정 배출 시나리오에 대한 가능한 결과의 범위를 제시하는 것이기 때문이다. 만족스럽지는 않지만, 그 범위를 아는 것만으로도 우리가 직면한 위험과 그 위험을 줄이기 위한 '기후 보험'의 가치를 명확히 하는 데 도움이 되므로 그 자체로도 유용하다.

1. 이산화탄소 감축은 가능할까?

이 책의 서두에서 나는 세계 온실가스 배출량이 적어도 향후 10년 동안은 계속 증가할 것이라고 주장했다. 미국과 유럽은 이미 감축에 상당한 진전을 이뤘고, 앞으로도 더 많은 진전을 이룰 것으로 보인다. 하지만 기후변화에서 중요한 것은 개별 국가가 아니라 전 세계의 배출량이다. 특히 중국, 인도, 말레이시아, 인도네시아 등 아시아 국가의 배출량은 절대량도 크고, 증가 속도도 빠르다. 라틴아메리카, 아프리카, 중동 지역의 현재 배출량은 비교적 적지만, 아시아 국가와 마찬가지로 빠르게 증가하고 있다. 이러한 급증의 원인은 무엇일까? 가장 큰 이유는 경제성장이다. 과거에는 이들 국가가 저개발국이었으나, 최근 몇십 년간 경제성장을 이루며 탄소 배출도 급격히 늘어났다. 그리고 이 같은 증가는 미국과 유럽의 (상대적으로 적은) 배출량 감소분을 완전히 상쇄했다.

또한 대부분의 아시아(아프리카, 라틴아메리카도) 국가의 1인당 배출량은 여전히 미국과 유럽의 수준보다 훨씬 낮다. 그림 5.1은 2017년 기준 이산화탄소 배출량이 가장 많은 15개 국가의 총배출량과 1인당 배출량을 보여준다. 중국의 총배출량은 미국의 거의 2배로, 전 세계에서 가장 높은 수준이지만, 1인당 배출량은 미국의 절반 수준에

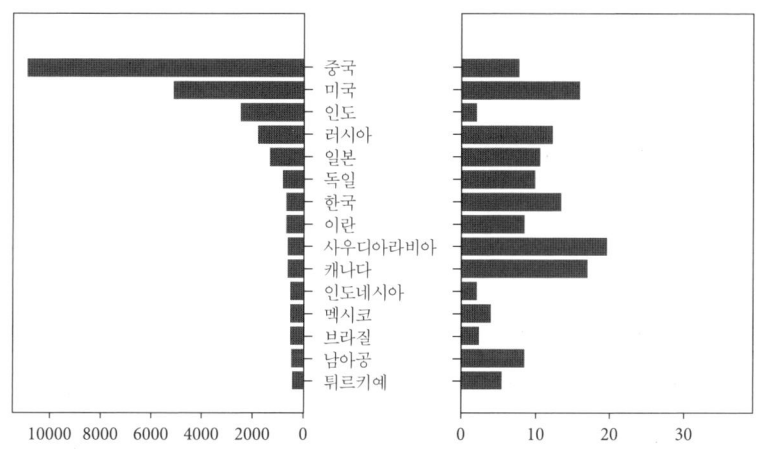

[그림 5.1] 2017년 이산화탄소 총배출량 및 1인당 배출량
출처: Emissions Database for Global Atmospheric Research(EDGAR) 2018년 보고서

불과하다. 인도도 비슷한 상황으로, 총배출량은 미국의 절반 정도지만, 1인당 배출량은 미국의 8분의 1에도 미치지 않는다.

왜 1인당 배출량이 중요할까? 감축에는 상당한 비용이 수반되기 때문이다. 미국, 유럽, 일본, 러시아처럼 부유한 국가와는 달리, 1인당 배출량이 훨씬 낮고 상대적으로 가난한 인도와 같은 국가는 총배출량을 대폭 줄이라는 요구에 당연히 반대할 것이다. 인도는 미국 같은 부유한 국가와 비슷한 수준의 부담을 질 수는 없다고 주장해왔고, 앞으로도 그럴 것이다. 그리고 이러한 현실은 모든 국가에 감축을 강제하는 국제적 합의를 성사시키기 어렵게 한다. 강제력 있는 국제적 합의가 없다면, 그림 2.1에 제시된 시나리오처럼 전 세계 배출량이 갑자기 증가세를 멈추고 세기말까지 영(0)으로 떨어질 것이라고 믿는 것은 비현실적인 기대다.

남은 세기에 감축이 어떻게 전개될지 전망해보자. 우선 긍정적인 측면으로, 이미 상당한 감축에 성공했고 앞으로도 계속 감축할 가능성이 큰 미국과 유럽부터 살펴본다. (브렉시트가 있긴 했지만, 영국은 유럽에 포함했다.) 그다음, 전망이 밝지 않은 다른 지역을 검토할 것이다. 이와 관련해 가장 중요한 국가는 중국인데, 온실가스의 최대 배출국으로서 배출량이 지속적으로 증가하고 있으며, 가까운 미래에 크게 줄일 가능성도 낮다. 마지막으로, 인도 및 다른 아시아 국가, 라틴아메리카, 그리고 다른 지역을 살펴본다. 여기에서도 마찬가지로 전망이 그리 밝지 않음을 알 수 있을 것이다.

다시 말하지만, 미국과 유럽에서만 온실가스를 배출한다면 향후 20~30년 동안 상당한 감축을 기대할 수 있을 것이다. 2019년까지 (코로나19로 인해 배출량이 더 감소하기 전) 미국의 이산화탄소 배출량은 2007년 정점 대비 14퍼센트 감소했으며, 영국과 유럽 국가의 감축률은 이보다 더 높았다. 이러한 감소의 원인은 무엇이고, 앞으로도 지속될 수 있을까?

미국

미국부터 살펴보자. 이산화탄소 대부분은 화석연료를 이용한 발전, 난방, 그리고 수송 등 에너지 소비 과정에서 배출된다. 그림 5.2는 1975년 이후 미국의 에너지 소비로 인한 이산화탄소 배출량을 보

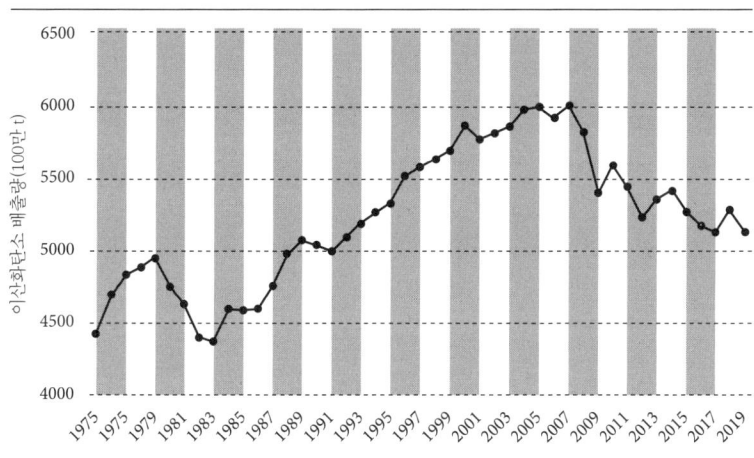

[그림 5.2] 미국의 에너지 소비로 인한 이산화탄소 배출량
출처: 미 에너지정보청, 〈월간 에너지 리뷰〉, 1975~2019

여준다. 1979년부터 1982년 사이 잠시 감소했던 시기를 제외하면, 2007년까지 배출량은 꾸준히 증가했으며, 2007년 말 금융 위기와 2008년 시작된 대침체(Great Recession) 직전 정점을 찍었다.

1979년에서 1982년 사이에 왜 이렇게 감소했을까? 이유는 세 가지다. 첫째, 이 시기는 이란 혁명과 이란 이라크 전쟁으로 인해 두 국가의 석유 생산량이 급격히 감소해 국제 원유 가격이 상승했고, 그에 따라 석유 수요가 감소했다. 둘째, 정부가 석유 가격 통제를 시행하면서 부족 현상이 발생해 휘발유 소비가 감소했다. 셋째, 1980년과 1982년 미국 경제가 불황을 겪으면서 에너지 소비도 감소했다.

그렇다면 이산화탄소 배출량이 1983년 44억 톤에서 2007년 60억 톤으로 연평균 1.3퍼센트로 꾸준히 증가한 이유는 무엇일까? 가장 큰 이유는 24년 동안 에너지 절약 조치는 거의 이뤄지지 않은 가운

데 미국 경제가 꾸준히 성장했기 때문이다. 그러나 2007년 이후 금융 위기와 대침체로 인해 배출량이 감소하기 시작했다. 특히 대침체기인 2008년에서 2010년까지 에너지 소비가 급감하면서 이산화탄소 배출량도 함께 줄었다.

2010년 전후로 대침체가 끝나고 경제가 회복되기 시작했다. 그럼에도 이산화탄소 배출량은 연간 약 1퍼센트의 비율로 계속 감소했다. 이러한 감소는 왜 일어났으며, 앞으로도 이러한 감소세가 계속될 수 있을까? 2010년 이후 배출량 감소는 여러 요인이 복합적으로 작용한 결과인데, 가장 큰 요인은 석탄 소비 감소다. 이를 이해하기 위해서는 발전 부문을 살펴봐야 한다.

그림 5.3은 발전 부문이 어떻게 미국의 이산화탄소 배출 감소를

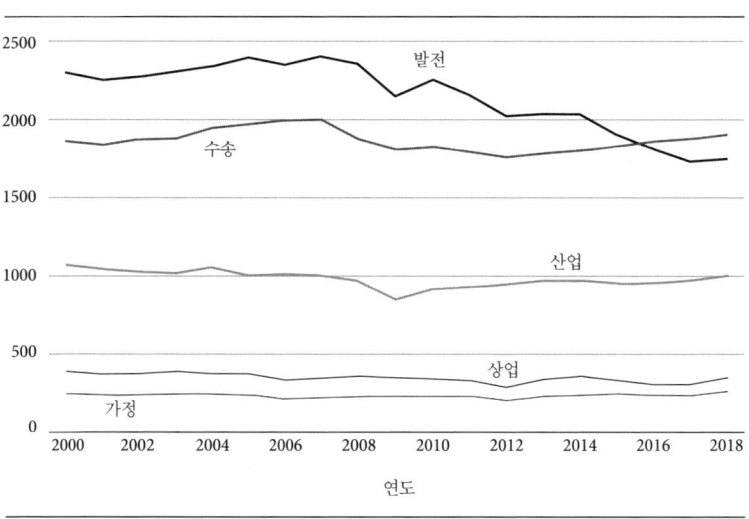

[그림 5.3] 미국의 에너지 관련 부문별 이산화탄소 배출량 (단위: 100만 t)
출처: 미국 에너지 정보국, 〈월간 에너지 리뷰〉, 2019

주도했는지를 보여준다. 2016년까지 발전 부문은 미국에서 가장 큰 이산화탄소 배출원이었다. 2018년 수송 부문(주로 자동차, 트럭, 버스, 항공) 배출량은 2000년과 비슷한 수준이었지만, 발전 부문 배출이 감소하면서 수송 부문이 미국 내 최대 배출원으로 자리 잡았다. 산업, 가정, 상업 부문의 2018년 배출량도 2000년과 거의 동일했다. 그러나 발전 부문 배출량은 2006년 24억 톤에서 2018년 17억 톤으로 큰 폭으로 감소했다.

이 같은 발전 부문 배출 감소의 원인은 무엇일까? 전력 소비 감소가 아닌 발전 방식의 변화 때문이다. 과거 미국의 전력 대부분이 석탄발전에 의존했지만, 2008년부터 석탄에서 천연가스로 전환이 급속히 이뤄졌다. 석탄은 천연가스에 비해 약 2배의 이산화탄소를 배출할 뿐 아니라, 미세먼지, 이산화황, 질소산화물 등 많은 유해 물질

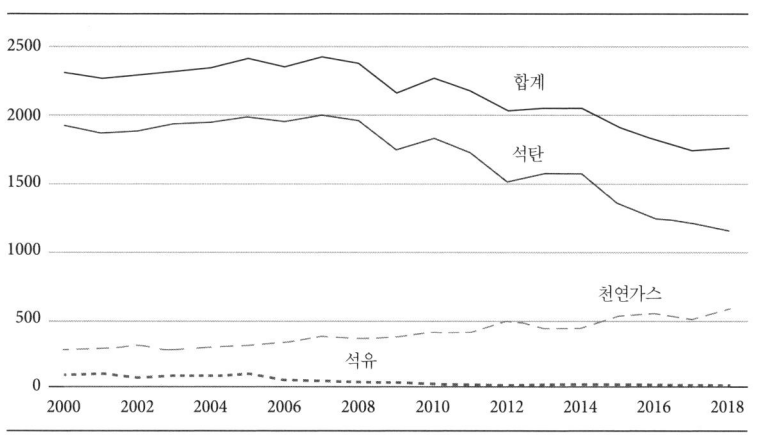

[그림 5.4] 미국의 발전원별 이산화탄소 배출량 (단위: 100만 t)
출처: 미국 에너지 정보국, 〈월간 에너지 리뷰〉, 2019

을 동반한다. 그림 5.4는 이러한 발전원별 배출 변화를 보여준다.

석탄에서 천연가스로 전환된 이유는 무엇일까? 이 변화는 환경 규제, 특히 2015년 8월에 발표된 오바마 행정부의 청정 전력 계획(Clean Power Plan)에 기인했다. 비록 이 계획은 트럼프 행정부에서 폐지했지만, 발전 부문 이산화탄소 배출에 제한을 두었다. (제한은 2022년부터 시작될 계획이었지만, 발전사는 이에 대응하기 위해 미리 준비해야 했다.) 또한 많은 주에서 발전소의 이산화탄소 배출에 대한 자체 규제를 시행함으로써 석탄에서 천연가스나 태양광, 풍력 등의 재생에너지로의 전환을 유도했다.

하지만 청정 전력 계획이나 관련 규제가 전부는 아니었다. 도움이 된 것은 분명 사실이지만, 결정적인 이유는 천연가스 가격의 하락이었다. 천연가스는 파이프라인을 통해 운송되기 때문에 미국 내 지역마다 가격이 크게 다르다. 그래서 국가 전체의 평균 가격을 살펴보면, 미국의 발전용 천연가스 평균 가격은 1995년부터 2005년까지 상승해 100만 BTU당 8달러에 가까운 최고치를 기록했다.[1] 그 후 가격이 꾸준히 하락해 2012년 무렵에는 100만 BTU당 3.42달러, 2019년에는 3.00달러 미만을 기록했다.

수압 파쇄법(fracking)의 급속한 확산 덕분에 천연가스 가격이 하락하기는 했지만, 석탄보다 저렴한 수준까지 낮아진 것은 아니었다.

---

1. 연료 가격 비교를 위해 연료를 연소해 생산되는 에너지 단위당 달러로 표현하며, 일반적으로 100만 BTU당 달러($/MMBTU)로 표시한다. 천연가스 1,000세제곱피트(1mcf)의 에너지 함량은 대략 100만 BTU(1MMBUT)다.

2019~2020년 발전용 천연가스와 석탄의 평균 가격은 모두 100만 BTU당 2달러에서 3달러 정도였다. 그러나 가격이 비슷하다는 것은 천연가스가 실제로는 더 경제적이라는 것을 의미했다. 그 이유는 석탄이 '더럽기(dirty)' 때문이다. 석탄 연소 시 이산화탄소 외에도 미세먼지, 이산화황, 질소산화물 등 많은 오염 물질이 배출되는데, 이러한 대기오염물은 배출원으로부터 수 킬로미터 이동해 건강에 심각한 위험을 초래할 수 있다. 그래서 주 정부는 물론 (청청 대기법을 통해) 연방 차원에서도 엄격하게 규제한다. 이에 따라 석탄발전소는 '스크러버(scrubber)'와 같은 고가의 장비를 설치해 이러한 오염 물질 배출을 방지하거나, 더 비싼 저유황 석탄을 사용해야 한다. 그 결과, 석탄발전소의 자본 및 운영 비용이 높아지게 되고, 신규 발전소의 경우 다소 비싸더라도 천연가스를 선택하는 것이 경제적인 선택이 됐다.

요약하자면, 미국의 이산화탄소 배출량은 2007년 이후 감소하고 있으며, 이는 주로 발전 부문에서 연료 전환의 노력에 힘입은 이유가 크다. 그럼 앞으로 미국의 배출량은 어떻게 될까? 미국이 엄격한 탄소세를 부과하고 '그린 뉴딜'에 따른 여러 정책을 채택한다면 배출 감소가 계속되고 가속화될 수 있을까? 우리가 기대할 수 있는 최대치는 무엇일까?

이산화탄소 1톤당 100달러에 달하는 엄격한 탄소세가 도입된다면, 이는 배출에 상당한 영향을 끼칠 것이다. 휘발유 가격은 1갤런(약 3.785리터)당 1달러에서 1.50달러 상승하게 되며, 고효율 자동차에 대한 수요를 증가시켜 장기적으로는 휘발유 소비가 약 20~30퍼센트 감소할 것이다. 또한 탄소세는 석탄과 천연가스의 가격 인상을 불러와 태양광과 풍력발전의 도입을 앞당기고, 전력 소비 자체도 줄일 것이다. 그리고 산업 부문에서도 석유와 천연가스 소비가 감소하게 될 것이다.

탄소세는 효율적이고 효과적이며, 무엇보다 간단한 정책이지만, 미국에서는 그다지 인기가 없다. 어쩌면 먼 미래에는 탄소세가 정치적으로 실현 가능할 수도 있겠지만, 적어도 향후 몇 년 동안은 도입될 가능성이 작다. 대신, 기후 정책은 에너지 사용에 대한 직간접적인 규제의 형태를 취할 가능성이 크다. 예를 들면, 각 자동차 제조업체가 판매하는 승용차와 경트럭에 휘발유 연비 기준(예: 1갤런당 35마일)을 부과하는 기업 평균 연비(Corporate Average Fuel Economy, CAFE) 기준이 있으며, 발전업체에 화석연료 대신 재생에너지를 사용하도록 강제하는 규제도 있을 수 있다. 또한 기후 정책에는 태양광, 풍력 같은 '친환경' 에너지뿐만 아니라 화석연료 사용을 줄일 수 있는 신기술에 대한 연구 개발 보조금도 포함될 가능성이 크다.

이러한 정책은 확실히 이산화탄소 배출량을 줄이는 데 도움이 될 것이다(물론 연구 개발 보조금의 효과는 매우 불확실하고 수년이 걸릴 수 있지만). 하지만 이러한 정책만으로는 2050년까지 화석연료 사용을 없애기는 어려울 것이다. 그 이유는 기후 정책이 지닌 고도의 정치적인 성격 때문이다. 예를 들어, 2019년 1월 10일에 그린 뉴딜을 지지하는 626개 단체가 서명한 서한이 모든 국회의원에게 발송됐는데,

그 서한은 "원유 수출 금지, 화석연료 보조금 및 화석연료 리스 중단, 2040년까지 모든 휘발유 차량의 단계적 폐지" 등의 조치를 촉구하고 있었다. 그러나 이 서한은 동시에 서명자들이 "배출권 거래나 상쇄와 같은 시장 기반 메커니즘은 물론, 탄소 포집 및 저장, 원자력, 폐기물 에너지화, 바이오매스 에너지와 같은 기술 옵션에 강력히 반대할 것"이라고 밝혔다. 이런 식으로 우리의 손을 스스로 묶는 것은 불가피한 정치적 타협의 산물일 수 있지만, 미국이 2050년까지 온실가스 배출을 완전히 줄이는 데에는 커다란 장애물이 될 것이다.

영국과 유럽

2020년까지 영국과 유럽은 미국보다 감축에 훨씬 더 많은 진전을 이뤘는데, 성과의 대부분은 정책적 노력에 따른 것이었다. 먼저 영국을 살펴보면, 다른 국가들보다 많은 양을 감축해 2019년까지 이산화탄소를 1990년 대비 45퍼센트 줄이는 데 성공했다.

영국

2008년 영국은 기후변화법을 제정해 2050년까지 1990년 수준 대비 80퍼센트 감축을 목표로 설정했다. 충분히 야심 찬 목표임에도 2019년 6월 영국 의회는 이 목표가 충분하지 않다고 판단해 2050년 넷제로(net zero)로 목표를 수정했다. 영국이 상당한 진전을 이뤘다지만, 넷제로 목표는 고사하고 초기 목표인 80퍼센트 감축조차 달성할 수 있을지는 불투명하다. (각 목표는 법적 구속력이 있다고 하지만, 목표를 달성하지 못할 때 어떤 일이 벌어질지는 불분명하다. 감옥에 갈 정치인이 있을까? 아마도 없을 것이다.) 다른 나라와 마찬가지로 영국이 지금까지 달성한 감축은 전적으로 발전 부문에서 이뤄진 것이다. 1990년 당시 발전 부문은 주로 석탄에 의존하고 있었으며, 전체 온실가스 배출의 약 40퍼센트를 차지하고 있었다. 발전 부문에서의 감축은 석탄 사용을 단계적으로 중단하고, 재생에너지 사용을 확대한 결과였다. 문제는 영국의 발전 부문에서 이제 석탄이 차지하는 비중이 너무 낮아서 추가적인 감축 여지가 제한적이라는 점이다. (2020년 현재 영국에는 단 4기의 석탄발전소만 남아 있으며, 이 중 1기는 2021년, 나머지 3기는 1~2년 내 폐쇄될 예정이다.) 따라서 수송, 주택 난방, 산업 공정 등 영국 경제의 다른 부문에서 추가적인 감축을 이뤄야 한다. 그러나 안타깝게도 이들 부문에서 감축은 거의 또는 전혀 이뤄지지 않았으며, 사실 어느 부문에서 실질적인 감축을 이룰 수 있을지도 불분명하다. 이러한 이유로, 영국이 초기에 설정했던 80퍼센트 감축 목표조차 달성할 수 있을지는 매우 불확실하다.

발전 부문에서의 감축 이후, 이제 영국은 현재 가장 많은 배출을 차지하는 수송 부문에 집중하고 있다. 2020년 초, 영국 정부는 2035년까지 디젤 및 하이브리드를 포함한 신규 내연기관 자동차 판매를 전면 금지한다는 계획을 발표했다. 이 조치가 시행된다면 2040년에는 대부분의 차량이 전기 차로 전환될 것이고, 만약 전력을 재생에너지로 생산할 수 있다면 배출량을 10퍼센트 내지 15퍼센트까지 줄일 수 있을 것이다. 그러나 내연기관 자동차 판매 금지를 실행에 옮기는 것은 결코 쉽지 않아 보인다. 영국 도시의 구불구불한 거리 곳곳에 전기 차 충전소를 설치하기란 매우 어렵기 때문이다. 아울러 천연가스 사용을 줄이는 것 역시 쉽지 않다. 영국 가정의 약 85퍼센트가 난방 효율이 높은 가스로 난방하고 있으며, 제한된 전력망으로 인해 난방을 전력으로 전환할 가능성은 거의 없다.

결론은 다음과 같다. 영국은 계속해서 감축하겠지만, 2050년 넷제로(또는 80퍼센트) 목표를 달성할 가능성은 낮다(unlikely). 물론 '가능성이 낮다'라는 것이 불가능하다는 뜻은 아니며, 많은 영국인은 넷제로가 실제로 달성되기를 바라고 있다.

유럽

이제 유럽으로 눈을 돌려보자. 영국만큼은 아니지만, EU 전체의 온실가스 배출량은 크게 줄어 1990년부터 2018년까지 총배출량이 21퍼센트 감소했다. 이로써 EU는 2030년까지 1990년 대비 40퍼센트 감축이라는 목표의 절반을 달성한 셈이다. 이 40퍼센트 목표는 2014년 10월 유럽이사회(European Council)가 설정한 목표다. 이후, 40퍼센트 목표를 달성할 가능성이 점점 낮아지고 있음에도, 2020년 유럽집행위(European Commission)는 오히려 더 엄격한 목표를 명시한 '유럽 그린 딜'을 발표했다. 2030년 목표를 50퍼센트 감축으로 상향 조정하고, 영국처럼 2050년 넷제로 목표를 설정한 것이다.

그러나 다시 말하지만, 문제는 목표와 현실의 간극이다. EU가

2030년 목표를 달성하지 못하면 어떻게 될까? 가능한 한 빨리 40퍼센트 목표 또는 더 엄격한 목표를 달성하겠다는 약속을 반복하는 것 말고는 아무 일도 일어나지 않을 가능성이 크다. 2030년 40퍼센트 감축 목표에는 두 가지 문제점이 있다. 첫째, 40퍼센트 감축은 20퍼센트 감축보다 단순히 2배가 아닌, 그 이상으로 어렵다는 점이다. 둘째, 유럽 국가들 간에 감축을 위해 취할 수 있는 정책 수단의 차이가 크다는 점이다. 일부 유럽 국가는 비교적 수월하게 목표를 달성할 수 있지만 일부 국가는 매우 어려운 과제가 될 것이다.

이러한 이질성은 그림 5.5에서 잘 드러나는데, 이 그림은 2005년부터 2019년까지 영국과 EU 4개국의 이산화탄소 배출량을 보여준다. 총배출량 기준으로 독일은 단연 선두를 달리고 있으며, 이 기간에 독일의 배출량은 평균 약 7억 5,000만 톤으로, 프랑스의 약 3억 5,000만 톤과 비교해 월등히 높다. 인구 1인당 기준으로 보면, 독일(2020년 인구 8,300만 명)은 1인당 9.0톤을 배출했으며, 이는 프랑스(인구 6,700만 명) 5.2톤, 이탈리아 5.8톤, 폴란드 7.9톤, 영국 7.1톤에 비해 높다. 독일의 높은 1인당 배출량은 주로 수송과 발전 부문에서의 높은 에너지 소비에 기인하며, 이 에너지의 상당 부분은 석탄에서 나온다. (2019년 독일은 전 세계 석탄 소비량 4위 국가였다.)

2005년 당시 독일은 전체 전력의 약 30퍼센트를 17기의 원자력발전소에서 공급받았다. 그러나 원자력에 대한 대중의 강력한 반발로 인해 독일 정부는 2011년 원자력발전 폐지 계획을 발표했다. 2019년까지 17개의 원전 중 10개가 폐쇄됐고, 그 결과 전력 믹스에서 원

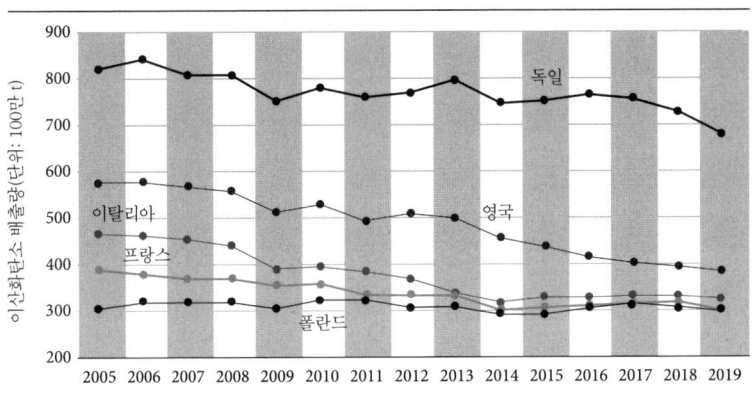

[그림 5.5] 영국 및 EU 4개국의 2005~2019년 이산화탄소 배출량 (단위: 100만 t)
출처: BP and Statistica 2020

전 비중이 11퍼센트까지 감소했다. 하지만 원전 폐쇄로 독일은 석탄 발전을 줄이기 어려운 상황에 놓였다. (2020년 1월, 독일은 탈석탄을 위해 2038년까지 445억 달러를 투자하겠다고 발표했다.) 한편, 독일은 재생에너지(주로 풍력이며, 태양광, 바이오매스도 포함)로의 전환에 상당한 진전을 이뤘으며, 2019년에는 전체 발전량의 약 40퍼센트를 재생에너지가 차지했다.

EU 회원국 간 차이는 각국의 이산화탄소 배출량 감축 진척 상황에서도 드러난다. 그림 5.5에서 확인할 수 있듯이, 폴란드는 2019년 배출량이 2005년과 거의 동일할 정도로 아무런 진전이 없었다. 한편, 독일은 약 16퍼센트, 프랑스는 약 24퍼센트, 이탈리아와 영국은 약 33퍼센트의 감축을 이루었다. 일부 국가는 2030년 40퍼센트 감축 목표를 달성할 수 있겠지만, 일부 국가(특히 현재 석탄에 의존하고 있는 폴란드와 탈원전을 선택한 독일)는 그렇지 못할 가능성이 크다.

중국

2020년 중국은 전 세계 이산화탄소 배출의 약 30퍼센트를 차지했으며, 이는 미국의 2배에 달하는 수치다(중국 100억 톤, 미국 55억 톤). 그리고 2018년부터 2019년 사이 전 세계 배출량은 거의 변동이 없었음에도 중국의 이산화탄소 배출은 2.5퍼센트 증가했다.[2]

그렇다면 중국이 배출량을 줄이는 것은 얼마나 어려울까? 시진핑 주석은 2020년 9월 유엔총회에서 2030년까지 배출 정점을 기록하고, 2060년까지 넷제로를 달성하겠다고 선언했다. 이 공약은 매우 인상적이고 고무적이지만, 유럽, 미국 등 다른 국가와 마찬가지로 공약과 실제 결과 간에는 상당한 차이가 있을 수 있다. 중국이 배출량을 줄일 수 있는 여지는 분명히 존재하지만 이는 쉽지 않을 것이며, 대부분의 감축은 국제 기후 협약을 통해 이뤄져야 할 것이다.

어떤 어려움이 있을까? 먼저, 중국의 1인당 배출량은 미국의 절반에도 미치지 못한다는 점을 상기하라(중국 7.1톤, 미국 16.6톤). 따라서 중국은 인도를 비롯한 1인당 배출량이 낮은 국가들과 마찬가지로, 자국의 총배출량을 대폭 줄이라는 요구에 당연히 반발할 것이다. 이들 국가는 자국의 부담이 미국과 같은 부유한 국가의 부담 수준과 같아서는 안 된다고 주장할 것이다.

---

2. 2020년 상반기에는 코로나19로 인해 전 세계 수송 및 산업의 상당 부분이 중단됨에 따라 전 세계 이산화탄소 배출량이 급감했다. 그러나 팬데믹이 종식되고 세계경제가 회복되면서 이산화탄소 배출량은 코로나19 이전의 성장 추세로 돌아가고 있다.

둘째, 중국의 높은 석탄 의존도를 낮추는 일은 쉽지 않다. 물론, 기후변화가 아니더라도 중국의 많은 도시가 직면하고 있는 심각한 대기오염(주로 미세먼지)을 줄이기 위해 석탄 소비를 줄일 이유가 있다. 그러나 경제성장은 전력 수요의 증가를 수반하며, 석탄 화력은 중국에서 여전히 가장 저렴한 발전 방식이다. 실제로 중국의 발전 용량은 최근 매년 6퍼센트씩 증가했으며, 2019년 기준 약 60퍼센트의 전력이 석탄에서 생산됐다. 중국에서는 여전히 많은 석탄 화력 발전소가 건설되고 있으며, 더 많은 발전소 건설을 계획 중에 있다.

셋째, 중국은 여전히 세계에서 경제가 가장 빠르게 성장하는 국가 중 하나다. 위안화를 미국 달러로 환산하면 2020년 중국의 GDP는 약 14조 달러로, 미국의 21조 달러보다 낮다. 그러나 환율로 환산하는 것은 국가 간 경제 규모를 비교하는 가장 좋은 방법이 아니며, 경제학자들은 종종 구매력 평가(Purchasing Power Parity) 지수를 대신 사용한다.[3] 환율 대신 구매력 평가 지수를 사용하면 중국의 2020년 GDP는 약 27조 달러로, 미국 GDP보다 더 크다. 구매력 평가 기준 세계 최대의 GDP와 빠른 성장세를 감안할 때, 특별한 정책 변화가 없다면 최소 2030년까지는 중국의 이산화탄소 배출은 계속 증가할 것이다.[4]

---

3. 환율은 무역 대상 상품 및 자본의 흐름에 따라 결정되지만, 사람들의 소비 항목 중 다수는 무역 대상이 아니며(예: 주택, 교통, 음식), 자본은 직접 소비되지 않는다. 환율과 달리 구매력 평가 지수를 사용하면 두 국가에서 사람들이 실제로 소비하는 것을 기준으로 다른 국가 통화로 환산할 수 있다.
4. 이 예측은 본인의 추측이며, 다양한 전망이 있을 수 있다. 다음 웹 사이트를 참조하라. https://climateactiontracker.org/countries/

무역 조정 배출량

다른 지역을 살펴보기 전에, 국제무역을 고려해 이산화탄소 배출량을 조정할 수 있음을 이해할 필요가 있다. 이산화탄소 배출량은 일반적으로 영토 기준, 즉 해당 국가의 지리적 경계 내에서 배출되는 양으로 측정되며, 다른 국가로 수출한 상품의 생산으로 인해 발생한 배출도 포함된다. 즉, 배출량 통계는 '생산 기반'이다. 그러나 무역 흐름을 반영해 조정한 '소비 기반' 배출량도 계산할 수 있다.

소비 기반 배출량을 계산하기 위해서는 전 세계 상품 거래를 추적해 수입 상품 생산에서 배출된 배출량을 더하고, 수출 상품의 생산에서 발생한 배출량을 제한다. 예컨대, 중국의 배출량 중 10억 톤이 미국으로 수출된 가전제품 생산에서 발생했다고 하자. 그러면 중국의 소비 기반 배출량은 10억 톤 감소하고, 미국의 소비 기반 배출량은 10억 톤 증가한다. (물론 전 세계 총배출량은 변하지 않으며, 단지 국가 간 할당 방식만 달라지는 것이다.)

이런 방식이 왜 중요할까? 감축을 위한 국제 협상에서 각국은 가능한 한 다른 국가가 더 많은 감축 부담을 지기를 원하기 때문이다. 한 국가의 소비 기반 이산화탄소 배출량이 생산 기반 배출량보다 적다면 소비 기반 배출량이 높은 국가가 혜택을 받고 있으므로 자국의 배출량을 많이 줄일 필요가 없다고 주장할 수 있다. 미국과 중국을 비교해보면 이 점이 뚜렷하게 드러난다.

그림 5.6은 중국과 미국의 생산 기반 및 소비 기반 이산화탄소 배출량을 비교한 것이다. 중국은 자국 생산의 상당 부분을 수출하고 있

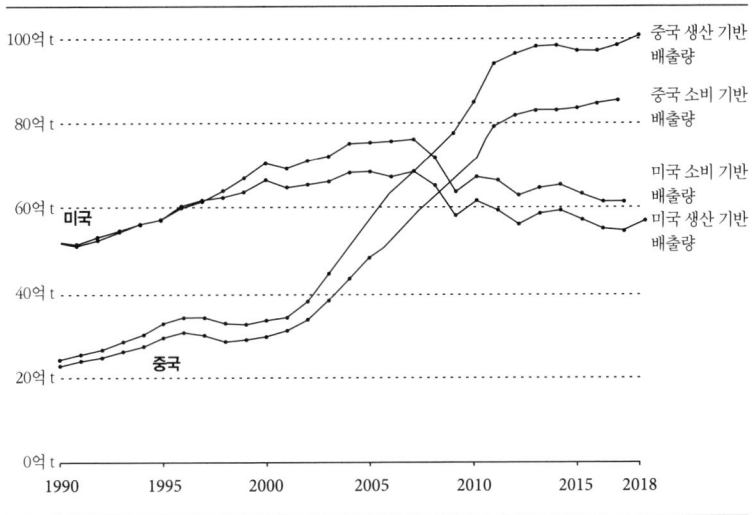

[그림 5.6] 미국과 중국의 생산 기반 및 소비 기반 배출량
출처: www.globalcarbonproject.org, 피터스, 데이비스, 앤드류(2012)

으며, 미국은 순 수입국이다. 따라서 예상대로 중국의 소비 기반 배출량은 생산 기반 배출량보다 20퍼센트 낮고, 미국은 소비 기반 배출량이 생산 기반보다 10~15퍼센트 더 높다. 감축을 위한 국제 협상에서 중국은 배출량의 상당 부분이 실제로 미국(및 중국 제품을 수입하는 다른 국가)의 소비자를 위한 것이라고 주장할 수 있으며, 이는 상당히 합리적인 주장이다.

글로벌 상황

이산화탄소 배출량이 많고 증가세를 보이는 국가는 중국만이 아니다. 그림 1.2에서 볼 수 있듯이, 유럽, 영국, 미국을 제외한 대부분의 국가에서 배출량이 꾸준히 증가하고 있다. 중국과 마찬가지로 많은 국가가 배출량 증가를 억제하기가 쉽지 않다. 이들 국가는 온실가스 감축보다는 경제성장과 빈곤 완화에 더 높은 우선순위를 두고 있기 때문이다.

인도가 좋은 예다. 2018년 인도의 총배출량은 약 27억 톤이지만 1인당 배출량은 2톤으로, 미국 1인당 배출량의 8분의 1에 불과하다. 경제가 빠르게 성장하고 있으므로 탄소 집약도가 크게 개선되지 않는 이상, 적어도 향후 10년간 배출량이 증가할 가능성이 크다. 총배출량은 적지만, 인도네시아, 말레이시아, 필리핀, 파키스탄과 같은 다른 아시아 국가들의 상황도 비슷하다. 라틴아메리카 및 아프리카 국가들이 배출량을 줄이기 위해서는 탄소 집약도를 낮춰야 한다.[5] 하지만 아쉽게도 탄소 집약도가 다소 낮아질 수는 있지만, 경제성장이 급격히 둔화되지 않는 한(물론 불행한 전망이다!) 배출량은 계속 증가할 가능성이 크다.

경제성장과 이산화탄소 배출량 간의 관계는 국가마다 크게 다르다. 일반적으로 GDP 성장은 에너지 소비 증가로 이어지며, 이는 곧 배출량 증가를 의미한다. 따라서 1인당 GDP가 증가하면 1인당 배출량도 증가할 것으로 예상할 수 있으며, 실제로도 그러하다. 그림 5.7은 여러 국가의 1인당 GDP(2011년 미국 달러 기준)에 따른 1인당

---

5. 탄소 집약도, 에너지 집약도, 에너지 효율 개념을 잊었다면 '3. 우리가 알고 있는 것'(93쪽)을 참조하기 바란다.

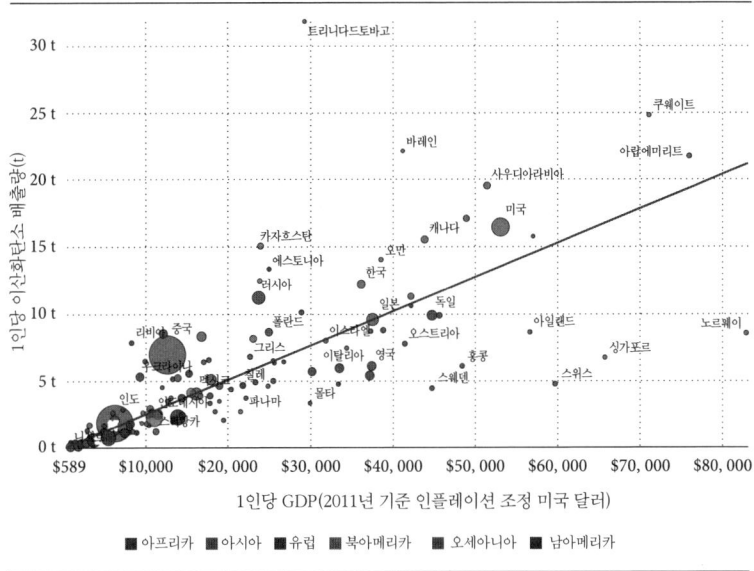

[그림 5.7] 1인당 배출량과 1인당 GDP. 데이터는 2016년 기준이며, 각 국가는 해당 국가의 총배출량에 비례하는 면적의 원으로 표시. 직선은 데이터에 가장 적합한(best-fit) 직선
출처: Global Carbon Project, OurWorldinData.org

이산화탄소 배출량을 보여준다. (자료는 2016년 기준이며, 각 국가는 원으로 표시돼 있고, 원의 크기는 해당 국가의 총배출량에 비례한다.) 예상대로, 1인당 GDP가 높은 국가일수록 1인당 배출량도 큰 경향이 있다.

그러나 1인당 배출량과 1인당 GDP의 관계는 완벽하지 않다는 점에 유의하라. 그래프에는 데이터를 기반으로 적합시킨 직선이 표시돼 있다. 이 관계가 정확(exact)하다면 모든 원이 이 직선 위에 있어야 하지만, 실제로는 그렇지 않다. 예를 들면, 중국의 1인당 배출량은 7.1톤으로 1인당 GDP에 따라 예측된 3톤의 2배를 넘는다. 중동 국가(예: 사우디아라비아, 쿠웨이트)의 1인당 배출량 역시 이 직선을 훨씬 웃돈다. 반면, 영국과 유럽 대부분 국가의 1인당 배출량은 1인당 GDP에 따라 예측된 수준보다 훨씬 낮다. 예를 들어, 스위스의 1인당 GDP에 따르면 1인당 배출량이 15톤일 것으로 예상되지만, 실제로는 5톤에 불과하다.

그림 5.7은 각국의 이산화탄소 배출량이 단순히 생산활동이나 경제성장률만으로 결정되는 것은 아니며, 탄소 집약도 개선을 통해 온실가스를 줄일 수 있는 여지가 있음을 보여준다. 자동차 연비 향상, 냉난방 및 냉장 장치 효율 개선, 가격을 통한 인센티브 같은 정책은 에너지 집약도를 낮출 수 있다. 마찬가지로, 에너지 효율 개선을 통해 에너지 소비 과정에서 발생하는 이산화탄소의 양을 줄일 수 있는 여지도 존재한다. 문제는 이러한 탄소 집약도 개선이 전 세계 배출량을 영(0)으로 줄이기에 충분할 만큼 빠르고 광범위하게 이뤄질 수 있느냐는 것이다. 그렇지 않다면, 섭씨 2도 목표는 달성하기 어려울 것이다.

팬데믹이 우리를 구할 수 있을까?

2020년 한 해 동안 이산화탄소 배출량은 크게 감소했다. 이는 전혀 놀랍지 않다. 코로나19로 인해 사람들은 여행, 스포츠, 문화 행사를 즐기지 못했고, 많은 이들이 직장에도 나가지 못했다. 그 결과, 에너지 소비, 특히 휘발유와 항공유 소비가 급감했고, 이에 따라 이산화탄소 배출량도 줄어들었다.

하지만 이러한 감소는 일시적인 현상이었다. 코로나19가 통제되

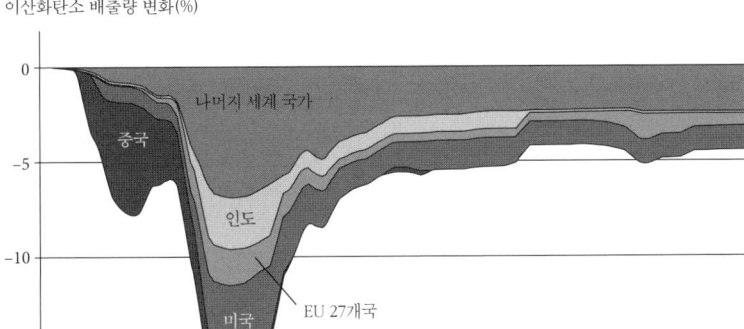

[그림 5.8] 코로나19 기간 이산화탄소 배출량. 2020년 월별 배출량을 지역별로 보여준다.
출처: 르 케레 외(2020), 유엔 환경 프로그램(2020), 글로벌 탄소 프로젝트

고 점차 일상이 회복되면서 이산화탄소 배출량도 '정상'으로 돌아갔고, 다시 증가세를 보였다. 2020년 데이터는 이를 명확하게 보여주는데, 그림 5.8은 2020년 각 지역의 월별 이산화탄소 배출량을 나타낸다.

2020년 3월부터 5월까지 각국이 봉쇄 조치를 시행하고 이동과 모임이 제한되면서 배출량은 급격히 감소했다. (중국은 우한을 시작으로 다른 지역에서도 봉쇄 조치를 취했고, 4월부터는 제한을 완화했으며, 6월에는 대부분 정상화했다.) 6월 이후에도 일부 제한 조치가 이어졌지만 배출량은 다시 증가해, 9월에는 팬데믹 이전인 1월 수준보다 5퍼센트 정도만 낮은 수준에 이르렀다. 그리고 국제에너지기구(IEA)에 따르면,

2020년 전 세계 배출량은 이미 2019년 수준을 넘어섰다.[6]

자, 과연 팬데믹이 우리를 구할 수 있을까? 극도로 불쾌하고 비용이 많이 드는 해결책이라는 건 둘째로 치더라도 배출량 감소는 일시적이었다. 장기적으로는 전혀 도움이 되지 않는다.

2. 이산화탄소, 메테인, 그리고 온도 변화

전 세계 이산화탄소 배출량이 꾸준히 감소하기 시작하면 세기말까지 지구 평균온도 상승을 섭씨 2도 이하로 억제할 수 있을까? 3장에서 다룬 기후변화에 대한 여러 불확실성을 고려하면 확실히 알 수 없지만, 몇 가지 가능성은 살펴볼 수 있다. 이를 위해 간단한 모형을 사용해 이산화탄소 배출량을 대기 중 이산화탄소 농도 변화와 연관 짓고, 이어서 이산화탄소 농도 변화를 온도 변화와 연관 짓는다. 2장에서는 더 간단한 모형을 사용해 이 작업을 수행한 바 있다. 이제 우리는 이산화탄소 농도 변화와 온도 변화 간 시차를 고려하기 위해 약간의 복잡성과 현실적 요소를 추가할 것이다. 우선, 그림 2.1에 나타난 것처럼 2020년부터 배출량이 선형적으로 감소해 2100년에는 영(0)에 도달하는 낙관적인 배출 경로에서 출발하자. 나중에는 더 낙

---

6. 다음 웹 사이트를 참조하라. https://www.iea.org/articles/global-energy-review-CO2-emissions-in-2020

관적인 경로와 덜 낙관적인 경로도 고려한다.

이산화탄소 배출의 영향을 계산하는 것 외에도, 메테인 배출이 초래하는 온난화 효과도 함께 고려할 것이다. 메테인은 이산화탄소만큼 큰 영향을 끼치지는 않지만, 그 영향은 적지 않기 때문에 분석에 포함할 필요가 있다.

이산화탄소 배출로 인한 온난화 효과

이산화탄소 배출 경로의 영향을 계산하려면, 먼저 그로 인해 변화하는 대기 중 이산화탄소 농도를 추정해야 한다. 이를 위해 실제 1960년 농도에서 시작해 매년 해당 연도의 배출에 따른 농도 증가분[배출량을 농도(피피엠)로 환산]을 더하고, 소산되는 양(연간 약 0.35퍼센트)을 차감해 계산한다.[7]

이렇게 얻은 대기 중 농도 경로를 바탕으로 매년 농도 변화가 온도에 끼치는 영향을 추정할 수 있다. 단, 2장의 계산과 달리 농도 증가와 온도 상승 간의 시차를 고려한다. 시차에 대한 추정치는 다양하지만 합리적인 것으로 인정되는 수치는 30년으로, 여기서도 이 수치

---

7. 예를 들어, 1961년 전 세계 이산화탄소 배출량은 90억 톤이므로 1960년 농도 315피피엠에 (9)(0.128)=1.15피피엠이 추가된다. 그해의 소산량은 (0.0035)(315)=1.10피피엠이므로 순 증가량은 1.15−1.10=0.05피피엠이고, 1961년 농도는 315+0.05=315.05피피엠이 된다. 1962년 배출량은 94억 톤이므로 농도 증가는 (9.4)(0.128)=1.20피피엠이고, 소멸은 (0.0035)(315.05)=1.10피피엠이다. 따라서 1962년 농도는 315.05−1.10+1.20=315.15피피엠이다. 이 과정을 매년 반복해 농도 추이를 계산한다.

를 사용한다.[8]

기후 민감도는 대기 중 이산화탄소 농도 2배 증가 시 (30년 이후) 지구 평균온도 상승 정도를 나타낸다. '기후 민감도'(113쪽)에서 설명한 대로 기후 민감도에 대해서는 상당한 불확실성이 존재한다. 2021년 IPCC에 따르면 '최량 추정치(best estimate)'는 섭씨 3.0도로, 온도 변화 전망 시 자주 사용되는 수치다. 여기서도 섭씨 3.0도를 사용하되, 이보다 낮거나 높은 값인 경우도 살펴볼 것이다.

온도 변화를 계산할 때는 매년 농도 증가율에 3.0을 곱해 장기적인 온도 변화, 즉 30년 후에 끼칠 영향을 계산한다. 그리고 이 영향이 30년 동안 점진적으로 누적되도록 해서 1년 후에는 전체 영향의 30분의 1, 2년 후에는 전체 영향의 30분의 2가 되는 식으로 계산한다. 이러한 계산에 대한 자세한 내용은 이 장의 부록에 설명돼 있다.

지금까지는 이산화탄소 농도 상승이 기온에 끼치는 영향에 대한 논의로 한정했다. 하지만 이제 메테인 배출의 영향도 포함한다. 이를 위해 먼저 메테인 배출원이 무엇이고, 메테인 농도 변화가 기온에 어떻게 영향을 끼치는지 살펴보자.

메테인 배출

그림 5.9는 미국 해양대기청(NOAA)이 측정한 전 세계의 인위적 메

---

8. 지크펠트와 헤링턴(Zickfeld and Herrington, 2015)을 참조하라.

테인 배출량과 대기 중 메테인 농도를 보여준다. 이산화탄소와 쉽게 비교하기 위해 메테인 배출량은 10억 톤(Gt, 왼쪽 세로축)으로, 농도는 100만분의 1피피엠(ppm, 오른쪽 세로축)으로 표시했다.[9] 인위적 메테인 배출량은 전체 메테인 배출량의 약 60퍼센트이며, 습지, 해양, 영구 동토층 등에서 자연적으로 배출되는 메테인도 있다.

최근 전 세계 이산화탄소 배출량은 약 370억 톤으로, 그림 5.9에서 볼 수 있듯이 메테인 배출량의 약 1,000배에 달한다. 농도 측면에서도 이산화탄소는 400피피엠 이상으로, 메테인 농도의 200배가 넘는

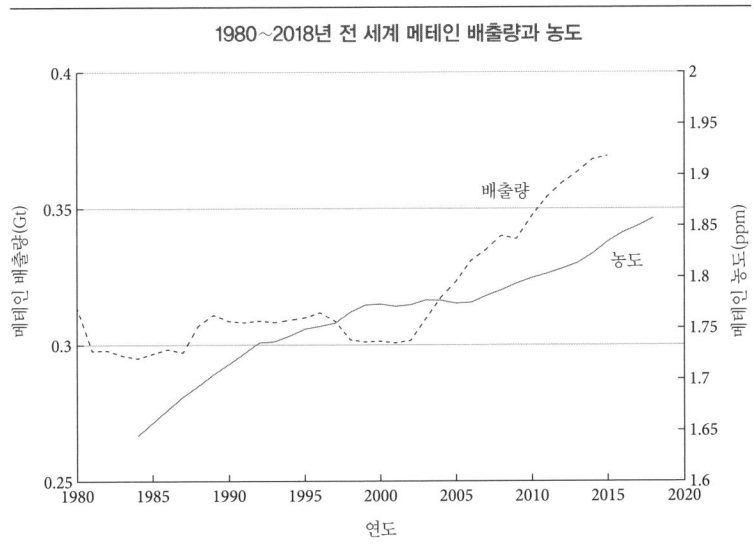

[그림 5.9] 전 세계 메테인 배출량 및 대기 농도
출처: 미국 해양대기청(NOAA)

---

9. 메테인 배출량은 일반적으로 100만 톤(Mt) 단위로, 메테인 농도는 보통 10억분의 1(ppb)로 표시한다. 1Gt=1,000Mt, 1ppm=1,000ppb.

다. 그래서 메테인이 기후변화에 끼치는 영향은 미미하다고 생각할 수 있다. 하지만 메테인의 온난화 지수는 이산화탄소의 28배에 달하며, 특히 지난 20년 동안 메테인 배출량이 크게 증가했기 때문에 그 영향을 무시할 수 없다.

그림 5.9가 보여주듯이, 메테인 배출량은 1980년부터 2003년까지 비교적 일정한 수준을 유지하다가 이후 10~15년 동안 20퍼센트 이상 증가했다. 이러한 증가의 원인은 무엇일까? 가장 주된 요인은 석유 및 가스 생산과정에서의 누출, 특히 수압 파쇄를 통한 셰일(shale) 석유 및 가스 생산과정에서의 누출이었다.[10] 메테인의 대기 중 농도는 이 기간에 느리지만 꾸준히 증가해 1984년부터 2020년까지 약 15퍼센트 상승했다.

이러한 메테인 배출량과 농도 변화는 기온에 어떤 영향을 끼칠까? 그리고 메테인 배출의 지속적인 증가는 향후 수십 년 동안 기온에 어떤 영향을 끼칠까? 이에 답하기 위해서는 메테인 배출량과 온도 상승의 관계를 알아야 한다. 메테인의 대기 중 농도에 28을 곱한 다음(메테인의 온난화 지수를 고려하기 위해), 이산화탄소 농도에 사용한 것과 동일한 방법을 적용하면 되지 않을까? 그렇지 않다. 이산화탄소와 달리 메테인은 대기 중에 약 10년만 남아 있기 때문이다.

기후과학자는 메테인이 기온에 끼치는 영향을 추정하기 위해 여

---

10. 알바레즈 외(Alvarez et al., 2018)는 수압 파쇄로 인한 누출만으로도 배출량 증가의 대부분을 설명할 수 있다고 보았다. 그러나 쉐퍼(Schaefer, 2019)는 농업과 같은 다른 배출원이 더 큰 원인이라고 주장한다.

러 가지 방법을 고안해냈다. 이상적으로는 메테인의 양을 '동등한' 양의 이산화탄소['1. 몇 가지 기본 사실과 수치들'(60쪽)]로 환산하는 것이 바람직하다. 하지만 메테인의 소멸 속도가 훨씬 빠르다는 점이 문제가 된다. 여기에서는 케인 외(Cain et al., 2019)가 제안한 방법을 사용해 메테인의 양을 '온난화 동등(warming equivalent)' 이산화탄소의 양으로 환산한다. 이 방법은 지난 50년 동안의 데이터를 비교적 잘 설명하며, 앨런 외(Allen et al., 2016)의 초기 연구를 기반으로 한다. 또한 이 방법의 응용은 린치 외(Lynch et al., 2020)에서도 논의됐다. 이 방법을 살펴보자.

메테인 배출로 인한 온난화 효과

우선, 메테인 1톤이 이산화탄소 1톤의 28배의 온난화 지수(Warming Potential)를 지닌다는 말의 의미부터 분명히 하자. 오늘 이산화탄소 1톤과 메테인 1톤을 대기에 배출하고, 이후 100년 동안 어떤 일이 일어나는지 지켜본다고 하자. 이산화탄소 1톤과 메테인 1톤 모두 온도 상승을 일으키지만, 100년 동안 메테인으로 인한 온도 상승은 이산화탄소로 인한 온도 상승의 28배에 달하게 된다. 바로 이 28이라는 숫자가 메테인의 지구온난화 지수(Global Warming Potential, GWP)다.

메테인의 지구온난화지수를 측정할 때 이산화탄소의 온난화 효과와의 비교 기간을 50년으로도, 200년으로도 설정할 수 있다. 고려하는 기간(time horizon)을 명확히 하기 위해 우리는 때때로 GWP_H를 쓰기도 하는데, 여기서 H는 기간을 나타낸다. 그러나 GWP는 일반적으로 100년을 기준으로 하므로 H를 생략하고 GWP_{100}이라고 쓰는 대신 통상 메테인의 GWP는 28이라고 적는다.

100년이 지나면 거의 모든 메테인이 대기에서 사라지겠지만, 이산화탄소는 대부분 여전히 존재할 것이다. 이산화탄소 1톤의 온난화 효과 대부분은 100년에 걸쳐 서서히 발생하지만, 메테인 1톤의 온난화 효과는 메테인이 소산되기 전 10~20년 동안 발생한다. 실제로 20년을 기준으로 메테인의 GWP를 측정하면 85로 훨씬 높아진다. 20년 동안 이산화탄소 1톤으로 인한 온난화는 이제 막 시작되는 반면, 메테인 1톤으로 인한 온난화는 거의 끝날 것이기 때문이다.

이제 메테인의 지구온난화 잠재력의 의미를 명확히 이해했으니, 메테인 배출의 효과를 평가하기 위해 케인 외(Cain et al., 2019)가 제안한 방법을 살펴보자. 이 방법은 모든 단기간 기후 오염 물질(Short-Lived Climate Pollutant, SLCP)에 적용할 수 있지만, 여기서는 가장 중요한 메테인에만 초점을 맞출 것이다. 이 방법은 GWP를 이용해 일정 기간(Δt)의 메테인 배출량을 '온난화 등가(warming equivalent)' 이산화탄소 배출량(CO_2-we)으로 환산한다. 이때 해당 기간의 메테인 배출량 변화와 총배출량 모두 고려한다. GWP 기간을 100년(즉, GWP_H의 H는 100)으로 가정해 GWP=28이라고 하면, 기간 Δt 동안 '온난화 등가' 이산화탄소 배출량의 총량은 다음 식으로 계산할 수 있다.[11]

$$E_{CO_2we} = 28 \times [r \times \Delta E_M \times 100 + s \times E_M] \tag{5.1}$$

여기서 ΔE_M은 기간 Δt 동안의 메테인 배출량 변화, E_M은 해당 기간의 총 메테인 배출량이다. (해당 기간의 연평균 온난화 등가 이산화탄소 배출량을 구하려면 E_{CO2we}를 기간 Δt로 나눈다.) 모수 r과 s는 배출량 수준 대비 배출량 변화의 상대적 중요성을 반영한다. 케인 외(Cain et al., 2019)는 회귀분석을 통해 $r=0.75$와 $s=0.25$가 가장 적합하다고 제시했다.

이 식을 사용해 1980년부터 2015년까지 35년 동안의 전 세계 메테인 배출량을 온난화 등가 이산화탄소 배출량으로 환산해보자. 2015년 메테인 배출량은 약 3.7억 톤, 1980년은 약 3.2억 톤이므로 변화량은 $\Delta E_M = 5$억 톤이며, 이 기간의 총배출량은 약 121억 톤이었다. 그렇다면 식 (5.1)을 사용해 35년 동안의 온난화 등가 이산화탄소 총배출량을 계산하면 아래와 같다.

$$E_{CO_2we} = 28 \times [0.75 \times 0.05 \times 100 + 0.25 \times 12.1] = 189.7 \text{Gt}$$

---

11. 일반적으로 단기간 기후 오염 물질의 환산식은 다음과 같다.

$$E_{CO_2we} = \text{GWP}_H \times [r \times \frac{\Delta E_{SLCP}}{\Delta t} \times H + s \times E_{SLCP}]$$

여기서 E_{SLCP}는 해당 SLCP의 배출량이고, GWP_H는 해당 물질의 H년 기준 지구온난화 지수이다.

즉, 연평균 54억 톤(=1,897억/35)이 된다. 이 기간의 이산화탄소 배출량은 연간 평균 약 270억 톤이므로, 메테인의 기여도는 17퍼센트(=54/(270+54))에 달하는데, 이는 온도 변화를 예측할 때 결코 무시할 수 없는 수치다.

그림 5.10은 과거 메테인 배출량(오른쪽 축)과 이에 상응하는 온난화 등가 이산화탄소 배출량(E_{CO2we}, 왼쪽 축)을 보여준다. E_{CO2we} 배출량은 구간 10년을 적용해 식 (5.1)로 계산했다. (예를 들어, 1980년 E_{CO2we} 값은 1971년부터 1980년까지 10년간의 메테인 배출량 자료를 이용해 계산한다.) 온난화 등가 이산화탄소 배출량은 상당히 변동이 심하고, 1986~1988년처럼 때로는 음수일 수도 있는데, 이는 메테인 배출량 변화 폭에 따라 크게 달라지기 때문이다.

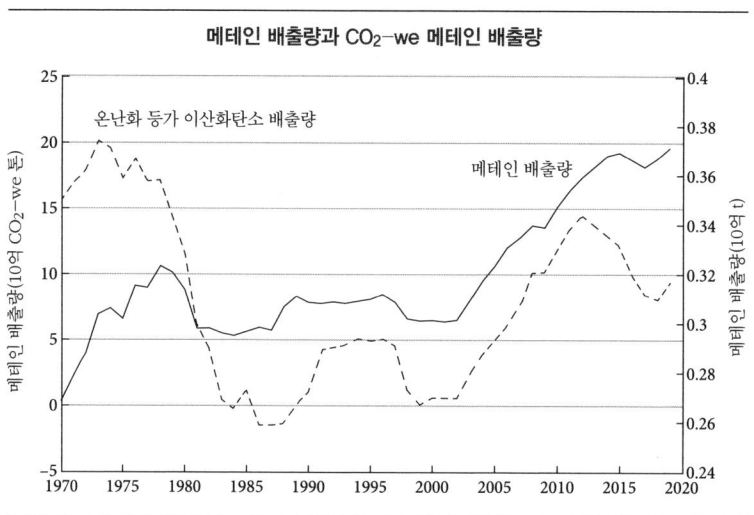

[그림 5.10] 메테인 배출량과 CO_2-we 메테인 배출량. 구간 10년을 적용해 식 (5.1)로 메테인 배출량(오른쪽 축)을 CO_2-we 배출량(왼쪽 축)으로 환산했다.

이제 한 단계가 더 남았다. 온난화에 상응하는 이산화탄소 배출이 온도 변화에 얼마나 기여하는지를 계산해야 한다. 이 마지막 단계에서는 이산화탄소로 인한 온도 변화와 현재까지 누적된 이산화탄소 배출량 사이에 대략적인 선형 관계가 있다는 사실을 이용한다. 이를 '누적 탄소 배출량에 대한 일시적 기후 반응(Transient Climate Response to Cumulative Carbon Emissions, TCRE)'이라고 하며, TCRE $\approx \Delta T/E_T$로 쓸 수 있다(여기서 ΔT는 온도 변화, E_T는 기간 T 동안의 누적 탄소 배출량). 이 관계는 이산화탄소에 처음 적용됐지만, 메테인에서 발생하는 온난화 등가 이산화탄소 배출에도 적용될 수 있다.[12]

여러 연구에서 TCRE 비율을 추정했으며, 크누티, 루겐슈타인, 헤겔(Knutti, Rugenstein, and Hegerl, 2017)이 기존 연구 결과를 요약한 바 있다. 이 비율의 값은 약 1.0에서 2.0까지 다양하며, 최량 추정치는 탄소 1조 톤당 섭씨 1.6도다. 그러나 이 수치는 이산화탄소가 아닌 탄소로 측정한 누적 배출량 E_T를 기준으로 한 것으로, 이를 이산화탄소로 환산하기 위해 3.66(이산화탄소 질량 대 탄소 질량 비율)으로 나누면, 이산화탄소 1조 톤당 섭씨 0.44도를 얻는다.[13] 이 접근 방식

---

12. 클라인(Cline, 2020)은 이 선형 관계에 대해 자세히 설명하고 있다. TCRE 비율에 대한 검정 및 추정치는 길렛 외(Gillett et al., 2013), 매튜스 외(Matthews et al., 2009), 매튜스 외(Matthews et al., 2018)에서 확인할 수 있다.
13. 2001년부터 2016년까지 수행된 약 30건의 연구 결과를 히스토그램으로 나타내고 이를 정규 분포를 적합시킨 결과, 평균은 1.6, 표준편차는 0.39로 나타났다. 평균을 3.66으로 나누면 이산화탄소 1조 톤당 TCRE는 섭씨 약 0.44도, 또는 이산화탄소 10억 톤당 섭씨 약 0.00044도가 된다.

은 누적 배출량을 기반으로 하므로, 매년 온난화 등가 이산화탄소 배출량(Gt)에 0.44/1000=0.00044를 곱한 다음 그 결과 온도 변화를 누적해 메테인이 온도에 끼치는 영향을 파악할 수 있다. (예를 들어, 2015년 온난화 등가 이산화탄소 배출량은 약 10기가톤이었으며, 이는 10×0.00044=섭씨 0.0044도의 온도 상승을 의미한다.) 이를 통해 온도 변화에서 메테인이 얼마나 기여했는지 알 수 있다.

기온에 끼치는 영향 외에도 메테인은 다른 해로운 영향을 끼칠 수 있다. 특히 대기질을 악화시켜 인체 건강에 해를 끼치고, 농업 및 임업 생산성을 떨어뜨릴 수 있다. 이러한 비기후적 피해는 정확히 측정하기 어렵지만, 분명 메테인 감축의 편익을 더 크게 만든다.[14]

3. 온도 변화 시나리오

이제 우리는 미래의 이산화탄소와 메테인 배출량에 대한 다양한 시나리오를 검토하고, 각 시나리오하에서 기온 변화를 살펴볼 것이다. 물론, 기후변화는 단순히 온도 상승만을 의미하는 것이 아니지만, 온난화는 해수면 상승, 빈번하고 강력한 허리케인 등 수많은 변화의 주요 원인이 되므로 온도 변화는 기후변화를 가늠할 수 있는 훌륭한

---

14. 신델, 푸그레스베트, 콜린스(Shindell, Fuglestvedt and Collins, 2017)는 메테인의 온난화 효과와 함께 이러한 효과를 고려한 메테인의 사회적 비용(social cost of methane)을 추정했다. 그 결과, 메테인 1톤당 사회적 비용은 약 3,000달러로 나타났다.

대리 변수라 할 수 있다.

여기서 살펴볼 첫 번째 시나리오는 2장에서 처음 제시한 시나리오로, 2100년까지 이산화탄소 배출량이 영(0)으로 감소하는 낙관적 시나리오다. 하지만 이번에는 인위적인 메테인 배출도 포함하도록 시나리오를 수정해, 메테인 배출량도 2100년까지 영(0)으로 감소한다고 가정한다. 각 시나리오에 대해 이산화탄소와 메테인의 온난화 효과를 개별적으로 계산하고 이를 합산해 두 온실가스로 인한 총 온도 변화를 추정한다. 이때 통상 영향이 크지 않은 것으로 간주하는 아산화질소나 수명이 짧은 다른 온실가스는 무시한다. 그러나 이러한 가스의 온난화 영향이 미미하지 않다면 이러한 계산은 온도 상승을 과소평가하는 보수적인 추정이 될 수 있다.

'이산화탄소 배출로 인한 온난화 효과'(205쪽)와 이 장의 부록에서 설명한 대로, 이산화탄소 배출이 온도에 끼치는 영향을 계산하기 위해서는 먼저 이산화탄소 배출이 대기 중 농도에 어떤 영향을 끼치는지를 결정한 후, 약 30년의 시차를 고려해 각 연도의 농도 변화가 기온에 끼치는 영향을 반영해야 한다. 메테인이 경우, 식 (5.1)을 활용해 해당 배출량을 온난화 등가 이산화탄소 배출량(10억 톤)으로 환산한 후 0.00044를 곱해 온도 변화를 추정한다.

그리고 기후 민감도값은 3.0을 사용한다. 3.0이라는 값은 기후변화 모의실험에서 널리 사용되고 있으며, IPCC도 기후 민감도에 대한 최량 추정치로 제시하고 있다. 그러나 3장에서 설명한 것처럼 기후 민감도의 실젯값을 알 수 없기에 기후 민감도가 3.0보다 높거나 낮은 경우에 향후 온도 변화에 어떤 일이 일어날 수 있는지 살펴보는 것도 중요하다. 따라서 기후 민감도를 1.5와 4.5로 설정한 경우도 함께 고려해 온도 경로를 계산할 것이다.

전 세계 이산화탄소 배출량에 대한 세 가지 시나리오와 함께 전 세계 메테인 배출량에 대해서는 낙관적인 것과 매우 낙관적인 것, 두 가지 시나리오를 가정한다. 이산화탄소 배출의 세 가지 시나리오는 그림 5.11 왼쪽 패널에 표시돼 있으며, 그 내용은 다음과 같다.

(1) 2020년 이산화탄소 배출 370억 톤에서 2100년 영(0)으로 감소(그림 2.1 참조)

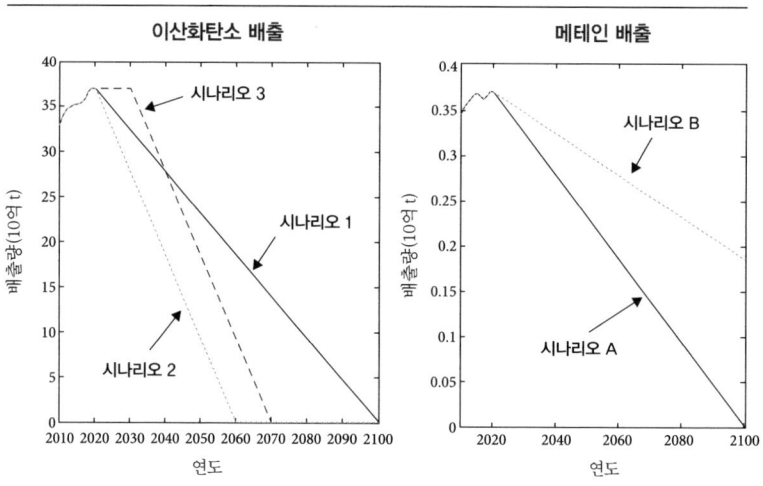

[그림 5.11] 배출 시나리오. 왼쪽 패널은 이산화탄소 배출에 대한 세 가지 시나리오를 보여준다: (1) 2100년까지 영(0)으로 감소, (2) 2060년까지 영(0)으로 감소, (3) 2030년까지 일정하게 유지되다가 2070년 영(0)으로 감소. 오른쪽 패널은 메테인 배출량에 대한 두 가지 시나리오를 보여준다. (A) 2100년까지 영(0)으로 감소 (B) 2100년까지 2020년의 절반 수준으로 감소.

(2) 2020년 이산화탄소 배출 370억 톤에서 2060년 영(0)으로 감소

(3) 2030년까지 2020년 수준 유지, 2070년 영(0)으로 감소

미국과 유럽의 경우, 이러한 이산화탄소 배출 시나리오가 반드시 낙관적인 것만은 아닐 수 있다. 이미 일부 배출량 감축을 달성했으며, 유럽과 영국은 2050년 넷제로를 약속했기 때문이다. 하지만 전 세계 배출량 관점에서는 낙관적인 시나리오다. 앞서 설명한 것처럼 전 세계 대부분 국가에서 이산화탄소 배출량은 꾸준히 증가하고 있으며, 일부 최대 배출국(예: 인도, 인도네시아, 중국)은 향후 40~50년 내에 배출량을 영(0)에 가깝게 줄일 가능성이 거의 없기 때문이다. 게다가 감축을 약속한 국가들이 실제로 그 약속을 지킬 것이라는 보장도 없다.

이산화탄소만큼은 아니지만 우리는 메테인도 온난화에 기여한다는 사실을 확인했으며, 전 세계 메테인 배출량에 대한 두 가지 시나리오를 고려한다. 그림 5.11의 오른쪽 패널에 두 시나리오가 표시됐다.

(A) 2020년 메테인 배출량 3.8억 톤에서 2100년 영(0)으로 감소

(B) 2100년까지 2020년의 절반 수준, 즉 3.8억 톤에서 1.9억 톤으로 감소

메테인 배출을 완전히 없애는 데 왜 이렇게 오랜 시간이 걸릴까? 그리고 왜 세기말까지 메테인 배출량이 현재의 절반 수준만 감소할

것으로 예상했을까? 메테인의 경우, 배출량 일부를 줄이는 것은 비교적 쉽게 달성할 수 있지만, 아예 영(0)으로 줄이는 것은 극히 어렵기 때문이다. 메테인 배출량은 2003년부터 2020년까지 20퍼센트 이상 증가했는데, 그 증가의 대부분은 석유, 가스 생산과정에서의 누출, 특히 수압 파쇄법 때문이었다. 따라서 이 부문에 대해 엄격한 규제를 부과한다면 20퍼센트의 증가는 대부분 제거될 수 있다. 그러나 다른 메테인 배출원은 통제하기 어렵다. 예를 들어, 메테인의 상당량은 소와 양 같은 가축에서 발생한다. 전 세계가 육류, 우유, 양모 소비를 중단한다면, 이러한 배출량의 상당 부분을 줄일 수 있다. 하지만 앞으로 몇 년 안에 전 세계 인구의 100퍼센트, 아니 20퍼센트가 채식주의자가 될 가능성은 매우 낮다.

또한 인위적인 메테인 배출은 전체 메테인 배출량의 약 60퍼센트에 불과하며, 습지, 해양, 영구 동토층, 기타 자연적인 배출원에서도 메테인이 자연적으로 배출된다는 점을 상기하자. 이러한 배출원에서 배출되는 메테인의 양은 부분적으로 대기 온도에 따라 달라지는데, 기온이 상승함에 따라 증가한다. 온도 상승은 인간 활동으로 인한 것이므로 메테인 배출의 증가도 인위적인 것으로 볼 수 있다.

결국 중요한 것은 메테인 배출이 기후, 특히 온도에 어떤 영향을 끼치는가다. 메테인은 대기에서 빠르게 소산되기 때문에(현재 배출되는 메테인 대부분은 10년 안에 사라질 것이다) 메테인 배출량이 현재 수준으로 일정하게 유지된다면 기온에 끼치는 영향은 상당히 제한적일 것이다. '메테인 배출로 인한 온난화 효과'(209쪽)에서 설명한 것처럼,

중요한 것은 배출량 수준이 아니라 메테인 배출량의 변화다. [식 (5.1)에서 '온난화 등가' CO_2 배출량은 배출 수준이 아니라 메테인 배출량의 변화에 크게 좌우된다는 점에 주목하라.]

온도 변화

이러한 시나리오하에서 어떤 온도 변화를 예상할 수 있을까? 2100년까지 계산된 해당 온도 경로는 그림 5.12에 제시돼 있다. 이 그림의 왼쪽 패널은 메테인에 대한 첫 번째(보다 낙관적인) 시나리오, 즉 배출량이 2020년 3.8억 톤에서 2100년 영(0)으로 감소하는 시나리오를 기반으로 한다. 1, 2, 3으로 표시된 경로는 연간 이산화탄소 배출 시나리오에 해당한다. (1) 2100년까지 영(0)으로 감소, (2) 2060년까지 영(0)으로 감소, (3) 2020년부터 2030년까지 일정하게 유지되다가 2070년까지 영(0)으로 감소.

그림 5.12 왼쪽 패널에서 볼 수 있듯이, 세 가지 시나리오 모두 이번 세기 내 온도 변화가 섭씨 2도를 초과하는 것으로 나타난다. 시나리오 2는 세 가지 시나리오 중 가장 낙관적인 것으로, 40년 안에 이산화탄소 배출이 영(0)에 도달하고, 그 결과 온도 상승은 섭씨 약 2.2도에 그친다. 그러나 전 세계 이산화탄소 배출량이 2030년에야 감소하기 시작해 40년에 걸쳐 영(0)에 도달하는 시나리오 3에서는 온도 상승이 섭씨 2.4도를 넘는다. 만약 세기말에 이르러서야 이산화탄소 배출량이 영(0)에 이른다면(시나리오 1), 온도 상승은 섭씨 2.5도를 초

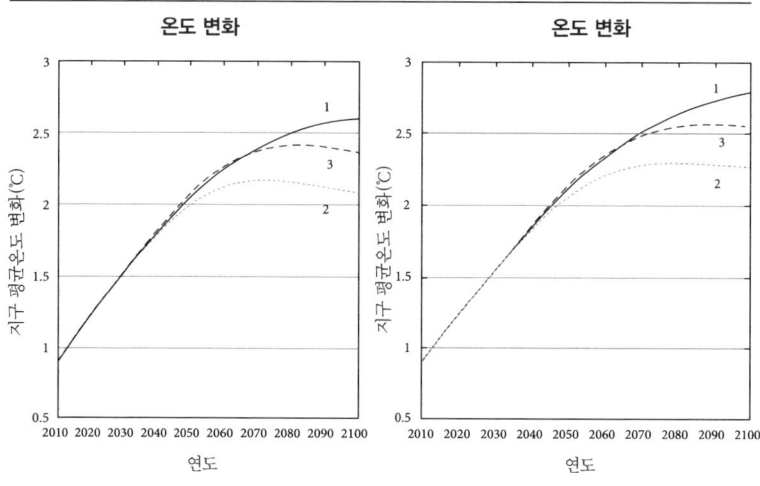

[그림 5.12] 온도 변화 예상 경로. 두 패널은 그림 5.11의 왼쪽 패널에 표시된 이산화탄소 배출에 대한 세 가지 시나리오하의 온도 경로를 보여준다. 왼쪽 패널에서는 2100년까지 메테인 배출량이 0이 된다고 가정하고(그림 5.11의 오른쪽 패널의 시나리오 A), 오른쪽 패널에서는 2100년까지 메테인 배출량이 2020년 수준의 절반으로 감소한다고 가정한다(시나리오 B).

과하게 된다.

메테인 배출량 감소가 더 더디다면, 즉 2100년까지 배출량이 2020년의 절반 수준까지만 감소한다면 어떨까? 그림 5.12의 오른쪽 패널에서 볼 수 있듯이, 온도 상승 폭은 더 커지긴 하지만 메테인이 끼치는 영향은 그렇게 크지 않다. 세 가지 이산화탄소 배출 시나리오 모두에서 온도 상승은 왼쪽 패널에서보다 섭씨 약 0.2~0.3도 더 큰 수준이다. 앞서 설명한 것처럼 메테인은 기후변화에 영향을 끼치지만, 그 배출량은 규모가 훨씬 작고 대기 중에 머무르는 기간도 약 10년 정도에 불과하므로 그 영향은 이산화탄소보다 훨씬 적다.

이 계산은 우리에게 무엇을 말하는가? 간단하다. 거의 모든, 현실적인 이산화탄소와 메테인 배출 시나리오하에서 이번 세기 어느 시점에 섭씨 2도를 초과하는 온도 상승이 발생할 가능성이 크다는 것이다.

어쩌면 당신은 여기서 고려한 시나리오가 충분히 낙관적이지 않으며, 더 큰 노력을 한다면 2050년까지 이산화탄소와 메테인 배출량을 영(0)으로 줄일 수 있다고 생각할지도 모른다. 다시 말하건대, 일부 국가에서는 실현 가능할 수도 있다. 그러나 우리는 전 세계 배출량에 관해 이야기하고 있다. 전 세계 대부분 국가에서 이산화탄소와 메테인 배출량이 그렇게 빠르게 영(0)에 가깝게 감소할 가능성은 매우 작다.

기후 민감도값의 불확실성

그림 5.12에 나타난 온도 상승 예상 경로는 기후 민감도에 대한 중간 추정치인 3.0을 기준으로 한 것이다. 그러나 이 수치는 널리 사용되기는 하지만, 어디까지나 추정치일 뿐이며 기후 민감도의 실젯값은 불확실하다. 그렇다면 우리가 얻은 결과는 기후 민감도값의 불확실성에 얼마나 민감할까? 이에 답하기 위해 가장 낙관적인 두 가지 시나리오(그림 5.12의 2, 3)를 반복하되, 이번에는 1.5, 3.0, 4.5의 세 가지 기후 민감도값을 사용하자.[15]

---

[15] 이 수치는 IPCC의 가장 최근 보고서에 나와 있는 기후 민감도에 대한 '가장 가능성 있는 (most likely)' 값의 범위에 속한다. 2021년 보고서는 '가장 가능성 있는' 범위를 2.5~4.0으로 좁혔다.

대기의 이산화탄소 농도 변화와 기온 변화 간 시차에도 역시 불확실성이 존재한다. 여기에서는 30년을 그 시차로 사용하지만, 20년이 될 수도, 50년이 될 수도 있고 이산화탄소 농도 수준과 변화에 따라 달라진다. 마찬가지로, 대기 중 이산화탄소의 연간 소산율에도 불확실성이 존재한다. 이 책에서 사용하는 0.0035는 관측 데이터를 가장 잘 설명하는 값이지만, 실제 소산율은 0.0025이거나 0.0050일 수 있다. 그러나 논의의 단순화를 위해 시차는 30년, 연간 소실률은 0.0035로 고정하고, 여기에서는 기후 민감도에 대한 불확실성에만 초점을 맞춘다.

결과는 그림 5.13에 나타나 있다. 두 패널 모두 세 가지 기후 민감도값 $S=1.5, 3.0, 4.5$에 대한 온도 경로를 보여준다. 왼쪽 패널은 2060년까지 이산화탄소 배출량이 영(0)으로 감소하는 가장 낙관적인 시나리오에 해당한다. $S=1.5$인 경우 온도 상승은 섭씨 2도 바로 아래에 머물지만, $S=4.5$인 경우에는 섭씨 2.6도를 초과한다. 오른쪽 패널은 이산화탄소 배출량이 2030년까지 일정하게 유지되다가 2070년에는 영(0)으로 떨어질 것으로 가정한다. 이 시나리오는 덜 낙관적이라서 이제 온도 상승은 $S=1.5$인 경우에도 섭씨 2도를 초과하고, $S=4.5$인 경우에는 섭씨 3도를 초과한다. (두 패널 모두 메테인 배출이 2100년에 2020년의 절반으로 감소할 것으로 가정했다.)

우리가 예상했던 대로, 이러한 결과는 기후 민감도값에 따라 온도 변화가 달라질 수 있음을 보여준다. 현재로서는 실젯값을 알 수 없으며, 가능한 값의 범위는 상당히 넓다. 운이 좋아서 기후 민감도가 구

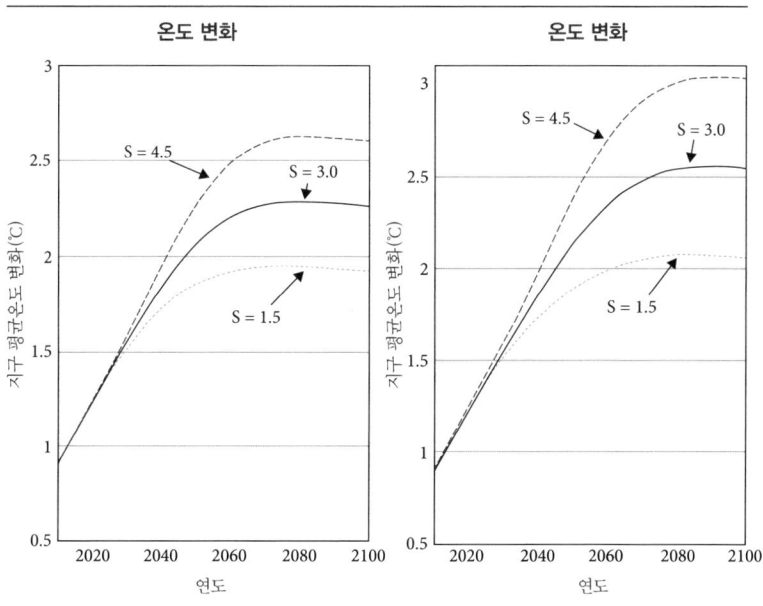

[그림 5.13] 여러 기후 민감도하에서의 온도 경로. 두 패널은 세 가지 기후 민감도값인 S=1.5, 3.0, 4.5에 대한 온도 궤적을 보여준다.

간의 하한에 가깝고, 우리가 전 세계 이산화탄소 배출량을 급격히 줄일 수 있다면, 실제로 온도 상승을 섭씨 2도 이하로 유지할 수도 있다. 하지만 우리의 운이 좋지 않아서 기후 민감도가 중간 또는 상한에 가깝다면, 전 세계 이산화탄소 배출량이 즉시 감소하기 시작해 2060년까지 영(0)에 도달하더라도 온도 상승은 섭씨 2도를 초과할 것이 거의 확실하다.

기후 민감도 참값이 널리 사용되는 3.0이라고 할 때, 우리가 매우, 정말 매우 낙관적으로 본다면 기온 상승을 섭씨 2도 이하로 유지할 수 있는 시나리오가 있을까? 오, 그렇다. 만약 배출량이 불과 20년

후, 즉 2040년까지 배출을 영(0)으로 줄이고 이후에도 그 상태를 유지한다면 온도 상승은 섭씨 2도를 넘지 않을 것이다. 이는 그림 5.14에 제시돼 있다. 왼쪽 패널은 이산화탄소 배출량에 대한 두 가지 시나리오를 보여준다. 첫 번째 시나리오(시나리오 1)는 그림 5.12의 시나리오 1과 동일하게 2100년까지 배출량이 영(0)으로 감소하는 경우다. 두 번째 시나리오(시나리오 4)는 20년 후, 즉 2040년까지 배출량이 영(0)으로 급격히 떨어지는 경우다. 각 시나리오에 따른 온도 경로는 오른쪽 패널에 나타나 있다.

전 세계 이산화탄소 배출을 그렇게 빨리 영(0)으로 줄이는 것은

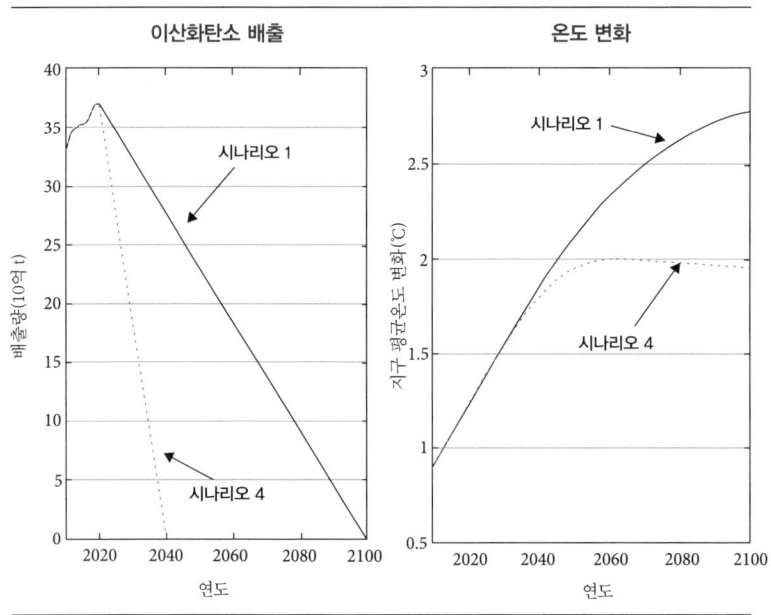

[그림 5.14] 섭씨 2도 시나리오. 왼쪽 패널은 이산화탄소 배출량에 대한 두 가지 시나리오를 보여준다. 시나리오 1은 그림 5.12의 시나리오 1과 동일한 것으로, 2100년까지 배출량이 0으로 감소한다. 시나리오 4는 불과 20년 후, 즉 2040년까지 배출량이 0으로 떨어진다.

불가능하다는 점에서 시나리오 4는 사실 우리의 근거 없는 희망을 담고 있다. 어쨌든 이 시나리오하에서 기온 상승은 섭씨 2도를 넘지 않는다. 하지만 이 계산은 기후 민감도가 3.0 이하인 경우로 가정한 것으로, 기후 민감도가 3.5 정도로만 높아도 온도 상승은 섭씨 2도를 초과할 것이다.

지금까지 살펴본 모든 시나리오는 온도 상승을 막는 방법으로 이산화탄소 배출을 줄이는 것만을 고려했다. 하지만 우리에게는 다른 수단, 탄소 제거 및 격리라는 중요한 감축 방법이 있지 않았나? 대기에서 이산화탄소를 '제거(removal)'한 다음 영구적인 방법으로 '저장(sequestration)'하는 것 말이다.

대기 중 이산화탄소를 어떻게 제거할 수 있을까? 한 가지 방법은 이산화탄소를 흡수하는 나무를 심는 것이다. 현재 우리는 심는 나무보다 베는 나무가 많기는 하지만, 적절한 인센티브가 주어진다면 새로운 숲을 조성하는 것도 가능할 것이다. 조림(forestation)에 대해서는 나중에 자세히 설명하겠지만, 문제는 유의미한 차이를 만들 만큼 이산화탄소를 충분히 흡수하기 위해서는 엄청나게 많은 나무가 필요하다는 것이다. 그렇다면 나무를 심는 대신 발전소 배기가스나 대기 중 이산화탄소를 직접 포집해 지하에 저장하는 기술을 활용하는 것은 어떨까? 이것도 나중에 자세히 다루겠지만, 이 방식의 문제는 합리적인 비용으로 대규모 탄소 제거 및 격리를 할 수 있는 기술이 아직 없다는 점이다.

그렇다면 이제 우리가 가야 할 방향은? 어쨌든 우리는 가능한 모든 정책 수단을 동원해 이산화탄소 배출을 최대한 줄이기 위해 노력해야 한다. 그리고 전 세계 배출량이 중요하므로 모든 국가가 감축할 것을 공약하는 국제 협약하에서 함께 감축을 이뤄내야 한다. 동시에, 우리는 최선의 노력에도 불구하고 지구 평균온도가 섭씨 2도 이상으로 상승할 가능성이 매우 크다는 사실을 인식하고 있어야 한다. 이러한 기온 상승이 어떤 영향을 끼칠지는 확실히 알 수 없지만, 그 영향은 아마 심각할 것이다. 우리는 그에 대비해 계획을 세우고 그에 따라 행동을 해야 한다.

4. 해수면이 상승하는 이유

지금까지는 온도 변화에 대해서만 이야기했다. 그러나 온난화를 우려하는 이유 중 하나는 해수면 상승과 이로 인한 광범위한 홍수다. 해수면이 상승하는 이유는 무엇일까? 온도가 높아지면 바닷물이 팽창하고 대륙빙하가 녹아 바다에 유입되기 때문이다. 이제 해수면에 어떤 일이 일어날지 살펴보자.

이미 해수면이 어느 정도 상승했다는 증거가 있지만, 지구 평균온도가 올라가면 지금보다 훨씬 더 상승할 수 있다. 앞으로 해수면이 얼마나 상승할까? 기온이 얼마나 높아지느냐에 따라 달라질 것 같다. 자, 세기말까지 지구 평균온도가 섭씨 3도 상승한다고 하자. 그러면 해수면은 얼마나 상승할까? 답은…… 지금쯤이면 당신도 답을 짐

작할 수 있을 것이다. 정답은, 우리는 모른다는 것이다. 지구 평균온도가 섭씨 2도, 섭씨 3도 또는 그 이상 상승할 경우 해수면이 얼마나 높아질지는 알 수 없다.

예를 들어, 기온이 섭씨 2도 상승할 때 해수면이 얼마나 높아질지 알 수 없는 이유는 무엇일까? 특정 수준의 대기 중 이산화탄소 농도 증가가 기온에 어떤 영향을 끼치는지 모르는 것과 같은 이유다. 이산화탄소 농도와 기온 상승, 기온 상승과 해수면을 연관하는 물리적 시스템은 너무나 복잡하고 아직 충분히 이해되지 않았다. 그럼에도 해수면에 관해 우리가 아는 것이 없지는 않다. 기후 민감도값에 범위가 있는 것처럼 해수면 상승 역시 다양한 연구에서 예측 범위가 제시돼 있다.

그림 5.15는 온도 상승에 따라 2100년까지 해수면이 얼마나 상승할지를 다섯 가지 연구 결과를 바탕으로 보여준다. 이 중 두 가지는 IPCC의 4차 평가(2007) 및 5차 평가(2013)[각각 솔로몬 외(Solomon et al., 2007) 및 스토커 외(Stocker et al., 2013)]에 기반하며, 나머지 세 가지는 베르메르와 람스토프(Vermeer and Rahmstorf, 2009), 콥 외(Kopp et al., 2014), 멩겔 외(Mengel et al., 2016)의 연구 결과다. 각 추정에는 오차 범위도 포함돼 있다. (예를 들어, 베르메르와 람스토프는 지구 평균 온도가 섭씨 2도 상승 시 해수면이 0.8~1.3미터 상승할 것으로 보며, 최량 추정치로 1.0미터를 제시한다.)

그림 5.15를 통해 알 수 있는 것은? 첫째, 거의 같은 시기에 작성된 예측조차도 매우 다르다는 것이다. 예를 들어, IPCC(2007)는 온

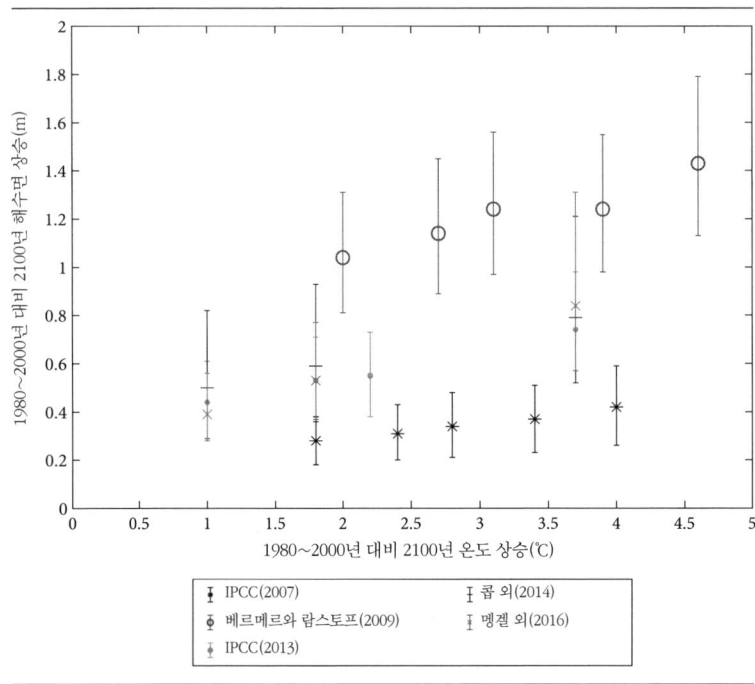

[그림 5.15] 해수면 상승 전망. 그림은 기온 상승에 따라 예상되는 세기말 지구 평균 해수면 상승과 오차 범위를 나타낸다.

도 상승 섭씨 4도에 따른 해수면 상승을 0.2~0.5미터로 추정한 반면, 베르메르와 람스토프(2009)는 1.0~1.5미터로 훨씬 높게 예측했다. 둘째, 해수면 상승이 온도 상승의 크기에 크게 의존하지 않다는 것이다. 이는 다소 직관적이지 않은데, 이를테면 IPCC(2013)는 섭씨 1도의 온도 변화에 대해 해수면 상승을 0.44미터, 섭씨 2.2도 상승은 0.55미터, 섭씨 3.7도 상승은 0.74미터로 추정한다.

그렇다면 해수면이 어떻게 된다는 것일까? 그림 5.15에 요약된 연구 결과는 우리에게 많은 지침을 주진 않는다. 예측치가 매우 다양해서 하나의 메시지로 정리하기 어렵기 때문이다. 다만, 그림 5.15에서 유추할 수 있는 것은 온난화가 상당하더라도(섭씨 2도 또는 섭씨 3도 이상) 해수면 상승이 0.5미터 미만에 그칠 수도 있고, 최대 1.4미터에 이를 수도 있다는 것이다. 또한 여기에 요약된 연구 결과는 지구 해수면 상승에 대한 예측치로서, 국지적 변화는 지구 평균과 매우 다르며 그 예측은 더 어려울 수 있다.[16]

자, 미래의 해수면이 어떻게 될지 불확실하다는 것은 우리에게 무엇을 시사하는가? 어떤 이들은 방파제나 제방을 건설하는 등 비용이 많이 드는 조치를 지금 하기보다는 어떤 일이 일어날지 지켜봐야 한다고 말할 수도 있다. 하지만 이는 앞에서 보았던 기후 민감도나 기온 상승의 영향에 대해 보다 많이 알 수 있을 때까지 탄소세나 다른 감축 조치를 보류하자는 것과 같은 주장이다. 이는 최악의 결과에 대비하는 보험 가치를 간과하는 것이다. 집이 언제 침수될지 모른다고 해서 홍수 보험에 들지 않아야 하는 건 아니다. 해수면은 약간만 상승할 수도, 크게 상승할 수도 있지만, 지금 행동하면 후자의 위험에서 우리를 보호할 수 있다.

---

16. 콥 외(Kopp et al., 2014)와 스태머 외(Stammer et al., 2013)를 참조하라. 한센 외(Hansen et al., 2016)는 보다 비관적인데, 기온 상승이 섭씨 2도 이하이더라도 빙상이 붕괴돼 해수면이 수 미터 상승할 수 있다고 본다.

5. 탄소 제로 달성 가능성은 낮다

앞으로 온실가스 배출이 어떻게 전개될까? 섭씨 2도 이상 온도 상승을 막을 가능성은 어느 정도일까? 나는 일부 국가가 2050년 넷제로를 약속하고 나아가 법제화까지 하기도 했지만, 전 세계 이산화탄소 배출량을 그렇게 빠르게 줄일 가능성이 낮다(unlikely)고 주장했다. 여기서 '가능성이 낮다'라는 말에 주목하라. 각국이 채택할 기후 정책에는 상당한 불확실성이 존재한다. 세기말까지 전 세계 배출량 제로를 달성하는 것이 가능할지는(possible) 모르겠지만, 그 가능성은 매우 낮으며 우리가 기대할 수 있는 것은 아니다.

우리는 이산화탄소와 메테인 배출량에 대한 여러 시나리오(일부는 현실적이지만 일부는 그렇지 않은)를 통해 지구 평균온도의 변화를 짐작해보았고, 그 결과는 그리 밝지 않았다. 물론 기후 민감도와 기후 시스템의 여러 요소에 대한 불확실성을 고려할 때, 예상보다 상황이 더 잘 풀릴 가능성도 있다. 예를 들어, 기후 민감도 실젯값이 널리 사용되는 추정치인 3.0보다 훨씬 작은 것으로 밝혀지면 기온 상승을 섭씨 2도 이하로 억제할 수도 있다. 그러나 기후 민감도의 실젯값이 3.0보다 크다면 전 세계가 야심 찬 감축 정책을 실행하더라도 온도 상승은 섭씨 2도를 훨씬 초과할 것이다. 그리고 덜 공격적인 감축 정책이라면 기온 상승이 섭씨 3도를 넘어설 가능성이 매우 크다.

내가 그린 그림이 너무 비관적, 심지어 패배주의적이라고 생각하는 독자도 있을 것이다. 그럴지도 모른다. 앞서 말했듯이 앞으로 수십 년간 많은 국가가 채택할 기후 정책을 예측하기는 어렵고, 나중에 미국부터 중국, 인도까지 주요 국가가 예상을 뛰어넘는 선택을 해서 (기분 좋게) 깜짝 놀랄지도 모른다. 또한 기후 민감도의 실젯값이 예상보다 낮다는 사실을 알게 되면 다시 한번 (기분 좋게) 놀랄 수도 있다. 문제는 우리가 그러한 유쾌한 놀라움을 기댈 수 있느냐는 것이다. 다음 장에서는 그런 태도가 단순히 순진할 뿐만 아니라, 심지어 위험하기까지 한 이유를 설명한다.

6. 더 읽어보기

이 장에서는 온실가스 감축에서의 도전과 전망, 그리고 세기말 온도 변화에 대한 영향을 자세히 살펴보았다. 나는 온도 상승의 가능성이 있다는 것은 이에 대비해 조속히 다양한 형태의 적응에 집중해야 한다는 것을 의미한다고 주장해왔다. 하지만 그렇다고 해서 넷제로 목표를 포기해야 한다는 의미는 아니다. 많은 연구에서 이 목표를 달성하기 위해 우리가 할 수 있는 일이 무엇인지 깊이 논의하고 있다.

- 연구자 컨소시엄 '지속 가능한 개발 솔루션 네트워크(Sustainable Development Solutions Network)'는 가능한 온실가스 감축 조치에 대해 매우 상세한 보고서를 발간했다. 〈SDSN 2020(2020)〉을 참고하라.

- 프린스턴대학교를 중심으로 한 다른 연구자 컨소시엄도 온실가스 감축을 위한 조치를 자세히 설명하는 보고서를 발간했다. 라슨 외(Larson et al., 2020)를 참고하라.
- 힐(Heal, 2017b)은 미국에 초점을 맞췄는데, 2050년까지 온실가스 배출량을 80퍼센트 감축하는 방안과, 그보다 더 줄이기는 어려운 이유에 대해 자세히 다뤘다.
- 섭씨 2도 목표의 근거는 무엇일까? 일부에서는 섭씨 1.5도 목표가 옳다고 주장하기도 한다. 섭씨 1.5도에 비해 섭씨 2도의 온난화가 얼마나 더 나쁠까? 자세한 분석은 기후변화에 관한 〈정부 간 협의체 보고서(IPCC, 2018)〉를 참조하라.
- MIT 지구 변화 공동 프로그램(MIT Joint Program on Global Change)은 기후 시스템 모형을 사용해 온도 상승을 섭씨 2도 이내로 막을 수 있는 이산화탄소 배출 경로를 찾아내고, 이들 경로의 영향도 살펴보았다. 그 결과와 방법론은 솔로코프 외(Sokolov et al., 2017)에 설명돼 있다.
- 이 장에서 고려한 이산화탄소와 메테인 배출 시나리오는 영구동토층(permafrost) 붕괴에 따른 배출 증가 가능성을 배제하고 있어 지나치게 낙관적일 수 있다. 이에 대한 자세한 분석은 슈어 외(Schuur et al., 2015)와 노블라흐 외(Knoblauch et al., 2018)를 참조하라.
- 마지막으로, 우리가 예상할 수 있는 온난화 정도와 그 영향에 대한 보다 낙관적인 견해는 롬보르그(Lomborg, 2020)와 〈탄소

가격에 관한 고위급 위원회 보고서(High-Level Commission on Carbon Prices, 2017)〉를 참조하라. 반면, 보다 비관적인 견해는 스턴(Stern, 2015)을 참조하라.

7. 부록: 온도 시나리오

'온도 변화'(219쪽)에서는 이산화탄소와 메테인 배출에 대한 여러 시나리오를 기반으로 2100년까지의 온도 경로를 제시했고, 이러한 배출량을 어떻게 온도 변화로 환산하는지 간략히 설명했다. 이 부록에서는 이러한 계산이 어떻게 이뤄졌는지 자세히 설명한다.

이산화탄소 배출

대기 중 이산화탄소 농도 증가는 지구 평균온도에 어떤 영향을 끼칠까? 2장의 계산과 달리 여기서는 농도 증가가 기온에 영향을 끼치는 데 걸리는 시간을 고려한다. 이 시차에 대한 추정치는 다양하지만, 여기서는 30년을 기본 추정치로 사용한다.

물론 기후 민감도, 즉 대기 중 이산화탄소 농도가 2배로 증가할 때 온도 상승 정도에 대한 값도 필요하다. '기후 민감도'(113쪽)에서 설명한 것처럼 기후 민감도의 실젯값에는 상당한 불확실성이 존재한다. 여기서는 IPCC에 따르면 '가장 가능성이 높은' 범위의 중간값인 3.0을 사용한다. 다른 기후 민감도값의 온도 변화 영향도 살펴본다.

온도 변화를 계산하기 위해 매년 이산화탄소 농도의 증가율에 기후 민감도를 곱해 온도에 대한 장기적인 전체 영향, 즉 30년 후에 끼칠 영향을 정한다. 그러나 이 영향은 30년 동안 점진적으로 누적되도록 1년 후에는 전체 영향의 30분의 1, 2년 후에는 전체 영향의 30분의 2가 되는 식으로 계산한다.

그림 5.16은 가상의 이산화탄소 배출, 농도 및 시간 경과에 따른 온도 변화를 보여준다. 여기에서는 10년 차에 이산화탄소가 대량 배출된 결과, 농도가 증가해 새로운 높은 수준에서 일정하게 유지된다고 가정한다. (소산은 무시했다.) 온도는? 농도 증가가 (기후 민감도를 통해) 기온에 영향을 끼치는 데는 시간이 걸리기 때문에 처음에는 아무

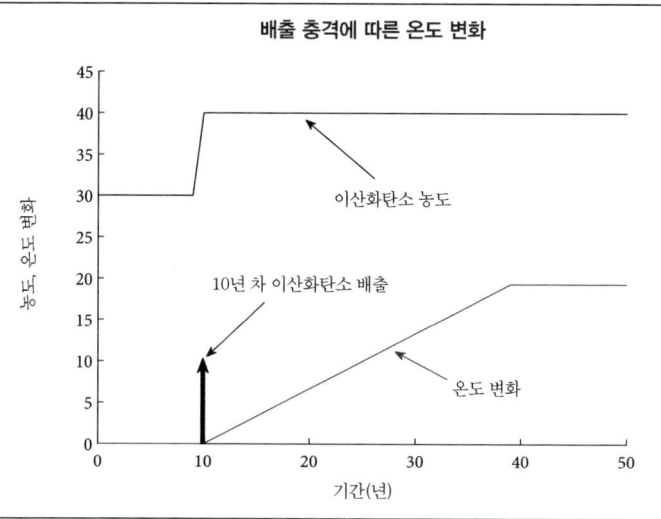

[그림 5.16] 이산화탄소 배출이 기온에 끼치는 영향의 예시. 이 가상의 예에서는 10년 차에 대량의 이산화탄소가 배출돼 그해 이산화탄소 농도가 즉시 증가한다. 그러나 기온에 대한 완전한 영향은 30년이 걸린다.

영향이 없다. 농도 증가 후 기후 시스템이 새로운 평형 상태에 도달하는 데 1세기 이상이 걸릴 수 있지만, 기온에 끼치는 영향은 대부분 20~40년 이내에 발생하는데, 여기서는 완전한 효과가 발생하는 데 30년이 걸리고, 그동안 온도가 선형적으로 증가한다고 가정했다. 따라서 10년 차부터 40년 차까지는 온도가 상승하고 그 이후부터 일정하게 유지된다.

이제 시점 t의 이산화탄소 배출량을 E_t, 이산화탄소 농도를 M_t, 대기 중 소산율을 δ라 표시하자. E_t와 M_t가 주어졌을 때, 다음 해 $t+1$의 농도는 다음과 같다.

$$M_{t+1} = (1-\delta)M_t + E_{t+1} \tag{5.2}$$

여기서 과거 데이터를 통해 추정한 소실률인 $\delta=0.0035$를 사용한다.

이제 연도 $t=1$부터 시작해 온도 변화 ΔT_t를 계산하자. 이를 위해 시작 연도 이전(예: 1950년 이전)에는 M_t에 변화가 거의 없었으므로 온도 영향을 무시할 수 있다. 따라서 $\Delta T_0=0$이다. 시작 농도를 M_0이라고 나타내면, 연도 $t=1$의 온도 변화는 다음과 같다.

$$\Delta T_1 = \frac{M_1 - M_0}{M_0} \cdot \frac{S}{30}$$

다음 연도 온도 변화 ΔT_2에는 E_1 때문에 증가한 농도의 지속적인 영향과 E_2로 인한 농도 증가에 따른 추가적인 영향의 두 가지 요소를 지니고 있다.

$$\Delta T_2 = \frac{M_1 - M_0}{M_0} \cdot \frac{2S}{30} + \frac{M_2 - M_1}{M_1} \cdot \frac{S}{30}$$

마찬가지로,

$$\Delta T_3 = \frac{M_1 - M_0}{M_0} \cdot \frac{3S}{30} + \frac{M_2 - M_1}{M_1} \cdot \frac{2S}{30} + \frac{M_3 - M_2}{M_2} \cdot \frac{S}{30}$$

그리고 $k \leq 30$에 대해

$$\Delta T_k = \left[\frac{M_1 - M_0}{M_0} \cdot \frac{k}{30} + \frac{M_2 - M_1}{M_1} \cdot \frac{(k-1)}{30} + \cdots + \frac{M_{k-1} - M_{k-2}}{M_{k-2}} \cdot \frac{2}{30} \right.$$
$$\left. + \frac{M_k - M_{k-1}}{M_{k-1}} \cdot \frac{1}{30} \right] S$$

$k > 30$인 경우, 온도 변화는 30년 이전 배출량의 완전한 영향과 최근 배출의 영향으로 구성된다.

$$\Delta T_k = \left[\frac{M_1 - M_0}{M_0} + \frac{M_2 - M_1}{M_1} + \cdots + \frac{M_{k-30} - M_{k-31}}{M_{k-31}} + \frac{M_{k-29} - M_{k-30}}{M_{k-30}} \right] S$$
$$+ \left[\frac{M_{k-28} - M_{k-29}}{M_{k-29}} \cdot \frac{29}{30} + \frac{M_{k-27} - M_{k-28}}{M_{k-28}} \cdot \frac{28}{30} + \cdots + \frac{M_k - M_{k-1}}{M_{k-1}} \cdot \frac{1}{30} \right] S$$

요약하면, 초기 농도, 2020년까지의 과거 이산화탄소 배출량, 시나리오에 따른 이산화탄소 배출 전망이 필요하다. 그리고 위의 식을 사용해 각 연도의 대기 중 이산화탄소 농도와 온도 변화(기준 연도 $t=0$ 대비)를 계산한다.

메테인

10년 시간 간격을 기준으로 ΔE_M(10년 동안의 메테인 배출 변화)과 E_M(해당 기간의 메테인 총배출량)을 식 (5.1)에 대입해 10년간의 온난화 등가 이산화탄소 총배출량 E_{CO_2we}를 구한다. 이를 10으로 나누면 메테인으로 인한 연평균 온난화 등가 이산화탄소 배출량이 된다.

E_{CO2we}가 온도에 끼치는 영향을 결정하기 위해 TCRE 방법을 사용한다. TCRE$\approx \Delta T/E_{CO_2we}$로, ΔT는 온도 변화, E_{CO_2we}는 이에 상응하는 온난화 등가 이산화탄소 배출량이다. 크누티, 루겐슈타인, 헤겔(Knutti, Rugenstein, and Hegerl, 2017)은 TCRE 비율을 추정했던 기존 연구를 조사했는데, 그 결과는 그림 5.17의 히스토그램에 나와 있다. 해당 히스토그램을 정규 분포에 적합시키면, 평균이 탄소 1조 톤당 섭씨 1.6도인 정규 분포가 된다. 이를 탄소가 아닌 이산화탄소로 바꾸기 위해 3.66(탄소 질량에 대한 이산화탄소 질량의 비율)으로 나누면, 이산화탄소 1조 톤당 섭씨 0.44도 또는 이산화탄소 10억 톤당 섭씨 0.00044도의 값이 나온다. 따라서 메테인이 기온에 끼치는 영향은 매년 온난화 등가 이산화탄소 배출량(10억 톤)에 0.00044를 곱한 후 그 온도 변화를 누적해 구할 수 있다.

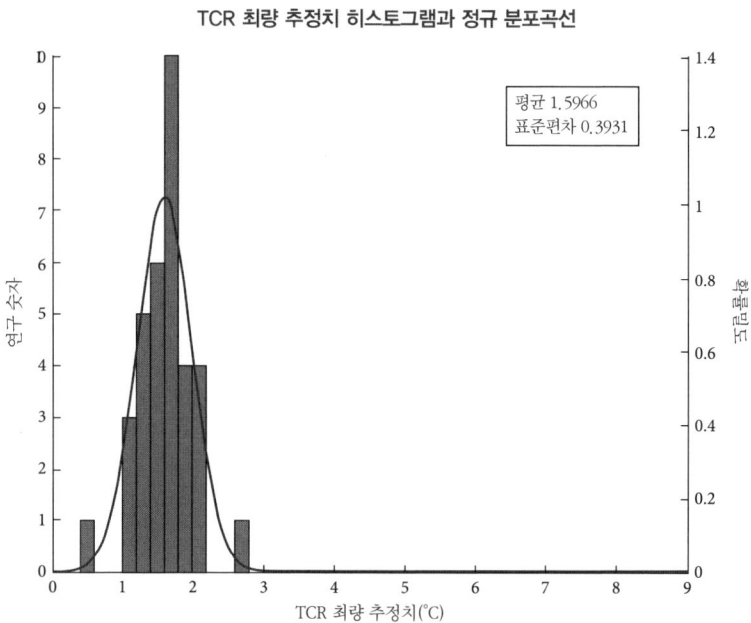

[그림 5.17] 메테인에 대한 TCRE 연구의 추정치 히스토그램. 출처는 크누티, 루겐슈타인, 헤겔(Knutti, Rugenstein, and Hegerl, 2017)이며, 히스토그램에 정규 분포를 적합시켰다. 해당 정규 분포의 평균은 1.60이다.

6장

해야 할 일, 감축

CLIMATE FUTURE

나는 지금까지 기후변화에 대해 다소 비관적인 전망을 제시했다. 섭씨 2도 이상 온도 상승을 억제할 수 있을 만큼 전 세계 이산화탄소 배출량을 줄이는 것은 불가능하지는 않지만, 그 가능성은 작다고 말했다. 물론 운이 좋으면 예상보다 상황이 잘 풀릴 수도 있다. 여러 번 강조했듯이, 기후 시스템과 각국이 채택할 기후 정책에는 상당한 불확실성이 존재한다. 그러나 그 불확실성은 반대로 상황이 예상보다 훨씬 악화될 수 있음을 의미하기도 한다. 섭씨 2도 이상 온도 상승을 막는 것은 우리가 추구해야 할 가치 있는 목표이긴 하지만, 그 목표를 실제로 달성할 수 있을 것으로 기대해서는 안 된다.

그렇다면 우리는 무엇을 해야 할까? 적극적으로 감축할 필요가 없나? 전혀 그렇지 않다. 우리는 감축을 위해 진력해야 한다. 동시에 기후변화가 현실화될 가능성을 직시하고, 그에 대한 대비책도 마련해야 한다. 기후 정책의 네 가지 핵심 요소는 다음과 같이 요약할 수 있다.

(1) **전 세계 배출량 감축.** 우리는 전 세계 온실가스 배출을 빨리 줄여야 한다. 주로 이산화탄소이지만, 메테인도 마찬가지로 줄여야 한다. 여기서 '전 세계'가 중요하다. 미국과 유럽의 배

출량 감축만으로는 목표를 달성할 수 없다. 중국, 인도, 러시아, 브라질……(이 목록은 길다)도 마찬가지로 넷제로를 향해 빠르게 나아가야 한다. 각 국가의 감축은 국제 협약으로 명확히 규정해야 하며, 현실적으로 강제할 수 있어야 한다.

(2) **효율적 감축.** 우리는 효율적인, 즉 가능한 한 가장 낮은 비용으로 감축할 수 있는 기후 정책을 채택해야 한다. 정말 많은 연구에 따르면, 이를 달성하는 가장 효율적이고 직접적인 방법은 탄소세를 도입하는 것이다. 그러나 높은 수준의 탄소세를 도입하는 것이 정치적으로 불가능하다면, 보조금이나 정부 규제와 같은 다른 대안도 모색해야 한다. 그리고 일부 환경운동가의 반대가 있기는 하지만, 원자력을 확대하는 것도 고려해야 한다.

(3) **대기 중 탄소 제거.** 대기 중 이산화탄소를 직접 제거하거나 발전소에서 포집해 저장하는 방식으로 순 배출량을 줄일 수 있다. 이는 매우 어렵고, 새로운 혁신이 없다면 기후 문제 해결에 크게 기여하지는 못할 것이다. 나무를 심는 것도 하나의 방법이지만, 효과가 있으려면 엄청난 수의 나무가 필요하다. 현재 가용한 기술 수준을 고려할 때, 탄소 제거가 대기 중 이산화탄소 농도에 큰 영향을 끼칠 것으로 기대하기는 어렵다. 하지만 없는 것보다는 낫고, 지금부터 탄소 제거 및 저장을 위한 신기술 개발에 투자한다면 나중에는 큰 변화가 가능할 수도 있다.

(4) **적응에 투자.** 우리는 최선의 노력에도 불구하고 배출량이 충

분히 빠르게 감소하지 않을 것이며, 대기 중 이산화탄소 농도는 계속 상승할 것이라는 사실을 받아들여야 한다. 이는 지구 평균온도가 섭씨 2도보다 더 큰 폭으로, 어쩌면 훨씬 더 큰 폭으로 상승할 수 있음을 의미한다. 이는 또한 해수면 상승, 빈번하고 강력한 허리케인과 폭풍 등 이상 기후에 직면할 수 있음을 의미한다. 우리는 이러한 가능성에 대비해야 한다. 어떻게? 지금 적응에 투자하는 것이다. 적응에는 새로운 내열성 작물 개발부터 방파제 건설, 지구공학의 활용까지 모든 것이 포함된다. (오, 지구공학은 그 단어 자체만으로도 일부 환경운동가를 화나게 한다는 것을 안다. 하지만 결론을 내리기 전에 먼저 읽어보기를.)

이 장에서는 이산화탄소 배출을 줄이는 다양한 방법을 살펴본다. 보조금과 정부 규제도 가능한 방법이지만, 탄소세가 왜 가장 효율적인 정책 수단인지에 대해 설명한다. 또한 원자력발전에 대해서도 논의한다. 이어서 탄소 제거 및 격리(또는 저장)의 가능성과 한계를 검토하고, 널리 장려되는 두 가지 접근 방식, 나무 심기와 대기나 석탄 발전소에서 이산화탄소 포집하기에 대해서도 각각 자세히 살펴본다.

다음 장에서는 기후 정책의 또 다른 핵심축인 적응에 대해 논의한다. 우선 농업 분야가 기후변화에 어떻게 적응해왔는지 설명하고, 이어 해수면 상승과 강력한 허리케인에 대응하는 방법, 그리고 대기 중 이산화탄소 농도 상승으로 인한 온난화 효과 자체를 줄이기 위한 수단으로 지구공학의 활용 가능성을 집중적으로 설명한다.

1. 탄소 배출을 줄이는 방법

기후변화 대응을 위해 해야 할 일 목록(to-do list)을 만든다면, 첫 번째 항목은 이산화탄소 감축일 것이다. 그런데 어떻게? 이산화탄소 감축은 결국 탄소 집약도, 즉 GDP 1달러당 발생하는 이산화탄소를 줄이는 것이다. (경기 침체 등을 통해 GDP를 줄여 배출량을 줄일 수도 있지만, 이는 그리 즐거운 대안은 아니다. 그렇지 않은가?) 3장에서 설명한 것처럼 탄소 집약도의 감소는 에너지 집약도(GDP 1달러를 생산하는 데 사용되는 에너지의 양)가 낮아지거나, 에너지 효율(에너지 1단위당 이산화탄소 배출량)이 개선되면 가능하다.

에너지 집약도와 에너지 효율은 모두 정부 정책에 영향을 받을 수 있으며, 넓은 의미에서 대부분의 기후 정책이 사실 이와 관련돼 있다고 볼 수 있다. 탄소에 가격을 부과하는 탄소세를 생각해보자. 우리가 현재 사용하는 대부분의 에너지는 탄소를 연소해 생산되므로 탄소세가 도입되면 에너지 가격이 오르고, 소비를 줄여 에너지 집약도를 낮추는 효과를 낳는다. 물론 자동차 연비 기준, 친환경 건축물 및 가전제품 기준 등도 에너지 집약도를 낮추는 데 기여할 수 있다.

또한 탄소세는 에너지 생산과정에서 탄소 배출을 낮추는 쪽으로 유인을 제공해 에너지 효율 개선을 가능하게 한다. 예를 들어, 천연가스를 연소해 얻는 1BTU는 석탄을 연소해 얻는 같은 양의 에너지보다 이산화탄소를 절반만 배출한다. 따라서 탄소세는 석탄의 상대적 비용을 높여 탈석탄을 유도할 수 있다. (물론, 신규 발전소 건설에 대한 직접 규제를 통해서도 탈석탄 전환은 가능하다.) 마찬가지로, 풍력발전은 탄소를 배출하지 않으므로 탄소세가 도입되면 풍력이 더 경제적인 에너지원이 될 수 있다.

이처럼 탄소 집약도를 낮추기 위한 정책은 간단해 보임에도 현실에서 도입이 어려운 이유는 무엇일까? 대표적인 이유는 탄소세나 연비 기준과 같은 정책이 민간과 공공 부문 모두에 비용 부담을 초래한다는 점이다. 다만, 이 비용이 얼마나 될지는 불분명하다. 감축량이 늘어날수록 한계 감축 비용도 증가한다는 것은 알고 있지만, 즉 20퍼센트 감축 비용은 10퍼센트 감축 비용의 2배가 넘을 것이지만, 그 비용이 실제로 얼마인지는 알 수 없다. 현재 감축 비용의 추정치는 매우 다양할뿐더러 향후 기술 변화로 인한 비용 감소를 예측할 수 없으므로 미래의 감축 비용은 상당한 불확실성을 안고 있다.

그런데 감축 비용이 그리 크지 않다고 해도 과연 필요한 정책이 정치적으로 실현 가능할까? 운송비나 난방비를 올릴 수밖에 없는 탄소세 도입에 대해 유권자는 어떻게 반응할까? 그리고 보조금이 정부 예산에 끼칠 영향에 대해서는 어떤 반응을 보일까? 이는 나라마다 다를 것이고(어떤 나라에서는 유권자의 견해가 중요하지 않지만), 국제 협약에 따른 정책을 국내에 도입하는 과정에서 복잡성을 야기할 수도 있다. 하지만 거듭 이야기했듯이, 중요한 것은 미국과 유럽의 배출량이 아니라 전 세계의 배출량이기 때문에 국제적 합의는 필수다.

국제적 합의는 '무임승차자' 문제 때문에 반드시 필요하다. 다른 나라가 배출량을 줄이면 우리 역시 여전히 그 혜택을 받을 수 있으므로 자국 내에서 강력한 감축 정책의 정치적 실현 가능성이 낮아진다. 국제 협약의 목적 중 하나는 이러한 무임승차자 문제를 해결하는 것인데, 어떻게 하면 실제로 그러한 협약을 체결하고 이를 지속할 수 있을까? 아래에서 설명하겠지만, 탄소세는 보조금이나 직접 규제와 달리 무임승차자 문제를 극복하고 구속력 있는 국제적 합의를 이끌어내는 데 더 유리할 수 있다.

탄소세 부과

미국, 유럽 등 여러 국가의 기후 정책은 대체로 보조금과 직접 규제를 중심으로 설계돼 있다. 예를 들어, 전기 자동차 구매 보조금(예: 세금 공제)과 내연기관 자동차의 연비 기준을 강화하는 방식이 있다. 또한 전기 차 보급을 촉진하기 위해 정부가 충전소 건설을 지원하기도 한다. 그 외에도 다양한 사례가 있다. 그러나 가장 단순하고 효율적인 정책은 바로 탄소의 실제 비용을 반영하는 방식으로 가격을 부과하는 것이다. 그리고 이러한 방식 중 하나가 바로 탄소세다. 또 다른 방식으로는 '배출권 거래제'(252쪽)에서 설명할 배출권 거래제가 있다. 탄소세는 간단하고 여러 장점이 있으므로 탄소세부터 먼저 이야기하자. 참고로, 상황이 바뀔 수도 있지만 현재까지 미국에서는 핵심 기후 정책으로서 탄소세 도입이 논의되지 않고 있다.

경제학자는 탄소세 도입에 왜 그렇게 집착하는 것일까? 보조금과 직접 규제에 의존하지 않는(또는 더 의존하지 않으려는) 이유는 무엇일까? 그리고 대중은 왜 탄소세에 거부감을 가지는 것일까? 실제 비용을 반영하는 방식으로 탄소 가격을 부과한다는 것이 무슨 문제가 될 수 있을까?

간단히 말해, 경제학자가 세금을 선호하는 이유는 사람들이 무언가를 사용하거나 소비할 때 그에 대한 대가를 지불해야 한다고 믿기 때문이다. 당신은 새 차를 구입할 때 값을 치러야 한다는 사실에 놀라지 않을 것이다. 그리고 새 차를 타고 장거리 여행을 떠날 이들은 휘발유에 대한 비용을 지불해야 한다는 사실이 놀랍지 않을 것이다.

마찬가지로, 만약 다른 사람에게 피해를 줬다면 그 비용을 부담하는 것이 당연하다. 부주의하게 새 차를 몰다가 길거리에 주차돼 있던 이웃의 차를 들이받았다고 하자. 이로 인한 피해는 직접 또는 보험을 통해 보상해야 할 것이다. 그렇다면 내 차의 배기가스로 인한 피해는 어떨까? 배기가스에는 기후변화의 원인인 이산화탄소가 포함돼 있다. 그 피해에 대해서도 비용을 지불해야 하지 않을까? 경제학자라면 당연히 그렇다고 말할 것이다.

즉, 기본적인 아이디어는 다음과 같다. 휘발유 1리터 소비가 다른 사람, 즉 사회 전체에 피해를 준다면 그 피해에 상응하는 비용을 부담하는 것이 정당하다. 그렇다면 그 비용을 어떻게 낼까? 바로 휘발유에 대한 세금, 즉 휘발유 1리터를 연소해 사회에 끼친 피해를 보상하기에 충분한 세금을 부과하는 것이다.

탄소세는 휘발유 소비로 인한 피해뿐만 아니라, 다른 방식으로 이산화탄소를 배출해 발생하는 피해에 대해서도 비용을 부담하게 만든다. 3장에서 이산화탄소 1톤의 추가 배출이 유발하는 사회적 비용을 탄소의 사회적 비용이라고 불렀다는 것을 기억하라. '사회적 비용'은 즉 외부성인데, 이는 이산화탄소를 배출하는 가정이나 기업이 직접 비용을 부담하지 않고 사회가 부담하기 때문이다. 그리고 탄소의 사회적 비용은 탄소세의 기초가 된다. 탄소의 사회적 비용을 기준으로 세금을 부과하면, 가정과 기업이 배출에 대한 비용을 부담하지 않는 상황을 교정할 수 있다. 만약 당신이 배출한 이산화탄소 1톤이 사회에 100달러의 손실을 초래한다면, 당신은 그 비용을 지불하는 것이 타당하다. 그리고 이 문제는 톤당 100달러의 탄소세를 부과함으로써 해결할 수 있다.

정부 보조금

탄소 1톤당 100달러의 사회적 비용이 발생하고, 그래서 탄소 배출량을 줄이고 싶다. 그런데 앞서 보았던 탄소세 대신 정부 보조금으로 배출을 줄일 수는 없을까? 태양광 패널, 풍력 터빈, 전기 자동차 등 모든 감축 수단에 보조금을 지급하면 되지 않을까? 오, 그렇다면 정치인과 대중이 좋아하지 않는 '세(稅)'로 끝나는 그 제도를 도입하지 않아도 되지 않을까?

실제로 보조금은 탄소 배출을 줄이는 데 사용할 수 있고, 이미 널리 사용되고 있다. 그러나 보조금을 통한 감축은 탄소세를 사용할 때보다 사회적 비용이 더 많이 든다. 그 이유를 이해하기 위해 탄소세

대신 전기 자동차 보조금을 지급하는 상황을 생각해보자. 화석연료가 아닌 재생에너지를 사용해 전기를 생산한다면, 전기 자동차는 내연 자동차보다 이산화탄소를 덜 배출할 것이다.

이 경우 보조금의 수혜자는 누구일까? 첫째, 전기 차를 생산하는 기업이다. 보조금을 받으면 생산 비용이 절감되고 자동차 가격을 낮게 책정할 수 있으므로 판매가 늘어날 것이다. 그 결과, 소비자도 편익을 얻고 전기 차 제조사도 (더 높은 이윤의 형태로) 편익을 얻게 된다. 총편익에서 소비자가 얻는 몫은 어느 정도일까? 이는 전기 자동차 수요와 공급의 상대적 가격탄력성에 따라 달라진다. 생산능력이 제한돼 있어서 전기 자동차 공급이 상대적으로 비탄력적이라면 이익 대부분은 기업에 돌아간다.[1] 소비자도 이익을 얻지만, 그중 가장 큰 이익을 얻을 소비자는 누구일까? 바로 전기 차를 구매할 가능성이 큰 소비자다. 앞으로는 달라질 수 있지만, 지금까지는 고소득층이 압도적으로 많았다.

전기 차 보조금으로 이산화탄소 배출량은 얼마나 감소할까? 이는 보조금이 휘발유 자동차에서 전기 차로의 전환을 얼마나 유도하는가에 달려 있으며, 이는 다시 전기 차 수요와 공급의 가격탄력성에

---

1. 경쟁 시장에서 세금이나 보조금의 귀착은 수요와 공급의 가격탄력성에 따라 달라진다. 수요가 공급보다 더(덜) 탄력적이라면 세금으로 인한 부담 또는 보조금으로 인한 이득의 대부분은 소비자(생산자)에게 돌아간다. 모든 괜찮은 미시경제학 교과서에는 그 이유가 나와 있는데, 핀다이크와 루빈펠트(Pindyck and Rubinfeld, 2018)보다 더 나은 교과서를 생각하기 어렵다. 책을 구입해 9장을 읽어보시길.

따라 달라진다. 수요가 매우 비탄력적이라면, 즉 소비자의 전기 차 선호도가 가격에 상대적으로 둔감한 경우, 소비자는 보조금을 통해 이익을 얻지만 도로에서 볼 수 있는 전기 차의 수는 크게 변하지 않을 것이며, 이산화탄소 배출량도 변하지 않을 것이다. 한편, 공급이 매우 비탄력적이라면(생산능력에 제약이 있어서), 기업은 보조금을 통해 이득을 얻을 테지만 전기 자동차의 수와 이산화탄소 배출량은 크게 변하지 않는다. 요컨대, 수요나 공급이 비탄력적일 경우, 유의미한 감축을 위해서는 많은 보조금이 필요하다.

탄소세는 도로 위의 전기 차 수를 직접 늘리는 데에는 큰 효과가 없을 수도 있다. 하지만 탄소세는 휘발유 가격을 높여 내연기관 차의 유지 비용을 증가시키기 때문에 가격에 민감한 소비자들은 전기 자동차로 전환하게 될 것이다. 그리고 현재 석탄발전을 사용하고 있지만 풍력발전으로 전환을 고려하고 있는 발전업자는 석탄과 풍력의 상대적 가격에 매우 민감할 것이며, 풍력 비용을 낮추는 보조금이나 석탄 비용을 높이는 탄소세가 도입된다면 풍력으로 전환할 가능성이 크다.

보조금이 특히 효과적인 분야(예: 전기 차가 아닌 풍력발전)를 정확히 찾아내고 그 대상을 정밀하게 지정할 수 있다면, 탄소세 대신 보조금을 사용하는 것이 더 나을 수도 있다. 하지만 안타깝게도 이는 현실적으로 매우 어렵다. 그 대신, 정치적 영향력이 있는 산업이나 기업이 보조금의 수혜를 누릴 가능성이 크다. 정치인이 보조금 지급 대상을 결정할 때, 많은 경우 경제적 효율성이 가장 중요한 고려

사항은 결코 아니다. 하지만 탄소세를 도입하면 대상을 특정할 필요가 없다. 탄소세는 어떤 형태로든 탄소 연소에 따른 비용을 증가시켜 사용량을 줄이게 될 것인데, 이것이 우리에게 정말 중요한 점이다.

직접 규제

또 다른 정책은 직접 규제, 즉 정부가 특정 방식으로 화석연료 소비를 줄이도록 의무화하는 것이다. 예를 들어, 정부는 모든 신규 발전소에 대해 화석연료 대신 풍력, 태양광, 수력 등의 재생에너지로 발전하도록 요구할 수 있다. 또는 모든 신축 주택과 건물에 대해 천연가스나 연료유 대신 전기로 난방하도록 요구할 수도 있다. 또는 전기차로의 전환을 가속하기 위해 내연기관 차량의 판매를 금지하는 조치도 취할 수 있다. 실제로 많은 국가에서 이미 내연 자동차 판매 금지를 시행하고 있거나 시행할 계획이다.[2]

풍력이나 태양광으로 발전하게 하거나, 새집과 건물을 전력으로 난방하도록 요구하거나, 전기 자동차만 판매하도록 요구하면, 화석

---

2. 노르웨이가 가장 적극적인 계획을 세우고 있으며, 2025년까지 휘발유 자동차 판매를 단계적으로 폐지할 예정이다. 중국, 아이슬란드, 아일랜드, 네덜란드, 스웨덴, 영국은 2030년까지, 캐나다, 프랑스, 스페인은 2040년까지, 캘리포니아주는 2035년까지 내연 자동차 판매를 단계적으로 중단할 계획이다. 그러나 이러한 계획은 전기 자동차의 가용성과 비용에 따라 변경될 수도 있다.

연료의 사용과 그로 인한 이산화탄소 배출을 확실히 줄일 수 있을 것이다. 이러한 방식이 탄소세보다 더 바람직할까?

문제는 이런 규제를 준수하는 데 드는 비용이 규제의 성격에 따라 매우 높을 수 있다는 것이다. 일부 전력을 태양광과 풍력으로 발전하는 것은 적절한 비용으로 가능하지만, 모든 전력을 태양광이나 풍력으로 발전하는 것은 막대한 비용이 들 수밖에 없다. 햇빛이나 바람이 없을 때도 전력 공급을 유지하기 위해서는 엄청난 용량의 배터리나 다른 저장 장치가 필요하기 때문이다. 마찬가지로, 추운 기후에서는 전기보다는 천연가스로 집을 난방하는 것이 훨씬 더 효율적이다.

따라서 결국 보조금과 동일한 문제가 다시 발생한다. 어떤 규제가 비용 효율적일지, 어떤 규제가 잠재 감축량에 비해 높은 비용이 발생할지 결정해야 한다. 보조금에서와 마찬가지로 이는 쉬운 일이 아니며, 많은 경우 규제는 비효율을 발생시킬 가능성이 크다. 탄소세를 도입하면 여러 규제 간 상대적 비용 효율성을 판단할 필요가 없다. 다시 한번 강조하지만, 탄소세를 통해 단순히 탄소 비용을 증가시킨 후, 시장이 탄소 감축을 위한 최고의 방법을 택하게 맡겨두면 된다.

그렇다고 해서 직접 규제나 보조금이 감축 정책 목록에서 제외돼야 한다는 의미는 아니다. 현시점에서 실질적인 감축을 가져올 만큼 큰 규모의 탄소세를 도입하는 것은 어렵기 때문에 불가피하게 이들을 보완 수단으로 사용할 수 있다. 직접 규제와 보조금이 초래할 수 있는, 그러나 탄소세는 피할 수 있는 비효율성을 항상 염두에 둘 필

요는 있다.[3]

배출권 거래제

우리는 외부성을 유발하는 제품이나 활동에 세금을 부과할 수도 있지만, 그 수량을 직접 제한할 수도 있다. 예를 들어, 도로에 쓰레기를 버리지 못하게 하거나, 기업이 강, 하천에 독성 화학물질을 버리지 못하도록 직접적으로 규제할 수 있다. 일반적으로는 정부는 오염 물질의 최대 배출량을 명시하고, 허용된 양보다 더 많이 배출하는 기업에 엄격한 벌금을 부과할 수 있다.

하지만 가격과 수량 제한을 결합한 효율적인 방법이 있는데, 바로 거래 가능한 배출권을 활용하는 배출권 거래제(cap-and-trade system)다. 이 제도에서는 기업에 고정된 수의 배출권이 주어지며, 기업은 보유한 배출권 수량에 따라 자유롭게 배출할 수 있되, 배출 허용량을 초과하는 배출량에 대해서는 무거운 처벌을 받게 된다. 배출권은 기업에 할당되는데, 배출권 총수량은 정부의 감축 목표에 맞춰 설정된다.

배출권 거래제의 핵심은 배출권에 시장성이 있다는 것, 즉 사고팔

---

3. 홀란드, 만수르, 예이츠(Holland, Mansur, and Yates, 2020)는 내연기관 차량의 단계적 퇴출이나 전기 자동차 보조금으로 인한 비효율성을 추정한 결과, "총 외부 비용의 5퍼센트 미만으로, 다소 작다"라고 말한다. 홀란드 외(Holland et al., 2015)와 제이콥슨 외(Jacobsen et al., 2020)도 이와 관련한 비효율성 및 그 추정 방법에 대해 논의한다.

수 있다는 것이다. 바로 이러한 특성이 배출권 거래제를 효율적으로 만든다. 감축하기 어려운 기업은 더 수월하게 감축할 수 있는 기업으로부터 배출권을 구매할 수 있기 때문이다. 배출량의 총량은 정부가 선택하지만, 배출권의 시장성 덕분에 최소한의 비용으로 감축을 달성할 수 있게 된다.

탄소세와 비교할 때 배출권 거래제의 단점 중 하나는 정부가 여러 정책을 결합하는 경우가 많다는 것이다. 한 국가에서 연간 배출량을 20억 톤으로 제한하고 이 목표를 달성하기 위해 배출권을 발행했다고 가정하자. 동시에, 발전을 재생에너지로 하는 정책도 시행한다고 하자. 문제는 추가적인 배출량 감소는 없고(이미 발급된 배출권으로 20억 톤을 허용하고 있기 때문에) 비용만 증가할 수 있다. 반면, 탄소세하에서는 다른 정책을 통해 배출량을 추가로 감축할 수 있다.[4]

배출권 거래제의 두 번째 단점은 정부가 배출권을 분배하는 방법이 명확하지 않으며, 그 과정이 정치적 압력에 영향을 받을 수 있다는 점이다. 현재 EU가 하듯이 정부가 배출권을 경매에 부치는 것이 이상적이지만, 일부 국가(예: 미국)에서는 기업이 배출권 비용을 지불해야 하는 것에 반대할 것이다.

이러한 문제를 제쳐둔다면, 배출권 거래제 역시 배출량을 줄이는 효율적인 방법인 것은 분명하다. 하지만 안타깝게도 배출권 거래제는 탄소세와 마찬가지로 대중의 반대에 부딪히고 있다. 특히, 배출량

---

4. 멧캐프(Metcalf, 2019)가 이 문제에 대해 자세히 설명한 바 있다.

을 제한하는 것은 기업의 비용을 증가시킬 것이므로 기업은 반대하기 마련이다. 그리고 많은 이들이 오염시킬 권리를 돈으로 사는 것을 부도덕하다고 생각한다. 그래서 제도가 가진 효율성에도 불구하고, 배출권 거래제는 활성화되지 못했다. 한 가지 예외는 EU다. 유럽집행위는 배출권 거래제를 확대할 계획이라고 발표했다. 다만, 배출권 거래제가 어느 정도까지 더 널리 사용될지는 아직 불투명하다.[5](우리나라는 2015년부터 시행 중이다-옮긴이)

탄소세의 적정 수준

다시 탄소세 이야기로 돌아가보자. 3장에서 사회적 탄소 비용이라는 개념을 다뤘다. 이는 추가로 이산화탄소 1톤을 배출했을 때 사회에 끼치는 비용을 의미하며, 탄소세율의 기초가 된다. 따라서 세금의 크기를 결정하려면, 탄소의 사회적 비용을 계산하기만 하면 된다. 간단하게 들리지만, 3장을 충실히 읽었다면 아마 당신은 다음과 같이 생각할지도 모른다. '좋은 생각이지만, 사회적 탄소 비용의 크기를 알 수 없다. 톤당 30달러에 불과할 수도 있고, 톤당 400달러에 달할 수도 있다. 기후 시스템과 기후 피해에 대한 불확실성이 너무 커서 탄소의 사회적 비용을 정확히 파악하기 어렵다. 세금이 얼마나 돼야 할

---

5. 배출권 거래제와는 다른 형태의 탄소 가격제에 대한 자세한 논의는 케오헨(Keohane, 2009)과 스타빈스(Stavins, 2019)를 참조하라.

지 모르기 때문에 세금을 부과해서는 안 된다'고 말이다.

답변의 첫 번째 부분, "우리는 탄소의 사회적 비용의 크기를 모른다"라는 것은 당연히 맞는다. 하지만 "세금을 부과해서는 안 된다"라는 것은 그렇지 않다. 우리는 종종 수술할지, 결혼할지와 같은 개인적인 결정을 내릴 때 제한된 정보만 가지고 있게 마련이다. 그리고 공공 정책도 마찬가지로 결과에 대한 불확실성에 기반해 이뤄진다. 이를테면, 중앙은행의 금리 결정과 같은 것들 말이다.

하지만 "탄소세를 부과해서는 안 된다"라는 당신의 결론이 틀린 주된 이유는 다음과 같다. 당신이 카누를 타고 노를 저어 하류로 내려가는데 도중에 폭포가 있을지도 모른다는 말을 들었다고 하자. 그렇다면 수시로 카누를 멈추고서 앞에 무엇이 있는지 확인하는 것이 현명하지 않을까? 그렇게 하면 속도가 느려지고 저녁 식사를 놓칠지도 모른다. 하지만 폭포를 향해 돌진하는 것보다는 나을 것이다.

이것이 바로 내가 '기후 보험의 가치'(157쪽)에서 자세히 설명한 기후 정책의 보험 가치다. 나는 기후변화의 불확실성 때문에 우리 사회가 최악의 기후 결과, 즉 재앙적 결과의 위험을 피하거나 최소한 줄이기 위해 상당한 양의 GDP를 기꺼이 희생해야 한다고 설명했다. '꼬리 위험'이라고도 하는 파국적 결과의 위험 때문에 기후변화가 얼마나 나쁜지 확인할 수 있을 때까지 기다리지 말고 지금 당장 탄소세를 부과하는 것이 바람직하다. 지금 이산화탄소 배출량을 줄이는 것은 보험에 가입하는 것과 같으며, 그 보험의 가치는 상당할 수 있다.

이제 여러분은 탄소세가 합리적이라는 것을 확신하게 됐다. (그렇지 않나?) 그렇다면 적정 수준은 얼마일까? 미국에서는 어떤 수준이든 지금보다는 낫다. 지난 수십 년 동안 미국 정부는 석유와 가스 생산에 보조금을 지급해왔으며, 지난 10년 동안 화석연료 생산자들은 연 620억 달러의 혜택을 누려왔다.[6] 사실 미국뿐만 아니라 대부분 국가, 즉 중국, 러시아, 인도, 그리고 EU도 석유, 천연가스, 석탄에 보조금을 지급하고 있다.[7] 따라서 당장 탄소세를 도입하는 것은 어렵더라도 최소한 화석연료에 대한 보조금은 폐지해야 한다.

하지만 탄소세를 아예 포기해서는 안 된다. 리터만(Litterman, 2013)과 핀다이크(Pindyck, 2013c)는 탄소의 사회적 비용에 대한 합의에 도달하기 어렵다면 그 크기에 집착하는 것보다 적절한 수준의 탄소세를 부과하는 것이 낫다고 했다.[8] 이를 통해 적어도 정치인과 대중에게 탄소로 인한 양(+)의 외부 비용이 실제로 존재하며, 이를 사적 비용에 반영해야 한다는 것을 인식시킬 수 있기 때문이다. 세율은 나중에 탄소의 사회적 비용에 대한 인식이 자리 잡은 후 조정하

---

6. 이 추정치의 출처는 코첸(Kotchen, 2021)이다. 또한 그에 따르면, 이 보조금이 초래한 총 외부 비용(기후, 건강, 교통 포함)은 연간 6,000억 달러에 달한다.
7. 코우디 외(Coady et al., 2019)는 2015년 191개국 화석연료 보조금이 4조 7,000억 달러(전 세계 GDP의 6.3퍼센트) 수준이었던 것으로 추정했다. 또한 이러한 보조금이 없었다면 "전 세계 이산화탄소 배출량이 28퍼센트 감소했을 것"이라고 추정했다.
8. 라파티, 돌핀, 프레티스(Rafaty, Dolphin, and Pretis, 2020)는 규모에 상관없이 탄소세를 도입하는 것만으로도 사람들에게 탄소 배출로 인한 피해를 인식시키고 감축을 유도한다고 주장했다. 단, 탄력성이 실망스러울 정도로 작아 1톤당 10달러의 세금으로는 배출량 감소가 0.1퍼센트에 그치는 것으로 추정했다.

면 된다.

나는 지금까지 이산화탄소 감축을 위한 방법으로 탄소세가 정부 보조금이나 직접 규제보다 더 효율적인 방법이라고 설명했다. 그런데 탄소세에는 또 다른 장점이 있다. 아래에서 설명하겠다.

국제 협약

탄소세의 또 다른 장점은 국제적인 합의를 달성하고, 검증하고, 집행하기가(achieve, verify, and enforce) 용이하다는 점이다. 왜일까? 파리 기후 협정을 비롯한 모든 주요 국제 기후 협약은 각국이 특정 수준까지 배출량을 줄이겠다는 약속을 기반으로 하고 있다. 협상의 많은 부분은 각 국가는 배출량을 얼마나 줄여야 하는지, 그리고 그 감축량이 다른 국가의 감축량과 어떻게 비교될 수 있는지에 관한 것이다. 예를 들어, 인도는 부유하지 않으므로 감축 비용의 부담이 커서 미국이나 유럽보다 감축률이 훨씬 낮아야 한다고 주장할 수 있고, 실제로 그렇게 주장해왔다.

그러나 이 접근 방식에는 몇 가지 문제가 있는데, 그중 첫 번째는 각국이 스스로 감축률을 결정한다는 것이다. 협상 전략상 부유하지 않은 국가는 부유한 국가보다 감축률이 낮아야 한다고 주장할 것이다. 하지만 전략을 떠나, 어떤 감축 수준이 공정한지 어떻게 판단할 수 있을까? 부유한 국가에 비해 가난한 국가는 얼마나 더 많은 감축을 해야 할까? 그리고 배출량의 시작점이나 지금까지의 배출 증가율에 따라 감축량은 어느 정도까지 달라져야 할까? 1인당 배출량을 같게 해야 할까? 중국의 이산화탄소 배출량은 미국의 2배이지만 1인당 배출량은 절반 정도인데, 부나 소득의 차이를 제쳐두더라도 미국의 감축률이 중국보다 더 높아야 할까? 이러한 질문에 대한 쉬운 해답은 없으며, 이는 국가별 감축에 대한 합의 도출을 매우 어렵게 만든다.

국제 협정은 감축 의무량 대신 국가별 배출량 감축 목표만을 명시할 수도 있다. (파리협정이 이에 해당한다.) 그러나 이러한 협약하에서는 각 국가가 목표를 반드시 달성할 필요가 없으므로 실질적인 효과는 제한적이다. 전 세계 총배출량 감축을 실현하기 위해서는 각국에 의무화된 감축량을 부과하는 보다 강력한 협약이 필요하다. 그런데 그 경우 두 번째 문제, 즉 검증 문제가 제기된다. 어떻게든 국가별 감축량을 명시하는 합의가 이뤄졌다고 하자. 각국이 합의를 준수하고 있는지 어떻게 알 수 있을까? 국가별 이산화탄소 배출량 데이터는 대부분 각국 정부가 자체적으로 집계한 통계에서 나온 것이며, 각국 정부는 배출량 감축을 과장할 유인이 있을 수 있다.

세 번째 문제는 집행이다. 한 국가가 약속한 배출량 감축을 달성하지 못하면 어떻게 될까? 어떤 형태로든 강제할 수 있는 메커니즘이 없다면 무임승차자 문제는 불가피하다. 즉, 각 국가는 약속한 것보다 더 적은 양을 감축하려는 유인을 가질 것이다.

이러한 세 가지 문제는 탄소세 기반의 국제 합의를 통해 완화할 수 있다. 전 세계적(즉, 단일 국가가 아닌 전 세계의 기후 피해를 기준으로) 탄소의 사회적 비용에 대한 대략적인 합의를 도출할 수 있다고 하자.

이 수치는 전 지구적이기 때문에 모든 국가에 적용해야 하는 탄소세, 즉 '통합된(harmonized)' 탄소세 수준을 결정하는 데 적용할 수 있다. 이러한 형태의 통합된 탄소세는 국제 기후 협약 준수를 촉진할 수 있는 우수한 정책이 될 수 있다.[9]

통합된 탄소세가 지금까지의 국제 협상의 핵심이었던 국가별 감축 목표보다 왜 더 나을까? 무엇보다도 각 국가의 감축량을 협상해야 하는 것과는 달리 단일 수치, 즉 세금 규모만을 놓고 협상을 할 수 있기 때문이다. 상이한 이해관계, 서로 다른 1인당 국민소득과 배출 수준을 가진 국가들이 다수의 숫자보다는 단일 수치에 합의하는 것이 훨씬 수월할 것이다. 국가별 감축량으로 협상하는 경우, 각 국가는 자국의 감축량을 최소화하고 다른 국가의 감축량은 최대화하는 무임승차 문제가 발생한다. 물론 일부 소규모 국가는 여전히 탄소세 체제에 참여하지 않으려 하겠지만[첸과 젝하우저(Chen and Zeckhauser, 2018)가 강조한 것처럼], 주요 온실가스 배출국만 참여하더라도 협약의 전반적인 목표를 달성할 수 있다.

둘째, 각 국가가 합의한 감축 목표를 준수하는지 확인하기가 어렵고, 이를 준수하지 않는 국가에 불이익을 주는 것은 더더욱 어렵다. 하지만 탄소세의 경우, 각국의 세금 부과 여부를 확인하는 것이 어렵지 않다. 그렇다면 미준수 국가에는 어떻게 불이익을 줄 수 있을까?

---

9. 나는 여기서는 통합된 탄소세에 대해 간략하게 다룬다. 보다 자세한 내용은 와이츠먼(Weitzman, 2014a, 2015, 2017)과 핀다이크(Pindyck, 2017a)를 참조하기 바란다.

노드하우스(Nordhaus, 2015)는 '기후 클럽(Climate Club)'에 관한 논문에서 무임승차자 문제에 대응하는 방법으로 비참여 또는 미준수 국가에 대한 무역 제재를 제안했다. 다만, 이는 무역 전쟁으로 확대될 위험도 있다(기존 무역협정을 크게 수정해야 할 수도 있다). 하지만 다시 한번 강조하는데, 주요 온실가스 배출국이 탄소세 체제에 가입하고 이를 준수한다면 목표는 대부분 달성될 것이다.

셋째, 국제 협약을 통해 거둘 수 있는 세금은 정치적으로 매력적일 수 있어서 각국이 협약에 동의하고 이를 준수할 가능성이 크다. 세금은 각국 정부가 징수하며, 해당 정부가 원하는 방식으로 사용할 수 있다. 따라서 정부는 더 낮은 정치적 비용으로 세수를 확보할 수 있다. 대부분의 경우 세금은 결코 인기가 없지만, 통합된 탄소세에 한해서는 정치인은 "악마가 시켰다(the devil made me do it)"라고 강변함으로써 그 도입을 정당화할 수 있다. 마지막으로, 통합된 탄소세는 다양한 방식으로 유연하게 설계될 수 있다. 예를 들어, 부유한 국가에서 가난한 국가로의 금전적 이전이나 다른 형태의 재정 지원도 가능하다.[10]

목표 기반 세금과 탄소의 사회적 비용 기반 세금 비교

기후 협상의 초점이 탄소세로 옮겨 가든, 지금처럼 전 세계 총배출

---

10. 통합된 탄소세에 대한 자세한 논의는 와이츠먼(Weitzman, 2014a)을 참조하라. 또한 각국 탄소세와 그 사용 방식에 대한 논의는 코첸(Kotchen, 2018)을 참조하라.

량 감축에 대한 합의에 머물든(이 경우 국가 간 총감축량 배분에 대한 더 어려운 합의가 필요), 정확한 세금 또는 감축량을 결정하기 위해서는 탄소의 사회적 비용에 대한 합의된 수치가 필요하다. 앞서 강조했듯이, 지금까지 진행된 많은 기후변화 연구에도 불구하고, 기후 시스템과 기후변화의 잠재적 피해에 대한 불확실성 때문에 탄소의 사회적 비용에 대해 합의된 추정치는 존재하지 않는다. 이러한 이유로 지난 10년에서 20년 동안 국제 기후 협상은 최종 목표보다는 중간 목표(intermediate targets)에 집중해왔다.

감축에 대한 '최종' 목표와 달리, 이러한 중간 목표는 세기말 기온 상승에 제한을 두고(예: 섭씨 2도 목표), 이 중간 목표를 달성하기 위해 향후 수십 년 동안 필요한 감축량을 계산한다. 온도 상승 목표는 섭씨 2도 이하로 설정했는데, 그 이상으로 온난화가 진행될 경우 우리가 경험한 적 없는 수준의 기온에 도달하게 되고, 그로 인해 재앙적 결과가 초래될 수 있다는 우려 때문이었다. 일부에서는 섭씨 1.5도 이하가 올바른 목표라고 주장하지만, 많은 분석에 따르면 현재 대기 중 이산화탄소 농도, 현재 배출 수준, 향후 20년간 배출량 감소 가능성에 대한 합리적인 전망을 고려하면 섭씨 2도 목표조차 달성하지 못할 가능성이 크다.

그렇다면 세기말까지 온도 상승을 일정 수준 이하로 억제하자는 목표가 주어진다면 탄소의 사회적 비용에 대해 굳이 합의할 필요가 없지 않을까? 그렇지 않다. 실제로는 명확한 경제적 근거가 없는 임의의 목표가 탄소의 사회적 비용을 대체하는 것뿐이다. 섭씨 2도 이상의 온도 상승은 분명 우리가 관찰한 적이 없지만, 우리는 그 잠재적 영향에 대해 거의 알지 못한다. 온난화는 천천히 일어나고 적응할 시간이 어느 정도 있으므로, 그 영향이 반드시 재앙적일 것이라고 단정할 이유는 없다.

온도 목표

섭씨 2도의 온도 목표는 합리적일까? 사실, '피해 함수', 즉 온난화의 정도에 따라 발생할 수 있는 GDP 손실에 대한 정확한 추정치가 없다면 섭씨 2도가 다른 수치보다 더 정당하다고 생각할 이유는 없다. 물론 실제 피해 함수가 섭씨 2도까지는 완만하게 유지되다가 갑자기 재앙 수준으로 급격히 상승한다면 섭씨 2도 목표가 실제로 타당할 수 있다.[11] 그러나 그러한 임계점이 존재하는지, 그리고 존재하더라도 그것이 섭씨 2도라고 믿을 만한 충분한 근거가 없다. (실제로 널리 사용되는 통합 평가 모형의 피해 함수는 섭씨 2도 온도 상승으로 인한 GDP 손실을 3퍼센트 미만으로 계산하는데, 이는 재앙이라고는 할 수 없는 수준이다.)

그렇다면 왜 이렇게 임의적인 온도 목표가 기후 정책의 중심이 됐을까? 이는 사람들이 피해의 성격(그리고 그러한 피해를 줄일 수 있는 적응의 정도)에 대해 논의할 필요 없이, 미래의 편익과 비용에 적용해야

---

11. 하지만 2100년 이후에는 어떻게 될까? 지구 평균기온이 2100년까지 섭씨 2도 상승하는 경우, 이후에도 계속 기온이 상승할 것이므로 세기말까지 섭씨 2도 제한은 너무 높은 것일 수 있다.

하는 할인율에 대해 논의할 필요 없이 합의할 수 있는 것이기 때문이다. 경제학적 또는 기후과학적으로 정당화될 수 있는지와 무관하게, 온도 목표는 대기 중 이산화탄소 농도, 그리고 전체 감축 목표에 대한 합의의 틀을 마련해주는 역할을 한다.

하지만 이러한 온도 목표가 우리가 할 수 있는 최선일까? 탄소의 사회적 비용은 추정이 어려우니 기후 정책 설계의 기초로 삼는 것은 포기해야 할까? 기후변화에 대해 무언가를 하는 것이 목표라면 온도 목표가 합리적일 수 있다. 어쩌면 경제학자의 입장에서 보자면 만족스럽지 않을 수 있겠지만, 지금 우리는 단순히 무엇이라도 하는 것만으로도 의미가 있는 지점에 이미 와 있는지도 모른다.

연구 개발

앞서 언급했듯이, 전기 자동차, '그린 에너지' 등에 대한 정부 보조금은 감축에 일정 부분 기여할 수 있지만, 탄소세에 비해 효율성이 떨어진다. 그럼에도 보조금이 충분히 타당한 영역이 있는데, 바로 연구 개발(Research and Development, R&D)이다. 왜 태양광 패널에는 보조금이 비효율적이라고 하면서 연구 개발에 보조금을 지급하는 것은 괜찮다고 할까?

탄소 1톤을 배출하면 외부 비용, 즉 음(-)의 외부 효과가 발생하는데, 이것이 바로 탄소세의 근거가 된다. 다시 말해, 탄소세를 통해 탄소 배출로 사회에 끼친 피해에 대한 대가를 지불한다. 한편, 기업이 연구 개발 비용을 지출하면 사회에 이익이 되는 양(+)의 외부 효과가 발생한다. 연구 개발을 통해 이전에는 존재하지 않았던 새로운 아이디어와 새로운 지식이 생겨나기 때문이다. 이러한 아이디어와 지식은 경제 전반에 퍼져서 다른 기업이 새로운 제품을 만들거나 기존 제품의 생산 비용을 절감하는 데 활용될 수 있다. 물론, 연구 개발을 수행해 새로운 아이디어와 지식을 창출한 기업은 이익을 얻을 테지만, 그 아이디어와 지식은 특성상 완전히 독점할 수는 없다. 기업이 발견한 것 일부 또는 전부를 특허로 보호하더라도 결국에 기업이 창출한 아이디어와 지식은 어느 정도 경제 전체로 확산돼 다른 기업이 제품을 만들거나 비용을 절감하는 데 도움이 될 것이다.

그래서 연구 개발을 수행하는 기업은 성공 시 발생하는 사회 전체의 이익을 완전히 누릴 수 없으므로 연구 개발에 과소 투자, 즉 사회적으로 최적인 수준보다 적은 연구 개발을 하게 된다. 이것이 바로 보조금의 근거다. 보조금을 받으면 기업은 더 많은 연구 개발을 수행하게 되고, 이를 통해 기업뿐 아니라 사회 전체에도 혜택을 가져온다.

이와 더불어, 새로운 과학적 지식을 생산하는 '기초 연구(basic research)'가 있다. 이 지식은 직접적으로 새로운 제품으로 이어지지 않을 수 있지만, 연구 개발의 기반이 되는 과학적 토대를 제공한다. 기초 연구의 경우, 그 성과물 중 기업이 가져갈 수 있는 것은 거의 없으므로 보조금이 있더라도 충분한 연구가 이뤄지지 않는다. 해결책은 정부가 대학, 연구소 및 다른 기관에서 수행되는 작업에 자금을 직접 지원하는 것이다.

기후변화와 관련해 연구 개발은 특히 중요한 의미를 지닌다. 우리는 화석연료를 사용하지 않고 에너지를 생산하는 데 드는 비용을 줄이는 방법을 찾아야 한다. 실제로 그동안의 연구 개발을 통해 태양광과 풍력발전의 비용은 큰 폭으로 낮아졌다. 하지만 태양광과 풍력은 맑거나 바람이 불 때만 전기를 생산하므로 에너지를 저장하는 더 나은 기술, 더 나은 배터리 기술이 필요하다. 오늘날 널리 사용되고 있는 리튬 이온 배터리는 1980년대에 처음 소개됐는데, 이후 연구 개발을 통해 수명이 연장되고, 에너지 밀도가 높아지고, 안전성이 향상되고, 충전 속도가 빨라지고, 제조 비용이 낮아졌다. 하지만 여전히 리튬 이온 배터리는 비싼 에너지 저장 수단이다. 에너지 저장 신기술 개발은 민간 기업에 대한 보조금뿐만 아니라 대학과 연구소에 대한 직접 자금 지원의 혜택을 받는 연구 개발의 대표적인 예다.

2. 탈탄소화의 대안 원자력발전

전 세계 이산화탄소 배출량의 상당 부분(2020년 기준 약 3분의 1)은 발전 부문에서 발생한다. 또한 경제 전체의 이산화탄소 배출량을 줄이기 위한 대부분 시나리오는 화석연료를 전력으로 대체하는 것을 포함한다. 그렇다면 발전 부문을 어떻게 '탈탄소화'할 수 있을까? 우선, 석탄에서 천연가스로의 전환이 도움이 될 것이며, 풍력·태양광·수력 등의 재생에너지로의 전환은 더 큰 도움이 될 것이다. 하지만 미국과 유럽은 물론, 중국, 인도, 러시아 등의 국가에서 모든 전력을 재생에너지로 생산하기는 매우 어려워 보인다. 그렇다면 어떤 대안이 있을까? 한 가지 대안은 원자력발전이다.

지금까지 원자력에 대해 거의 언급하지 않았지만, 원자력은 발전 부문의 탈탄소화에 매우 중요하다. 현재 전 세계 전력의 약 10퍼센트가 원자력에 의해 생산되고 있으며, 약 440개의 원자로가 가동 중이고, 55개의 원자로가 건설 중이며, 109개의 원자로가 기획 단계에 있다. 다만, 향후 몇 년 내에 약 30~50개의 원자로가 폐쇄될 전망이다.[12] 원자력의 사용은 국가별로 매우 다양하며, 미국에서는 전력 생산의 약 20퍼센트, 프랑스에서는 약 70퍼센트를 차지하지만, 인도에서는 약 3퍼센트에 불과하다. [원자력발전량을 살펴보면, 2019년 미국은 8,000억 킬로와트시(kWh) 이상으로 단연 선두를 달리고 있으며, 프랑스는 3,820억 킬로와트시, 중국은 3,300억 킬로와트시였다.] 지난 20년간 전 세계 총발전량은 약 75퍼센트 증가했지만, 그림 6.1에서 볼 수 있듯이 원자력발전량은 거의 증가하지 않았다. 향후 10년간도 원자력발전의 성장은 제한적일 것으로 보인다.

일부 대중과 환경운동가는 원자력발전에 강하게 반대해왔다. 그런데 안타깝게도 원자력에 대한 반감은 석탄 소비량 증가로 이어졌다. 후쿠시마 원전 사고 이후 모든 원전을 단계적으로 폐쇄하기로 한

---

12. 전 세계 원자력 사용 현황에 대해서는 다음 웹 사이트를 참조하라. https://www.world-nuclear.org/information-library/current-and-future-generation/nuclear-power-in-the-world-today.aspx

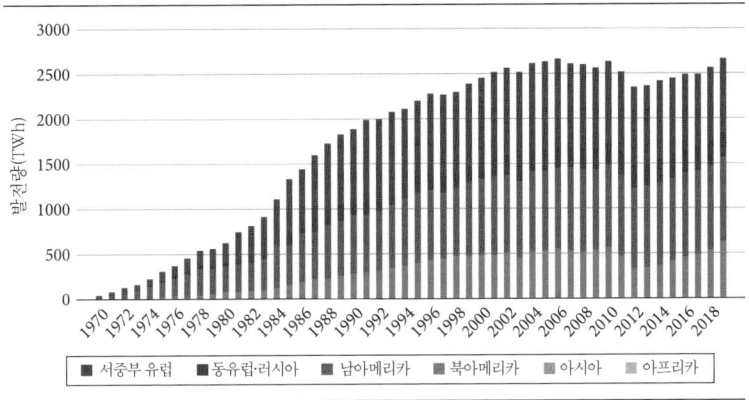

[그림 6.1] 지역별 원자력발전량. 원자력발전은 2002년 전후로 정점을 찍은 후, 전체 발전량이 늘어나는 동안에도 원전 발전량은 정체를 보였다. 2011~2012년의 감소는 2011년 후쿠시마 사고의 영향이다.

독일이 그 예다. 2010년 독일의 발전량에서 원자력 비중은 22퍼센트 이상이었으나 최근에는 10퍼센트 미만으로 떨어졌다. 그 공백을 메운 것은 무엇이었을까? 주로 석탄이었다.[13]

원자력은 이산화탄소나 다른 온실가스를 배출하지 않으므로 발전 부문을 '탈탄소화'하고 전반적인 에너지 효율성을 개선하는, 즉 에너지 단위당 배출되는 이산화탄소를 줄이는 자연스러운 방법처럼 보인다. 그런데 왜 원자력발전이 늘지 않았을까? 원자력발전은 이산화탄소를 배출하지 않지만, 많은 이에게 공포의 대상이기도 하다. 많은 사람이 원자력발전은 본질적으로 위험하다고 믿고 있으며, 특히 원

---

13. 자비스, 드셰인, 자(Jarvis, Deschenes, and Jha, 2019)는 독일이 원자력을 단계적으로 폐지하고 석탄으로 부분 대체하기로 한 결정에 따른 비용을 추정한 바 있다.

전이 거주지 근처에 들어서는 것을 두려워한다. 이러한 두려움의 배경은 무엇일까? 첫째, '원자력'이라는 단어 자체가 해로운 방사선, 심지어 핵무기를 연상시킨다.[14] 많은 이가 원자력발전소가 해로운 방사능을 방출하지 않는다는 설명을 들어도 이를 믿지 않는다.

원자력발전소가 유해한 방사선을 방출하지 않는다는 것을 이해하더라도 많은 이가 여전히 원자력발전소의 건설과 운영에 반대한다. 왜 그럴까? 원자력발전의 확대를 막는 몇 가지 요인이 있다. 가장 중요한 요인은 다음과 같다.

- **대형 사고.** 많은 이가 원전 붕괴나 폭발과 같은 대형 사고를 두려워한다. 여러분은 아마도 1979년 미국 스리마일섬, 1986년 체르노빌, 2011년 쓰나미로 인한 후쿠시마 원자로 손상에 대해 알고 있을 것이다. 이러한 재난은 사람들의 기억에 강하게 각인돼 원자력에 대한 대중의 신뢰를 흔들어놓았다. 사람들은 발전소의 농축 우라늄이 원자폭탄처럼 폭발할지도 모른다고 걱정하지만, 실제로는 우라늄이 무기에 필요한 90퍼센트 U235가 아닌 3~5퍼센트 U235로 농축됐다는 사실은 모른다.[15] 그

---

14. 혹시 병원에서 MRI를 촬영한 적이 있는가? MRI는 자기 공명 영상법(Magnetic Resonance Imaging)의 약자로, 신체 부위에 강한 자기장을 가해 연구 대상 조직의 원자핵을 정렬한 후, 강력한 무선 펄스를 가해 핵이 정렬에서 벗어나게 한다. 그리고 다시 정렬되면 핵은 전자기 신호를 방출(즉, 공명)해 이를 이미지화할 수 있다. 이 기술이 개발됐을 당시에는 핵자기 공명 영상(Nuclear Magnetic Resonance Imaging), 줄여서 NMRI라고 불렸다. 그러나 '핵'이라는 단어는 거부감을 주었고, 그래서 NMRI는 MRI가 됐다.

리고 체르노빌 원자로 폭발 사고는 오래전에 발생했으며, 낡은 설계였다는 점을 간과하고 있다. 지금은 원자력 기술이 발전해 그러한 재앙이 다시 일어날 가능성이 극히 낮아졌다. 그럼에도 이러한 재난의 이미지는 대중에게 각인돼 원자력은 잠재적으로 큰 위험이라는 인식을 만들어냈다. 하지만 아래에서 설명하겠지만 원자력으로 인한 사망 위험은 화석연료로 인한 사망 위험보다 훨씬 낮다.

- **핵폐기물 처리.** 원자력 연료봉에는 3~5퍼센트로 농축된 U235 우라늄이 포함돼 있지만, 시간이 지나면 고갈되어 농도는 1퍼센트 이하로 떨어지게 된다. 그러나 원자로에서 제거된 '사용 후' 연료봉에는 다양한 다른 방사성물질, 특히 수천 년 동안 방사능을 방출하는 플루토늄 동위원소(Pu239)가 포함돼 있다. 이 폐기물은 어떻게 처리해야 할까? 사용 후 연료봉은 일시적으로는 보관할 수 있지만, 결국에는 영구적으로 처분해야 한다. 다행히도, 안전하게 처분할 방법이 있다. 사용 후 핵연료를 최대 40년에서 50년 동안 저장해 방사능 수준이 비교적 낮은 수준으로 붕괴되도록 한 후, 부식 방지 용기(일반적으로 스테인리

---

15. U235는 우라늄의 방사성동위원소다. 자연적으로 발생하는 우라늄은 0.7퍼센트 U235(나머지는 비방사성동위원소인 U238)에 불과하다. 농축은 채굴된 우라늄 광석에서 생성된 우라늄 산화물['옐로 케이크(yellowcake)']을 기체인 불화 우라늄으로 변환해 고속 원심분리기에 공급하는 방식으로 이뤄진다. 빠른 회전 과정에서 무거운 U238이 U235에서 분리된다.

스스틸)에 밀봉해 지하 깊은 곳 안정적인 지질학적 암석층에 묻는 것이다. 그런데 한 가지 문제가 있다. 안정적 암반을 개발하는 데 필요한 비용을 누가 부담하고, 그 장소는 어디가 되어야 할까? (아마 당신 집 뒷마당은 아니길 바랄 것이다.) 미국의 경우, 사용 후 핵연료가 수만 톤 쌓여 있으나 처분장 비용과 위치에 대한 정치적 합의가 이뤄지지 않아 해결이 지연되고 있다. 그러나 대부분의 기후변화 정책과 마찬가지로 이 문제 역시 정치적인 문제이며, 해결할 수 있는 문제이기도 하다. [어떻게? 〈미국의 원자력 미래에 관한 블루리본 위원회의 에너지부 장관에게 보내는 보고서(Report to the Secretary of Energy by Blue Ribbon Commission on America's Nuclear Future, 2012)〉를 참조하라.]

- **핵 확산.** 원자력발전에 따른 또 다른 우려는 핵 확산으로 이어져 핵 테러나 핵전쟁의 가능성을 높일 수 있다는 점이다. 핵 확산은 두 가지 경로를 통해 이뤄지는 것으로 알려져 있다. (1) 첫째, 어떤 국가(예: 이란)가 일단 우라늄 농축을 시작하면 연료봉에 필요한 5퍼센트 U235에서 반드시 멈출 이유가 있을까? 핵무기에 필요한 농도 90퍼센트 U235에 도달할 때까지 원심분리기를 돌리지는 않을까? 이를 막기 위해 국제사회는 농축 능력을 가진 국가의 농축 농도를 제한하고, 국제원자력기구(IEA)의 사찰에 응하지 않을 경우 경제제재를 가한다. (다시 이란을 생각해보라.) (2) 두 번째 방법은 사용 후 핵 연료봉의 물질을 '재처리'해 플루토늄을 분리, 핵무기에 사용할 수 있도록 추

가 처리하는 것이다. 그러나 재처리는 엄격히 통제되며, 플루토늄으로 무기를 만드는 것은 고농축 우라늄으로 무기를 만드는 것보다 훨씬 더 어렵다. 또한 핵무기를 만들고자 하는 국가는 우라늄을 농축하거나 플루토늄을 생산할 수 있는 원자로를 건설하는 편이 훨씬 더 쉽다. 핵 확산은 심각한 위협이기는 하지만, 발전용 원자력발전소와는 무관하다.

- **원자력발전 비용.** 원자력발전 비용의 대부분은 발전소 건설 비용, 즉 초기 비용(upfront cost)이다. 같은 용량의 석탄 또는 가스 화력 발전소와 비교하면 원자력발전소 건설에 드는 자본 비용은 훨씬 더 높지만 운영 비용은 훨씬 낮다. 그렇다면 원자력발전 비용은 석탄, 석유 또는 천연가스 발전 비용과 비교했을 때 얼마나 낮을까? 답은 부분적으로는 석탄, 석유, 천연가스의 가격에 달려 있는데, 이들 가격의 변동성은 상당히 크다. 화석연료의 가격이 어떻든 탄소세가 부과되면 화석연료의 실효가격은 더 높아질 것이다. 또한 탄소세가 없더라도 현재 존재하는 규제와 관련된 불확실성을 줄인다면 원자력은 유리해진다. 미국과 다른 국가에서는 원전 관련 규제 체계로 인한 비용 불확실성 때문에 원전에 대한 투자가 이뤄지지 않고 있다.[16] 규제 불확실성을 줄이고 탄소세를 부과한다면, 원자력발전은 화석연료와 경쟁할 수 있는 비용 효율적인 에너지원이 될 것이다.

---

16. 규제 불확실성의 함의에 대한 (다소 오래된) 분석은 핀다이크(Pindyck, 1993)를 참조하라.

그렇다면 결론은 무엇일까? 원자력은 여전히 위험한가? 그렇다. 원자력은 위험 요소를 안고 있다. 화석연료로 발전하면 이산화탄소는 배출하겠지만, 적어도 스리마일섬, 체르노빌, 후쿠시마 원전 사고와 같은 재난은 발생하지 않는다. 그렇다면 원자력 사용을 확대하기보다는 독일처럼 원자력발전소를 폐쇄하는 것이 훨씬 더 안전하지 않을까? 그러면 장기적으로 더 많은 생명을 구할 수 있지 않을까?

그렇지 않다. 오히려 정반대의 결과를 초래할 수 있다. 지금까지 발생한 원전 사고는 극히 드물었고, 그로 인한 피해는 화석연료 사용으로 발생한 수많은 사고와 막대한 인명 피해에 비하면 미미한 수준이었다. 생명을 지키는 관점에서 볼 때, 원자력은 화석연료보다 훨씬 안전하다. 아직도 확신이 서지 않는가? 그렇다면 각 발전원의 발전량(TWh)당 대기오염 및 사고로 인한 사망자 수를 나타낸 그림 6.2를 살펴보자.

그림 6.2에서 볼 수 있듯이, 화석연료의 사용은 원자력보다 훨씬 더 위험하다. 전력 1테라와트시(TWh)당 인명 손실 수 측면에서 석탄은 원자력보다 약 400배, 석유는 264배, 천연가스는 약 40배 더 치명적이다. 화석연료가 원자력보다 훨씬 더 치명적인 이유는 무엇일까? 첫째, 화석연료, 특히 석탄의 생산과정은 극히 위험하다. 석탄 광부들은 사고 또는 흑색 폐 질환(black lung disease)으로 (천천히) 사망하는데, 이러한 사망은 원자력 사고만큼 주목받지 못한다. 석유와 천연가스도 마찬가지로 생산과정에서 사고가 일어난다. 둘째, 화석연료는 이산화탄소뿐 아니라 폐 깊숙이 침투해 혈관으로 흡수돼 신

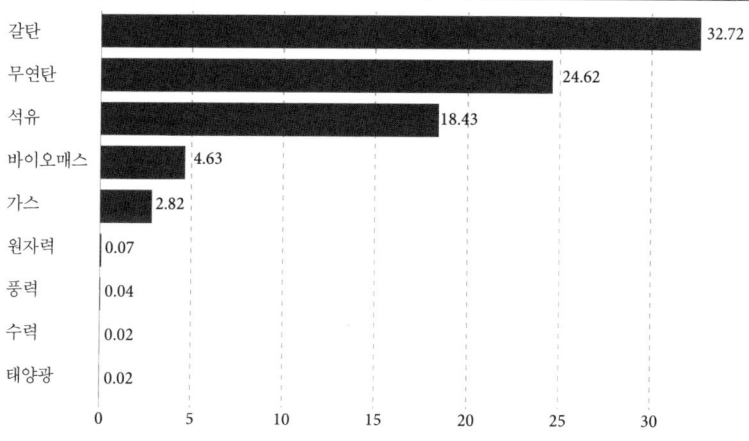

[그림 6.2] 사망 위험. 전력 1테라와트시(TWh)당 대기오염 및 사고로 인한 사망자 수를 발전원별로 비교했다.
출처: Our World in Data, Markandya와 Wilkinson(2007) 및 Sovacool 외(2016)에서 편집

체 장기에 손상을 입힐 수 있는 미세먼지를 배출한다. 미세먼지는 유아사망률은 물론 성인의 심혈관계 및 호흡기 질환으로 인한 사망률을 증가시킨다. 실제로, 중국, 인도, 방글라데시, 파키스탄과 같은 국가에서 기대 수명을 크게 단축시키고 있다는 증거가 점점 더 많아지고 있다.[17]

그렇다면 결론은? 첫째, 원자력발전은 화석연료보다 확실히 훨씬 안전하다. 물론, 그림 6.2가 보여주듯이 풍력·수력·태양광이 더 안전하다. 하지만 에너지 저장 문제를 고려할 때 모든 전력을 재생에너

---

17. 국가별 데이터는 〈건강영향연구소 보고서(Health Effects Institute, 2020)〉와 해당 보고서에서 인용한 참고 문헌을 참조하라.

지로 생산하는 것은 현실적으로 어렵다. 둘째, 규제 개혁과 탄소세가 도입된다면 원자력은 비용 효율적일 수 있다. 셋째, 원자력은 100퍼센트 무탄소 전원이다. 따라서 원자력을 탈탄소 발전 수단에서 제외한다면, 이는 중대한 실수가 될 것이다. 의심의 여지 없이, 원자력 없이는 이산화탄소 배출을 줄이는 일이 훨씬 더 어려울 것이다.

3. 이산화탄소 제거 후 격리

대기 중 이산화탄소 축적에 대처하는 또 다른 방법은 이산화탄소를 제거한 후(carbon removal), 다시 대기로 방출되지 않도록 저장하는 것이다(sequestration). 이러한 탄소 제거 및 격리는 '순(net)' 배출량을 줄일 수 있으며, 이산화탄소 농도 증가를 '취소'하는 데 도움이 될 수 있다. 또한 이론적으로 환경에 부정적인 영향을 끼치지 않는 방식이기도 하다. 그렇다면 기후변화에 대한 현실적인 해결책이 될 수 있을까? 구체적으로 어떻게 한다는 것일까?

이산화탄소를 제거하는 한 가지 확실한 방법은 나무를 심는 것으로, 실제로 일부 국가는 기후 정책의 일환으로 이를 적극 시행하고 있다. 나무나 녹색식물은 흡수한 이산화탄소를 물과 햇빛 에너지와 결합해 성장하며, 이 과정에서 산소를 방출한다. 따라서 나무가 많을수록 대기 중 이산화탄소를 더 많이 흡수해 순 배출량을 줄일 수 있다. 하지만 안타깝게도 지난 수십 년간 전 세계에서는 빠른 속도로 삼림 벌채가 진행돼왔다. 만약 삼림 벌채를 끝내고 나무를 새로 심는다고 가정해보자. 이산화탄소 순 배출량을 크게 줄이려면 얼마나 많이 심어야 할까? 아래에서 설명하겠지만, 매우, 매우 많이 심어야 한다.

화석연료 발전소가 배출하는 이산화탄소를 흡수, 격리, 저장하는 방식은 어떨까? 많은 기업이 이러한 기술 개발에 투자하고 있긴 하지만, 현재로서는 너무 비싸서 경제성을 갖추지 못하고 있다. 그렇다면 미래에는? 기술이 성숙하고 비용이 하락해 상용화될 수 있을까? 그래서 탄소 제거 및 격리가 온실가스를 상당히 줄여줄 수 있을까? 아래에서 논의하겠지만, 답은 '아마도(perhaps)'이다.

나무, 숲, 그리고 이산화탄소

고등학교 생물 시간에 배운 것처럼, 나무를 비롯한 식물은 이산화탄소를 흡수하고 광합성을 통해 바이오매스(목재)를 생성하면서 산소를 배출한다. 따라서 나무가 없었다면 현재 대기 중 이산화탄소 농도는 지금보다 훨씬 더 높았을 것이다.

그런데 안타깝게도 나무가 빠르게 벌목되고 있다. 유엔 식량농업기구(2020)에 따르면, 2015년부터 2020년 사이 5년 동안 전 세계 산림의 약 1.2퍼센트에 해당하는 50만 제곱킬로미터의 숲이 사라졌다. 이는 이산화탄소를 흡수할 나무가 줄어들었다는 것을 의미한다. 탄소 연소를 완전히 멈추고 이산화탄소 배출을 중단하더라도 현재의 삼림 벌채 속도가 계속되면 대기 중 이산화탄소 농도는 증가하게 될 것이다.

이와 관련해 우리는 몇 가지 중요한 질문을 던질 수 있다. 첫째, 삼림 벌채로 인해 얼마나 많은 이산화탄소가 추가로 대기에 방출되고 있을까? 긍정적으로 바꿔 말하면, 삼림 벌채가 중단된다면 이산화탄소 순 배출량은 얼마나 줄어들까? 둘째, 벌채된 나무를 대신하거나(재조림) 새롭게 숲을 조성한다면(조림), 이산화탄소 순 배출량은 얼마나 줄어들까? 연간 이산화탄소 순 배출량을 10억 톤 줄이려면 나무 몇 그루가 필요할까? 마지막으로, 나무가 기후 문제의 해결책이 될 수 있을까?

이에 답하기 위해 먼저 나무와 숲, 그리고 이산화탄소와의 관계에 대한 몇 가지 기본적인 사실과 수치를 검토할 필요가 있다.

(1) **토지 면적.** 나무를 심기 위해서는 토지가 필요하며, 토지 면적의 일반적인 측정 단위는 헥타르(ha)다. 1헥타르는 2.47에이커(ac), 100헥타르는 1제곱킬로미터(km^2)다.

(2) **세계 산림 면적.** 유엔 식량농업기구(2020)에 따르면, 2020년 지구의 총 산림 면적은 약 40억 헥타르(또는 4,000만 km^2)로 추산된다. 아마존 열대우림은 약 5억 3,000만 헥타르로, 전체의 13퍼센트를 차지한다.

(3) **나무 수.** 1헥타르에 나무를 몇 그루 심을 수 있을까? 나무의 종류와 기후(기온과 강수량, 변동성)에 따라 달라진다. 크라우

더 외(Crowther et al., 2015)는 전 세계 나무를 3조 그루로, 밀도는 헥타르당 ($3 \times 1,012$그루)/(4×109헥타르)=750그루/헥타르로 추정했다. 테르 스테이허 외(Ter Steege et al., 2013)는 아마존 열대우림의 경우 이보다 낮은 헥타르당 565그루로 추정했다. 그러나 다른 추정치에 따르면, 평균 밀도는 헥타르당 1,000~2,500그루다(http://nhsforest.org). 여기에서는 이 범위의 하한인 헥타르당 1,000그루를 적용한다.

(4) **이산화탄소 흡수량.** 나무 한 그루가 매년 흡수하는 이산화탄소의 양은 평균적으로 얼마나 될까? 나무의 종류, 크기, 나이, 숲의 밀도에 따라 달라진다. (같은 나무라도 조밀하게 심으면 탄소를 적게 흡수한다.) 유럽 환경청에 따르면, 성숙한 활엽수 한 그루는 연간 약 22킬로그램의 이산화탄소를 흡수한다.[18] 수령의 차이를 고려하면, 평균적으로 나무 한 그루는 연간 20킬로그램을 흡수할 것으로 추정된다. 그래서 1헥타르당 나무 1,000그루를 심는다면 연간 $1,000 \times 20 = 2$만 킬로그램=20톤의 이산화탄소를 흡수하게 된다.

자, 앞서 제기한 세 가지 질문에 이제 답할 수 있다. (1) 현재의 삼림 벌채가 중단된다면 이산화탄소 순 배출량은 얼마나 감소할까?

---

18. https://www.eea.europa.eu/articles/forests-health-and-climate-change/key-facts/ 참조하라.

(2) 벌채된 나무를 대체하거나(재조림) 새로운 숲을 조성하기(조림) 위해 나무를 새로 심는다면, 연간 10억 톤의 이산화탄소 순 배출량을 줄이기 위해 몇 그루의 나무가 필요할까? (3) 나무를 심는 것이 중요한 기후 문제 해결책이 될 수 있을까?

삼림 벌채

농업, 목장 운영, 목재 생산을 위한 토지 개간은 오랫동안 삼림 벌채의 주요 원인으로 작용해왔다. 특히 아마존 열대우림 파괴에 대한 우려가 커지고 있으며, 손실이 영구화되는 '임계점'에 도달할 수 있다는 가능성도 제기되고 있다. 인도네시아와 말레이시아에서도 팜유 생산을 위해 광범위하게 삼림 벌채가 이뤄졌고, 이 지역에서 벌목된 나무 대부분은 소각되면서 다량의 이산화탄소는 물론 연기와 미세먼지를 발생시켰다.

삼림 벌채는 단순히 숲의 상실에 그치지 않는다. 강우 패턴의 변화(예: 더 긴 건조기), 토양침식과 그로 인한 경작지 손실, 홍수 위협 증가, 때로 종의 멸종까지 초래하는 동식물 서식지 손실, 생물 다양성 감소, 온실가스 배출 증가 등 많은 문제를 초래할 수 있다. 하지만 여기서는 삼림 벌채가 이산화탄소 배출과 기후변화에 끼치는 영향을 중심으로 살펴본다.

실제로 지난 10~20년 동안 삼림 벌채율은 다소 감소했다. 그림 6.3은 전체 열대우림의 약 60퍼센트, 즉 총 5억 3,000만 헥타르 중 3억 2,000만 헥타르를 차지하는 브라질 아마존 열대우림의 연간 삼림 벌채율의 변화를 보여준다. 그림에서 알 수 있듯, 삼림 벌채는 2004년에 정점을 찍은 후 감소하다가 2015년부터 소폭 증가했다. 2000년부터 2019년까지 브라질 아마존의 평균 삼림 벌채율(그림의 수평선)은 약 1,200만 헥타르(1만 2,000제곱킬로미터)로, 전체 산림 면적 3억 2,000만 헥타르의 약 0.37퍼센트에 해당한다. 그러나 2015년부터 2019년까지 삼림 벌채는 연간 약 80만 헥타르, 즉 전체 산림 면적의 0.25퍼센트에 그쳤다. 이는 최근 전 세계 삼림 벌채율과 거의 비슷한 수치로, 유엔 식량농업기구(2020)는 2015~2020년 전 세계 삼림 벌채를 연간 약 1,000만 헥타르, 즉 전 세계 산림 면적의 약 0.25퍼센트로 추정했다.

연간 1,000만 헥타르의 삼림 벌채는 매년 그 면적에 해당하는 나무가 사라진다는 것을 의미할까? 그렇진 않다. 버려진 농경지에서 숲이 다시 자라기도 하고, 목재나 연료용으로 사용하기 위해 새로 심

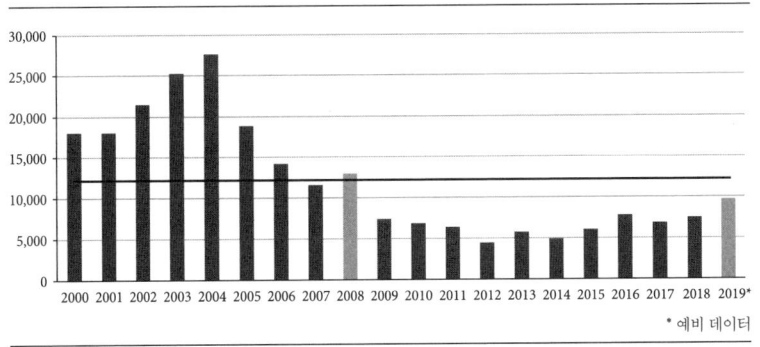

[그림 6.3] 브라질 아마존의 연간 삼림 벌채율(단위: km^2/연). 브라질은 전체 아마존 열대우림의 약 60퍼센트를 차지하며, 이는 지구 전체 산림 면적의 약 13퍼센트에 해당한다.
출처: 아마존 펀드(2019)

는 나무 덕분에 부분적으로 상쇄된다. 이러한 신생림은 벌채된 나무를 대체하면서 새로운 산림을 조성하기도 한다. 중요한 것은 나무의 순손실이다. 그림 6.4에서 볼 수 있듯이, 2015년부터 2020년까지 연간 약 600만 헥타르의 산림이 사라졌는데, 이는 연간 1,000만 헥타르의 산림 파괴가 연간 400만 헥타르의 산림 증가로 상쇄됐음을 의미한다.

그림 6.4는 삼림 벌채 비율과 연간 산림 순손실이 시간에 따라 어떻게 변화해왔는지 보여준다. 1990년대에 산림 순손실은 연간 800만 헥타르 수준으로 가장 컸으며, 이후 2015년까지 연간 산림 순손실은 감소했다. 하지만 2015~2020년 동안 다시 약 600만 헥타르로 증가했는데, 이는 주로 새로 조성되는 산림의 면적이 줄어들었기 때문이다.

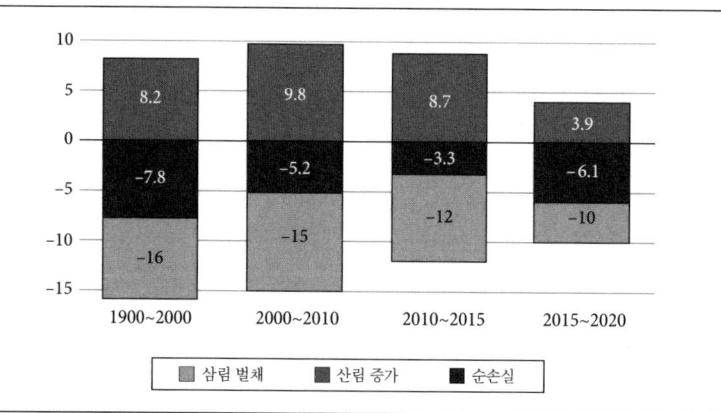

[그림 6.4] 연간 산림 순손실(단위: 100만 ha). 각 기간 전 세계 연간 삼림 벌채량, 산림 면적 증가량, 순손실량(모두 100만 ha) 추정치를 보여준다.
출처: 유엔 식량농업기구(2020) 및 https://rainforests.mongabay.com/deforestation/

앞으로 산림 순손실은 어떻게 될까? 최근 브라질, 인도네시아, 말레이시아에서 삼림 벌채가 가속됐지만, 이는 각국 정부 정책에 따라 달라질 수 있다. 다눈지오 외(d'Annunzio et al., 2015)는 지역별 산림 변화를 모형화해 2020~2030년 동안 산림 순손실률이 둔화될 것으로 예상했지만, 이러한 예측에는 상당한 불확실성이 존재한다. 앞으로 어떻게 될까? 우리도 알 수 없다. 그래도 산림 손실(또는 증가)이 이산화탄소 배출량과 기후에 어떤 영향을 끼칠지 살펴볼 필요가 있다.

삼림 벌채에 따른 이산화탄소 배출

삼림 벌채(및 재조림)가 이산화탄소 배출에 끼치는 영향을 이해하려면 몇 가지 사실과 수치를 추가로 살펴볼 필요가 있다.

(1) **나무 벌목.** 나무를 벌목하면 이산화탄소 순 배출량은 어떻게 될까? 나무 한 그루가 평균적으로 연간 이산화탄소 약 20킬로그램을 흡수하므로 나무 한 그루를 베면 연간 배출량이 20킬로그램 증가하지 않을까? 그렇지 않다. 20킬로그램 이상 증가할 것이다. 나무는 성장하면서 많은 양의 탄소를 축적하기 때문이다. 나무를 태우거나(일반적으로 일어나는 일) 나무가 부패하면 축적된 탄소가 산화돼 이산화탄소로 배출된다. 얼마나 많이? 수종, 크기, 수령에 따라 달라진다. 아마존과 같은 열대우림의 경우, 나무 한 그루당 평균 약 130~145킬로그램의 탄소를 함유하고 있다.[19] 그러나 다른 유형의 숲(예: 열대 또는 온

대 낙엽수림, 침엽수림)의 경우, 탄소 함유량이 다소 낮다. 보수적인 수치는 나무 한 그루당 탄소 110킬로그램인데, 1톤의 탄소는 3.67톤의 이산화탄소이므로 3.67×110≈400킬로그램의 이산화탄소로 환산된다. 이 이산화탄소는 대기에 상당히 빠르게 유입되지만, 온도에 끼치는 영향을 측정하기 위해 10년에 걸쳐 '상각(amortize)'시키면, 대략 연간 400/10=40킬로그램의 이산화탄소가 추가로 배출된다고 할 수 있다.[20] 여기에 흡수 손실량 20킬로그램을 더하면, 나무가 베어질 때마다 연간 60킬로그램의 이산화탄소가 배출되는 셈이다.

(2) **숲 벌채.** 숲을 벌채하는 것은 나무 한 그루를 베는 것과는 전혀 다른 문제다. 그림 6.4를 보면, 2015년부터 2020년까지 5년 동안 매년 약 1,000만 헥타르의 산림이 벌채됐고, 이는 약 400만 헥타르의 산림 증가로 상쇄돼 순손실은 600만 헥타르였다. 1헥타르당 1,000그루의 나무를 기준으로 하면 연간 60억 그루의 나무가 사라진 셈이다. 베어진 나무 한 그루당 연간

---

19. 더 정확하게는 1헥타르당 130~145톤의 탄소이지만, 여기서 우리는 1헥타르당 1,000그루의 나무 밀도를 가정하고 있다. 깁스 외(Gibbs et al., 2007)와 라만쿠티 외(Ramankutty et al., 2007)를 참조하라. 그리고 1톤의 탄소는 3.67톤의 이산화탄소를 생산한다는 것을 상기하라.
20. 아마존 펀드(Amazon Fund, 2010)와 프랭클린, 핀다이크(Franklin and Pindyck, 2018)를 참조하라. 대기 중 이산화탄소 농도 증가는 약 20~50년의 시차를 두고 기온에 영향을 끼치므로, 400킬로그램의 이산화탄소를 한 번에 방출하는 것은 10년에 걸쳐 매년 40킬로그램을 주입하는 것과 비슷한 온난화 효과를 나타낸다. 한편, 건축에 쓰이는 나무는 고려하지 않았는데, 베어낸 나무를 건축에 사용한다면 탄소가 (적어도 일시적으로) 격리된다.

60킬로그램의 이산화탄소를 배출하므로, 연간 산림 순손실로 인해 60킬로그램×60억=3,600억 킬로그램, 즉 3.6억 톤의 이산화탄소가 매년 추가로 대기 중에 방출된다.

(3) **매년 숲 베기.** 만약 딱 1년만 600만 헥타르의 산림이 사라진다면 매년 이산화탄소 배출량은 3.6억 톤 증가하는 데 그칠 것이다. 결코 좋은 일은 아니지만, 그렇다고 끔찍하지는 않다. 하지만 우리는 매년 약 600만 헥타르의 산림을 잃고 있다. 이는 매년 배출량이 3.6억 톤씩 추가된다는 것을 의미한다. 이러한 삼림 벌채 속도를 유지한다면, 10년 후 이산화탄소 연간 배출량은 약 36억 톤 증가하게 되는데, 이는 2020년 전 세계 이산화탄소 배출량인 370억 톤의 10퍼센트에 해당한다.

(4) **이산화탄소 배출에 끼치는 영향.** 위의 대략적인 계산에 따르면, 연간 600만 헥타르의 산림 순손실로 인해 연간 이산화탄소 배출량이 약 36억 톤, 즉 약 10퍼센트 높아지는 효과를 낸다. 이는 보수적인 수치인데, 일부 연구는 열대 삼림 벌채만으로도 약 30억~37억 톤의 이산화탄소 배출을 증가시킬 것으로 추정하기 때문이다.[21] 결론은 다음과 같다. 삼림 벌채는 전 세계 이산화탄소 순 배출량에서 상당한 비중을 차지한다.

---

21. 예를 들어, 바치니 외(Baccini et al., 2012)와 해리스 외(Harris et al., 2012)를 참조하라. 앞서 언급했듯이, 삼림 벌채는 이산화탄소 배출과 기후변화 외에도 다른 피해를 일으킨다. 자세한 내용은 왓슨 외(Watson et al., 2018)를 참조하라.

재조림과 조림

나무를 베는 것이 순 배출량을 증가시키는 요인이라면, 반대로 나무를 베지 않고 늘린다면 순 배출량을 줄이는 데 도움이 될 수 있을 것 같다. 하지만 과연 얼마나 줄일 수 있을까? 그리고 전 세계 이산화탄소 순 배출량을 유의미하게 줄이려면 얼마나 심어야 할까?

2015년부터 2020년까지 전 세계에서 연간 약 60억 그루의 나무(600만 헥타르의 산림)가 사라졌으며, 이러한 손실은 매년 약 36억 톤의 이산화탄소 배출에 해당한다는 사실을 확인했다. 따라서 삼림 벌채를 산림 증가로 완벽히 상쇄할 수 있는 수준까지 줄일 수 있다면, 시차를 두고 순 배출량은 연간 약 36억 톤 감소할 것이다. 향후 10년간의 산림 증가가 2015~2020년 수준으로 유지된다면, 삼림 벌채를 연간 1,000만 헥타르에서 400만 헥타르로 줄임으로써 36억 톤의 감축을 달성할 수 있다. 이는 큰 폭의 감소이지만, 그림 6.4에서 볼 수 있듯이 지난 20년 동안 삼림 벌채는 이미 어느 정도 감소했으며, 추가로 감소할 수도 있다.

재조림(reforestation: 부분적으로 또는 전체적으로 산림이 벌채된 지역에 나무를 심는 것)이나 조림(afforestation: 이전에 산림이 아니었던 지역에 나무를 심는 것)의 일환으로 새로운 나무를 심는 것은 어떨까? 조림은 새로운 목재 공급원으로 기능하며 자연림 보전에 기여할 수 있다. 실제로 오늘날 조림은 목재 수요를 충족하기 위한 상업적 목적으로 이뤄지고 있다. 하지만 이산화탄소를 흡수하고, 순 배출량을 줄이기 위한 목적으로도 이뤄질 수 있다.

재조림·조림의 주요 장애물은 토지 확보의 어려움이다. 삼림 벌채는 대개 농업 용지 확보를 위해 이뤄지는데, 여기에는 소나 양의 방목, 다양한 작물 재배, 그리고 인도네시아와 말레이시아에서처럼 팜유 생산 등이 포함된다. 문제는 그 땅을 재조림하면 농업 용도로의 사용을 포기해야 한다는 것이다. 그러나 일부 삼림 벌채는 단순히 목재와 목재 펄프를 생산하기 위해 이뤄지는데(안타깝게도 지속 불가능한 방식으로), 이 경우에는 재조림하기가 그나마 쉬울 수 있다.

비용은 제쳐두더라도 이산화탄소 순 배출량을 크게 줄일 수 있는 규모로 조림할 만큼 충분한 토지가 있을까? 확실하지 않다. 다만, 낙관적인 연구인 배스틴 외(Bastin et al., 2019)에 따르면, 10억 헥타르 토지를 헥타르당 약 1,000그루의 나무가 있는 숲으로 전환할 수 있다고 한다. 이들의 추정이 맞는다면, 신규 10억 헥타르의 숲은 이산화탄소 배출량에 상당한 영향을 끼칠 것이다. 새로 숲을 조성한 땅의 나무 밀도가 헥타르당 1,000그루이고, 각 나무(성숙했을 때)가 흡수할 수 있는 이산화탄소의 양은 200억 톤(=1,000그루×20킬로그램×10^{9}헥타르)으로, 이는 전 세계 이산화탄소 배출의 절반을 넘는다.

연간 이산화탄소 배출량을 10억 톤만큼만 줄이는 데 새로운 나무가 얼마나 많이 필요할까? 방금 본 것처럼, 10억 헥타르의 새로운 숲이 200억 톤의 배출량을 줄일 수 있으므로 10억 톤의 배출량을 줄이려면 5,000만 헥타르의 새로운 숲이 필요하다. 그리고 헥타르당 나무 1,000그루이므로 500억 그루의 나무가 필요할 것이다.

여기서 우리는 다른 용도로 사용할 수 있는 넓은 토지를 숲으로 바꾸는 데 드는 기회비용, 그리고 나무의 성장에 필요한 물도 고려하지 않았다. 그러나 어쨌든 위의 대략적인 계산은 원칙적으로 조림이 이산화탄소 순 배출량을 줄이는 데 실제로 도움이 될 수 있음을 보여준다.[22]

나무가 해결책일까?

그렇다. 그리고 아니다. 먼저 '그렇다'를 보면, 이론적으로는 삼림 벌채 비율을 급격히 줄이면 이산화탄소 순 배출량을 약 10퍼센트 줄일 수 있고(다른 환경 및 생태학적 이점도 있다), 10억 헥타르에 달하는 대규모 조림을 통해 이산화탄소 순 배출량을 절반으로 줄일 수 있다. '아니다'의 이유는, 첫째, 삼림 벌채는 경제적인 동기에 따라 이뤄졌고, 앞으로도 그럴 가능성이 크다. 둘째, 10억 헥타르의 땅 중 일부라도 새로운 숲으로 전환하는 것은 엄청난 비용이 드는 일이며, 이 비용을 누가 부담할지도 불분명하다.

그렇다면 결론은? 나무만으로 기후 문제를 해결하지는 못하겠지만 유용한 수단임은 분명하며, 기후 정책의 일부가 돼야 한다. 따라서 첫째, 최근의 삼림 벌채 속도를 최대한 줄여야 한다. 이는 이산화탄소 순 배출량을 어느 정도 줄여줄 뿐만 아니라, 다른 중요한 환경적 이점도 있다. 둘째, 경제성의 범위 내에서 최대한 조림을 추진해

---

22. 휴턴, 바이어, 나시카스(Houghton, Byers, and Nassikas, 2015)도 조림이 이산화탄소 제거에 크게 기여할 수 있다고 평가하면서도 나무의 생장을 위해서는 막대한 양의 수자원이 필요하다는 점을 지적한다.

야 한다. 1억 헥타르의 신규 산림(위에서 고려한 10억 헥타르의 10퍼센트)만 조성해도 이산화탄소 순 배출량을 전 세계 배출량의 5퍼센트 이상인 20억 톤 줄일 수 있다.

마지막으로, 나무뿐 아니라 다른 식물, 특히 맹그로브숲, 갯벌 습지, 해초 초원 등 해안 습지에 서식하는 식물도 이산화탄소를 흡수한다는 사실을 잊어서는 안 된다. 따라서 기후변화 대응을 위해서는 기존 습지를 보존하고 이러한 생태계를 복원, 구축하는 것도 매우 중요하다.

탄소 제거 및 격리

나무를 심는 것 외에도, 대기에서 탄소를 제거, 격리해 이산화탄소 순 배출량을 줄이는 다른 방법이 있다. 지나치게 단순화할 위험이 있지만, 탄소 제거 및 격리에 대한 두 가지 기본 방식은 바이오매스를 사용해 에너지를 만드는 것(바이오 에너지)과 직접 공기 포집, 즉 대기에서 또는 화석연료 발전소의 배기가스에서 이산화탄소를 포집하는 것이다.[23]

이 두 가지 방식과 관련해 다양한 기술이 개발, 시험 중이다. 비록

---

23. 탄소 제거 및 격리에 대한 여러 방식은 스미스 외(Smith et al., 2017), 〈국립연구위원회 보고서(National Research Counci, 2015)〉, 그리고 〈이코노미스트〉 기사를 참조하라. https://www.economist.com/briefing/2019/12/05/climate-policy-needs-negative-carbon-dioxide-emissions

현재는 비용이 매우 높지만, 일부에서는 학습곡선을 따라 규모의 경제가 실현되거나 기술 고도화를 통해 상용화될 수 있을 것으로 보고 있다.

바이오 에너지

나무가 대기 중 이산화탄소를 제거하듯, 다른 식물도 마찬가지다. 따라서 또 다른 탄소 제거 및 격리 방식은 다양한 식물과 해조류를 활용해 연소 가능한 바이오매스(biomass)를 만드는 것이다. 물론 바이오매스를 태우면 대기 중으로 이산화탄소가 방출되지만, 성장 과정에서 이산화탄소를 흡수했기 때문에 순 배출량은 영(0)이 된다. 즉, 바이오매스를 태우면 식물이 과거 흡수한 양을 대기로 다시 돌려보내는 것이므로 대기 중 농도에는 변화가 없다.

이와 관련해 영국 요크셔의 드랙스(Drax) 발전소가 바이오매스를 사용해 발전하고 있다.[24] 원래 드랙스 발전소는 영국에서 가장 큰 석탄 화력발전소였지만, 지금은 석탄 대신 목재 펠릿 형태의 바이오매스를 연소한다. (2019년 드랙스에서 사용한 바이오매스는 영국 재생에너지의 10퍼센트 이상을 차지했으며, 이는 영국의 태양광과 같은 수준이다.)

하지만 목재 펠릿 사용에는 문제가 없을까? 이를 생산하기 위해 멀쩡한 나무를 베는 건 아닌가? 현재 드랙스는 제재소에서 나오는

---

[24] https://www.drax.com/about-us/our-projects/bioenergy-carbon-capture-use-and-storage-beccs/ 참조하라.

톱밥이나 잔여 목재를 사용해 펠릿을 만드는 방식으로 이 문제를 해결하고 있다. 그러나 제재소 폐기물만으로는 대규모 발전에 필요한 양을 공급하지 못하므로 언젠가는 목재 펠릿을 생산하기 위해 나무를 베어야 할지도 모른다.

목재 펠릿, 또는 다른 형태의 목질계 바이오매스를 지속 가능하게 생산하기 위해서는 정해진 지역에서 목재를 수확하고, 새로운 나무를 꾸준히 심는 방식이 필수다. 그러나 목질계 바이오매스를 대규모 발전에 사용하려면 그 토지는 매우 넓어야 하는데, 현재로서는 그 땅을 확보할 수 있을지, 또 비용이 얼마나 들지 불분명하다. 대신, 해조류나 농업 폐기물 등 자연적으로 재생 가능한 다른 형태의 바이오매스를 사용하는 방안도 있다. 그러나 이 또한 대규모로 수확하는 것이 가능한지, 얼마나 많은 비용이 들지 불분명하다.

공기와 배기가스 포집

이산화탄소 순 배출량을 줄이는 또 다른 방법은 공기 포집으로서, 공기 중에서 직접 이산화탄소를 뽑아내거나('직접 대기 포집'), 석탄발전소의 배기가스에서 이산화탄소를 포집하는 것이다. 직접 대기 포집은 화학적 또는 물리적 공정을 사용해 공기에서 이산화탄소를 분리한다.[25] 옥시덴탈 페트롤리엄(Occidental Petroleum)사는 직접 대기 포집 실증을 위해 캐나다 기업 카본 엔지니어링(Carbon Engineering)

---

25. 이 과정은 산스페레스 외(Sanz-Pérez et al., 2016)에 자세히 설명돼 있다.

과 협력해 포집된 이산화탄소를 석유로 전환하는 실증 플랜트를 텍사스에 건설했다. 이 석유를 연소하면 순 배출량은 영(0)이 되는데, 연소 시 배출되는 이산화탄소가 포집한 이산화탄소로 상쇄되기 때문이다. 하지만 대기 중 이산화탄소 농도는 0.04퍼센트로 매우 낮아서, 현재 이 과정은 매우 높은 비용이 든다.

이에 비해 석탄발전소 배기가스의 이산화탄소 농도는 훨씬 더 높아서 여기서 포집하는 것이 훨씬 수월하며, 실제로 이것이 초기 아이디어 중 하나였다. 이 방식은 화학 공정을 통해 배기가스에서 이산화탄소를 추출한 다음, 지하 깊은 곳에 주입해 영구적으로 보관하는 것이다. 영국 요크셔의 드랙스 발전소에서 이 기술을 개발 중이며, 그 과정은 그림 6.5에 설명돼 있다.

이 과정은 쉬워 보이지만 해결해야 할 문제가 몇 가지 있다. 첫째, 발전소 배기가스에서 이산화탄소를 포집하는 것이 대기에서 직접

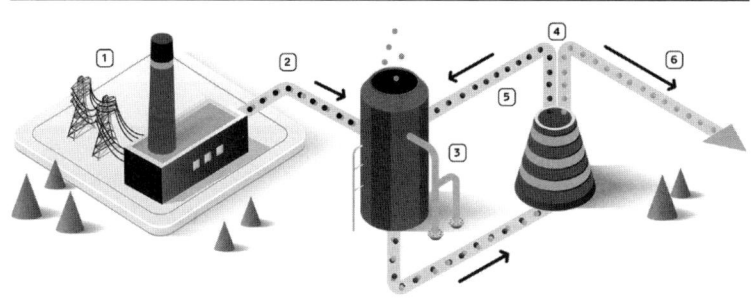

[그림 6.5] 배출원에서 이산화탄소 추출하기. (1) 배기가스 냉각 및 처리, (2) 흡수탑으로 이동, (3) 용매로 이산화탄소 흡수, (4) 보일러에서 용매를 가열해 이산화탄소 분리, (5) 용매 재사용, (6) 분리된 이산화탄소를 파이프라인을 통해 운반해 북해 해저에 영구 저장.
출처: 드랙스 발전소 웹 사이트 https://www.drax.com/about-us/our-projects/bioenergy-carbon-capture-use-and-storage-beccs/

포집하는 것보다는 쉽지만, 여전히 비용이 많이 드는 데다 전체 배출량의 약 90퍼센트만 포집할 수 있어서 이산화탄소 일부는 대기 중으로 빠져나간다. 둘째, 이산화탄소를 지하에 영구적으로 보관하기 위해서는 많은 비용이 소요되며, 상용화를 위해서는 지하의 저장 용량이 매우 커야 한다. 마지막으로, 이산화탄소를 포집하고 지하로 투입하는 과정에서 풍력, 태양광, 원자력 등의 무탄소 에너지가 필요하다. 결국, 이러한 이유들로 인해 발전소 배기가스 포집 방식은 아직 경제성을 확보하지 못한 상황이다.

하지만 좋은 소식은 대기 직접 포집이든 발전소 배기가스 포집이든 새로운 방식을 위한 많은 연구가 진행 중이라는 것이다. [탄소 제거 및 격리 관련 신기술의 비용과 타당성에 대한 최근 분석은 리 외(Li et al., 2015), 키스 외(Keith et al., 2018), 크레켈 외(Krekel et al., 2018), 런전과 허초그(Ranjan and Herzog, 2011)를 참조하라.] 이러한 연구를 통해 비용 효율적인 탄소 제거 및 격리 방식이 개발될 수도 있다. 또한 규모의 경제를 실현함으로써 기존 기술의 비용도 하락할 수 있을 것이다.

결론

탄소 제거 및 격리는 어느 정도까지 이산화탄소 순 배출을 줄여 이산화탄소 농도 증가를 '취소(undo)'할 수 있을까? 이 방식은 기존 배출원을 폐지하지 않아도 되고, 그 자체로 환경에 부정적인 영향을 끼치지도 않기 때문에 매우 매력적인 대안으로 보인다. 일부에서는 이 방법이 지구 평균온도 상승을 섭씨 1.5도 또는 섭씨 2도로 제한하는 목표에 근접할 수 있는 유일한 방법이라고 주장한다.[26]

우리는 삼림 벌채가 이산화탄소 순 배출을 어떻게 증가시키는지 살펴봤다. 일단 나무를 벌목하면 더 이상 이산화탄소를 흡수할 수 없고, 벌목된 나무를 태우거나 나무가 자연적으로 부패하는 과정에서 대기 중에 이산화탄소를 추가로 배출한다. 따라서 삼림 벌채를 늦춘다면 순 배출량을 상당히 줄일 수 있다. 하지만 삼림 벌채는 강력한 경제적 동기에 따라 이뤄지고 있어서 이를 억제하는 것은 결코 쉽지 않다. 조림이나 재조림이 유력한 대안이 될 수 있지만, 넓은 토지와 상당한 수자원이라는 물리적인 제약이 있다. 또한 토지 사용의 기회비용이 클 수 있으며, 대규모 비용을 누가 부담할지도 불분명하다는 경제적인 문제도 있다.

이러한 장애물에도 불구하고, 나무는 이산화탄소 순 배출량을 줄이는 데 도움이 될 수 있으며, 반드시 기후 정책 중 하나가 돼야 한다. 삼림 벌채를 줄이면 순 배출량을 어느 정도 감소시킬 수 있을 뿐만 아니라, 다른 환경적·생태적 이점도 얻을 수 있다. 또한 경제적으로 타당한 범위 안에서 최대한 재조림과 조림을 추진해야 한다. 마지막으로, 다른 식물, 특히 해안 습지에 서식하는 식물도 이산화탄소를 흡수하므로 이러한 습지를 보존, 복원하는 것 역시 필요하다.

이와 함께 화석연료 발전소에서 발생하는 이산화탄소를 흡수, 저

---

26. 퍼스 외(Fuss et al., 2016)와 퍼스(Fuss, 2017)를 참조하라.

장하는 것과 같은 탄소 제거 및 격리 방식도 있다. 그 외에도 여러 탄소 제거 및 격리 방식에 대한 연구 개발이 활발히 이뤄지고 있으며, 많은 기업이 새로운 기술 개발에 투자하고 있다. 그러나 현재로서는 아직 경제성을 갖춘 기술은 존재하지 않는다. 다만, 시간이 지남에 따라 비용이 하락할 것이고, 이러한 기술 중 일부가 상용화돼 미국과 유럽에서는 대규모로 사용될 수 있을지도 모른다. 그러나 비용이 낮아지더라도 중국, 인도 등의 다배출 국가에서 이러한 기술을 대규모로 채택할 가능성은 크지 않아 보인다. 탄소 제거 및 격리는 분명 도움이 되겠지만, 전 세계 넷제로를 달성하기 위해 전적으로 이 기술에만 의존해서는 안 된다.

4. 더 읽어보기

이 장에서는 전 세계 차원에서 이산화탄소 감축이 왜 중요한지, 그리고 그것이 강제력 있는 국제 협약에 포함돼야 하는 이유가 무엇인지 설명했다. 그리고 이 목표를 달성하는 가장 효율적인, 즉 비용이 가장 적게 드는 방법은 탄소세라고 했다. 동시에, 가능한 한 대기 중 이산화탄소를 제거해 순 배출량을 줄이려는 노력도 병행해야 한다고 했다. 여기서는 이 주제들을 간략히 다뤘지만, 더 자세한 내용을 알고 싶다면 다음의 자료를 참고하길 바란다.

- 대부분의 경제학자들과 마찬가지로 나 역시 이산화탄소 감축을 위한 가장 효율적인 방법은 탄소세라고 주장했다. 멧캐프(Metcalf)의 저서 《오염에 대한 비용 지불: 탄소세가 미국에 좋은 이유(Paying for Pollution: Why a Carbon Tax is Good for America, 2019)》는 탄소세의 필요성을 명확하고 설득력 있게 제시하면서 탄소세를 어떻게 설계하고 적용할지 설명한다. 또한 이 책은 매우 읽기 쉬운 기후변화 경제학 입문서이기도 하다.
- 알디 외(Aldy et al., 2010)와 멧캐프(Metcalf, 2009)는 감축 정책을 어떻게 설계하고 실행할 수 있는지, 그리고 왜 국제적 합의가 어려운지를 잘 설명해준다.
- 기후변화 대응을 위해서는 혁신이 매우 중요하다. 에너지를 저장하고, 대기에서 탄소를 제거하며, 탄소를 훨씬 덜 배출하는 방식으로 콘크리트, 철강, 알루미늄을 생산하는 방법을 찾아야 한다. 연구 개발과 혁신이 어떻게 도움이 될 수 있는지에 대한 멋진 설명이 필요하다면 마이크로소프트 창립자 빌 게이츠의 최근 저서(Gates, 2021)를 참조하라.
- '2. 탈탄소화의 대안 원자력발전'(265쪽)을 읽은 후에도 여전히 원자력이 껄끄러운가? 그렇다면 〈국제에너지기구 보고서(International Energy Agency, 2019)〉에서 원자력 관련 안전과 정책 문제를 다루는 부분을 읽어보시기를.
- 삼림 벌채의 영향을 포함해 나무와 이산화탄소 배출과의 연관성을 다루는 연구는 계속해서 증가하고 있다. 삼림 벌채와

산림 순손실의 원인, 범위, 영향에 대해선 유엔식량농업기구(FAO, 2020) 및 유엔환경계획(UNEP, 2020)을 참조하라. 앞서 언급했듯, 삼림 벌채는 기후변화뿐만 아니라 환경 및 생태계에 부정적인 영향을 끼칠 수 있다. 아마존 열대우림에 대한 내용은 아마존 펀드(Amazon, 2019)를 참조하라.

- 탄소 제거 및 격리 기술은 간략히 다뤘다. 보다 자세한 내용은 헵번 외(Hepburn et al., 2019), 스미스 외(Smith et al., 2017), 국립연구위원회(National Research Council, 2015)를 참조하라.

7장

기후변화에 적응하라

CLIMATE FUTURE

이산화탄소 배출을 줄이기 위해 탄소세, 친환경 에너지 보조금, 화석연료 규제, 탄소 제거 및 격리, 그리고 재생에너지로의 전환에 필요한 에너지 저장 기술 개발 등은 모두 중요하며, 앞으로도 기후 정책의 핵심축으로 기능해야 한다. 그러나 우리는 최선의 노력에도 불구하고, 세기말까지 온도 상승을 섭씨 1.5도 또는 섭씨 2.0도 이하로 막을 만큼 충분히, 그리고 빠르게 줄일 수 없음을 받아들여야 한다. 그렇기에 기후 정책의 또 다른 핵심축인 적응(adaptation)에 지금부터 적극적인 투자를 해야 한다.

당신이 화창한 날씨에 해변에서 느긋한 하루를 보내고 있다고 하자. 썰물 때 도착해서 모래사장에 의자를 깔고 새로 산 책을 읽기 시작한다. 하지만 이제 밀물이 시작되면 어떻게 해야 할까? 그냥 앉아서 계속 책을 읽는다면 아마 물속에 잠기게 될 것이다. 그래서 당신은 일어나서 의자를 육지 쪽으로 옮긴다. 이것이 바로 적응이다. 밀물이 들어올 것을 예상하고서 미리 의자를 옮겨 상황에 대비하는 것이다.

물론, 기후변화는 조수만큼 정확하게 예측할 수 없다. 그러나 기후변화가 어떤 결과를 초래할지는 어느 정도 짐작하고 있다. 기후변화 맥락에서 적응은 온난화 등 이산화탄소 농도 상승으로 예상되는 결과에 대처하기 위해 무언가를 선제적으로 하는 것을 의미한다. 예를 들면, 극한 기온에 견딜 수 있는 새로운 작물 품종 개발, 홍수나 산불 취약 지역에 건축 금지, 홍수를 막기 위한 방파제 건설, 지구공학을 사용한 온실효과 줄이기 등이다.

적응은 가계나 기업이 취하는 사적 형태가 될 수도, 지방·주·연방 정부가 취하는 공적 성격을 띨 수도 있다. 또는 이 두 가지가 혼합된 조치일 수도 있다. 집에 에어컨을 설치한다거나, 부동산 개발업체가 허리케인에 취약한 해안 지역에 신축을 중지한다거나, 캐리어(Carrier) 같은 기업이 저렴하고 효율적인 에어컨 개발에 투자하는 것은 사적 적응의 예다. 반면, 해수면 상승으로 인한 홍수를 막기 위한 제방, 방파제 건설, 다양한 지구공학적 시도들은 공적 적응의 예다. 또한 민간과 공공이 협력하는 방식도 있을 수 있는데, 민간 농업 회사가 정부의 지원을 받아 내열성 밀이나 옥수수 품종을 개발하는 것이 그 예다. 정부의 개입 여부와 무관하게 이주(migration)는 적응의 또 다른 예로, 실제로 사람들은 더 서늘한 지역으로 이동해 기온의 장기적인 변화에 대응하는 것으로 나타났다.[1]

이번 장에서는 세 가지 분야의 적응, 즉 농업(대체 작물의 개발과 도입, 새로운 관개 방법, 다른 지역에 재배하는 방법 등), 허리케인과 해수면 상승으로 인한 피해를 줄이는 방법, 그리고 지구공학에 대해 자세히

---

1. 예를 들어, 멀린즈와 바라드와즈(Mullins and Bharadwaj, 2021)는 미국 내 카운티 간 이주는 장기적인 기온 변화에 대한 반응이며, 단기적인 변화에는 반응하지 않는다는 점을 보여주었다.

살펴본다. 물론 이 외에도 다양한 형태의 적응이 있지만, 이를 통해 최소한 어떤 것이 가능하고 필요한지 대략 알 수 있을 것이다.

1. 농업에서의 적응

앞서 설명했듯이, 우리는 기후변화가 장기적으로 경제에 어떤 영향을 끼칠지를 정확히 알지 못한다. 향후 50년 동안 지구 평균온도가 섭씨 3도 상승하면 GDP는 그렇지 않을 때보다 5퍼센트 낮아질까, 아니면 10퍼센트 낮아질까? 알 수 없다. 온난화가 천천히 진행된다면, 그 변화에 온전히 적응해 피해가 없을지도 모른다. 그리고 기후변화의 영향은 지역과 경제 부문별로 상당한 차이를 보일 것이다. 예를 들어, 가전제품, 컴퓨터 소프트웨어, 의약품 생산에는 그리 큰 영향을 끼칠 것 같진 않지만, 날씨에 매우 민감한 농업 부문에는 큰 영향을 끼칠 것이다. 극단적인 기온(덥거나 춥거나)과 극단적인 강우량(비가 너무 많이 또는 너무 적게 오거나)은 작물 수확량을 급격히 감소시킬 수 있다. 따라서 농업이 기후변화 영향을 가장 집중적으로 연구해 온 분야라는 사실은 전혀 놀랍지 않다.

하지만 농업에서조차 기후변화의 영향을 정확히 예측하기는 어렵다. 날씨 변동이 작물 수확량에 어떤 영향을 끼쳤는지 분석할 수는 있지만, 기후변화는 전혀 다른 이야기다. 기후는 해마다 평균적으로 예상할 수 있는 날씨의 형태와 그 변화의 정도이기 때문이다. 예를 들어, 마이애미 기후는 미니애폴리스보다 훨씬 더 따뜻하고 습하다. 하지만 미니애폴리스의 오늘 날씨는 예년 이맘때의 평소 날씨보다 훨씬 따뜻할 수 있고, 불과 몇 주 전의 날씨와는 크게 다를 수 있다.

모든 지역에서 날씨는 자주 변한다.[2] 그러나 기후는, 만약 변한다면, 매우 느리게 변한다. 비정상적으로 덥거나 추운 여름과 같은 날씨 변화는 농작물에 영향을 끼칠 수 있지만, 기후변화와는 전혀 관련이 없을 수도 있다.

데이터로 알 수 있는 것

그래서 문제가 있다. 기후변화가 농업 생산량에 어떤 영향을 끼칠지 알고 싶지만, 동시에 적응의 가능성도 고려해야 한다. 우리는 여러 지역의 작물 수확량과 날씨(기온 및 강우량)에 대한 방대한 데이터를 가지고 있으므로, 비정상적으로 따뜻하거나 추운 날씨에 따라 작물 수확량이 어떻게 변했는지 살펴볼 수는 있다. 하지만 기후의 점진적인 변화에 따라 작물 수확량이 어떻게 변할지는 다른 이야기다.

경제학자들은 두 가지 방식으로 이 문제를 해결하려고 노력해왔다. 첫 번째 방식은 기후가 다른 지역의 작물 수확량을 서로 비교하는 것이다. 예를 들어, 평균적으로 따뜻한 미국 지역(예: 루이지애나)

---

2. 특히 이곳 보스턴에서는 더욱 그렇다. 마크 트웨인은 "지금 뉴잉글랜드의 날씨가 마음에 들지 않은가? 몇 분만 기다려"라고 말했다고 한다.

과 평균적으로 서늘한 지역(예: 노스다코타 또는 사우스다코타)의 농작물 수확량을 비교한 결과 서늘한 지역의 수확량이 더 높았다면, 서늘한 지역이 따뜻해지면(예: 다코타의 기후가 루이지애나의 기후와 비슷해지면) 작물 수확량이 떨어질 것이라고 말할 수 있다. 물론 습도, 토양 특성 등 지역마다 작물 수확량에 영향을 끼칠 수 있는 다른 많은 요인이 있지만, 이러한 차이까지 고려해 '다른 모든 것은 같게 해서(all other things equal)' 비교할 수 있다.[3]

두 번째 접근 방식은 연도별 변화가 아닌 비교적 긴 기간(50년 이상)에 걸친 작물 수확량과 날씨 변화를 추적하는 것이다. 예를 들어, 기후변화의 결과와 비슷하게 50년 동안 평균기온이 섭씨 1도 상승했다고 가정하자. 50년 동안 평균 작물 수확량이 어느 정도 감소했다면 기후변화가 원인이며, 미래에 평균기온이 상승하면 작물 수확량이 더 감소할 것이라고 추론할 수 있다.[4]

이 두 가지 방식 모두 유용한 통찰을 제공하지만, 적응을 고려하지 않는다는 근본적인 문제가 있다. 이 문제를 이해하기 위해 지역 A가 지역 B보다 따뜻하고 작물 수확량은 평균적으로 낮다고 하자. 기

---

3. 멘델손, 노드하우스, 쇼(Mendelsohn, Nordhaus, and Shaw, 1994)는 수확량에 영향을 끼치는 다른 요인들을 통제하면서 기후가 다른 여러 지역의 작물 수확량을 비교한 최초의 연구 중 하나다.
4. 50년 이상의 시간 변화를 기반으로 한 연구로는 데쉐느와 그린스톤(Deschênes and Greenstone, 2007), 슐렝커와 로버츠(Schlenker and Roberts, 2009) 등이 있다. 기후변화가 농업에 끼치는 잠재적 영향을 추정하기 위해 기상 자료를 사용하는 방법에 대해서는 아우프하머 외(Auffhammer et al., 2013)를 참조하라.

후변화 때문에 지역 B가 지역 A만큼 따뜻해지면, 지역 B의 작물 수확량은 지역 A의 현재 수확량 수준으로 감소할 것인가? 꼭 그렇지는 않을 것이다. 기후변화는 천천히 일어나기 때문에 지역 B의 농부에게는 적응할 시간이 있다. 그들은 재배 작물의 종류를 바꾸거나(따뜻한 날씨에 덜 민감한 작물로), 튼튼하고 온도에 덜 민감한 새로운 작물을 개발함으로써 변화에 대응할 수 있다.[5]

만약 과거에는 온도 상승에 대한 적응이 없었다면 앞으로는 가능할까? 과거에는 기후변화가 실제적이고 심각한 것으로 인식되지 않았기 때문에 농부들은 적응에 자원을 투입할 이유가 없었을 수 있다. 이제는 기후변화를 현실적이고 임박한 위협으로 받아들인다면 기후변화에 대한 적응이 이뤄질 가능성이 크다. 실제로 오늘날에는 과거보다 훨씬 더 많은 사람이 기후변화를 실제적이며 임박한 위협으로 인식하고 있다.

---

[5]. 버크와 에머릭(Burke and Emerick, 2016)의 혁신적인 연구는 미국 내 카운티별로 기후 차이가 상당하다는 사실을 이용했다(1980~2000년간 일부 카운티 기온은 섭씨 0.5도 하락한 반면, 다른 카운티에서는 섭씨 1.5도 상승했으며, 강수량도 카운티에 따라 40퍼센트까지 감소 또는 증가했다). 연구진은 20년간의 '장기 차이'를 활용해 카운티 수준에서 농작물이 기온 및 강수량의 변화에 어떻게 반응하는지 추정한 결과, 장기적인 반응이 단기적인 반응과 크게 다르지 않다는 것을 확인했다. 이는 사실상 적응이 이뤄지지 않았음을 시사하는데, 연구진은 "과거에는 농부들이 기후변화를 인식하지 못해 적응에 신경 쓰지 않았지만, 미래에는 이러한 변화를 인식하고 빠르게 적응한다면 우리의 연구 결과는 온난화의 미래 영향에 대한 잘못된 가이드가 될 것"이라는 단서를 달았다.

역사 속에서의 실험

우리는 기후변화가 농업에 끼치는 영향이 무엇인지, 그리고 그 영향을 적응이 어느 정도까지 줄일 수 있는지 알고 싶다. 이를 알기 위한 이상적인 방법은 기후를 실제로 변화시킨 다음, 어떤 일이 일어나는지 살펴보는 실험을 수행하는 것이다. (그러고 나서 결과가 마음에 들지 않으면 기후를 이전으로 되돌리면 된다.) 물론 이러한 실험은 불가능하다. 하지만 그럴 필요가 없을지도 모른다. 역사 속에서 이미 어느 정도 실험이 진행됐기 때문이다.

미국 역사에는 농업 부문에서 적응에 대한 흥미로운 실험이 있었고, 올름스테드와 로드(Olmstead and Rhode, 2011b, a)가 이를 분석한 바 있다. 다만, 여기서 기후'변화'는 시간에 따라 발생한 것이 아니라 공간, 즉 미국의 지역별 차이에서 발생했다. 미국 초창기에 이주민은 미국 동부 지역에 정착한 뒤, 점차 서부로 이동했다. 아이오와, 일리노이, 미주리, 위스콘신, 미네소타 등 현재 중서부 지역으로 이주한 정착민들에게는 그곳의 토양이 돌이 많은 동부의 토양보다 경작하기 훨씬 쉽고, 그래서 밀과 옥수수를 재배하기에 이상적으로 보였다. 그러나 기대와 달리 수확량은 형편없었다. 문제는 토양이 아니라 기후였는데, 동부에 비해 기후가 혹독했던 것이다.

그림 7.1은 올름스테드와 로드(Olmstead and Rhode, 2011b)에서 가져온 것으로, 1850년대 미국의 밀 생산이 대부분 뉴욕, 펜실베이니아, 오하이오에서 이뤄졌음을 보여준다. 사람들은 서부로 이주하

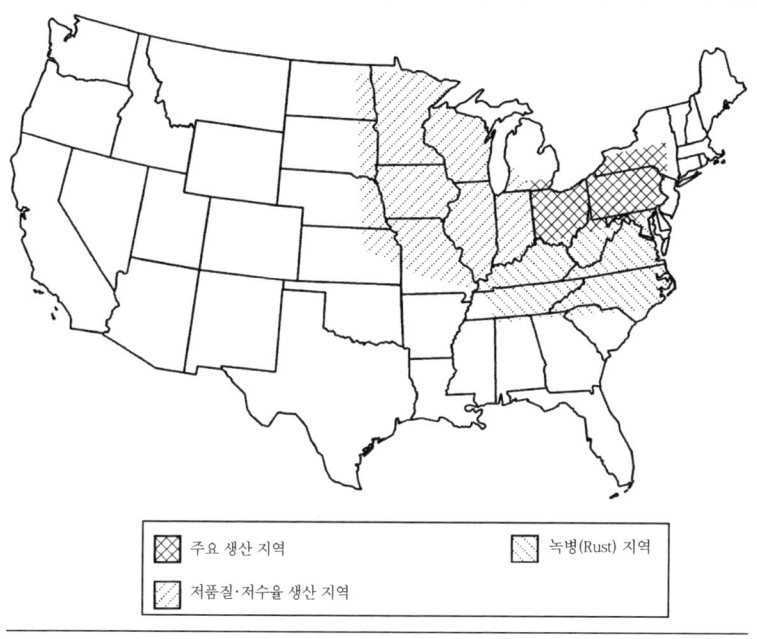

[그림 7.1] 1858년 미국의 밀 생산 지역. 1850년대에는 생산 대부분이 미국 동부에서 이뤄졌다. 이후 사람들이 중서부로 이주했지만, 극단적인 기온 때문에 밀 수확량이 적었다. 농부들은 새로운 품종을 심고 잡종 곡물을 개발하는 방식으로 적응했다.
출처: 올름스테드와 로드(2011b)

면서 보다 기름진 토양을 찾아 농사를 지으려 했지만 그리 성공적이지 못했다. 이 지역의 기후는 동쪽과는 달리 건조하면서 강수량의 변동이 심했고, 겨울은 훨씬 더 추웠으며 여름은 훨씬 더 더웠다.

이주민들은 이러한 기후 차이에 어떻게 대응했을까? 올름스테드와 로드(Olmstead and Rhode, 2011b, a)에 따르면, 그들은 기존과는 다른 밀 품종을 재배했다. 이 품종은 주로 두 가지 경로를 통해 도입됐다. 하나는 이미 다른 국가에서 성공적으로 재배된 품종을 수입한 것이고, 다른 하나는 기존 품종들을 교배해 새로운 품종을 개발한 것이다. 예를 들어, 우크라이나에서 유래한 레드 파이프(red fife)라는 밀 품종은 1842년 데이비드 파이프가 북미에 도입한 것이었고, 러시아에서 유래한 터키(Turkey)라는 밀 품종은 1873년 북미에 들어왔다.[6] 이들 품종은 중서부의 극단적인 기온 조건을 더 잘 견딜 수 있었으며, 농부들은 호의적이지 않았던 환경을 활용할 수 있었다. 미 정부도 품종을 시험, 교배하고 새로운 품종을 실험하는 등 중요한 역할을 했다.[7]

농업 생산량은 지난 두 세기 동안 크게 증가했으며, 이는 주로 기술 변화 덕분이었다 노먼 볼로그(Norman Borlaug)와 같은 이들이 공헌한 '녹색혁명(Green Revolution)'의 영향은 엄청났지만, 실제 성과는 1950년대에 시작됐다. 그러나 이러한 기술 기반의 생산성 향상은 이미 1830년대부터 시작됐다. 앞서 살펴본 사례에서도 알 수 있듯, 이러한 기술 변화 대부분은 더 강인한 품종의 개발과 도입을 통해 이뤄졌으며, 여기에 더해 관개 기술 및 비료와 살충제의 개선, 기

---

6. 이 품종들은 다양한 경로를 통해 북미에 도입됐다. 예를 들어, 올름스테드와 로드(2011a)에 따르면, "알려지기로는 1873년 남부 러시아에서 캔자스로 이주한 독일계 메노나이트(Mennonites)가 터키 밀을 도입했다. …… 더 나아가 메노나이트는 캔자스로 떠나기 전에 새로운 땅에 적합하다고 여겨지는 고품질의 씨앗을 신중하게 선택해 가져왔다".
7. 예를 들어, 올름스테드와 로드(Olmstead and Rhode, 2011a)는 다음과 같이 전한다. "캔자스 정착민들은 동부에서 흔히 볼 수 있는 겨울용 품종을 시험했지만, 이는 캔자스의 추운 겨울과 덥고 건조한 여름 조건에서는 신뢰할 수 없다는 것이 드러났다. 반면, 터키 품종의 우수성이 캔자스 농업시험장에서의 실험을 통해 입증됨에 따라 점차 대중화되기 시작했다. 그 결과, 1919년 네브래스카와 캔자스에서는 터키형 밀이 밀 재배 면적의 80퍼센트 이상을 차지했고, 콜로라도와 오클라호마에서는 70퍼센트를 차지했다".

계화 역시 생산성을 크게 높였다. [올름스테드와 로드의 저서(Olmstead and Rhode, 2008)는 이러한 농업 기술 변화의 역사를 다루고 있다.] 농업 분야에서의 기술 발전은 계속되고 있으며, 앞으로 다가올 기후변화에 적응을 가능케 하는 기반을 제공할 것이다.

무엇을 기대할 수 있나?

식량이 없으면 우리는 생존할 수 없다. 따라서 기후변화가 농업 분야에 어떤 영향을 끼칠 것인가 하는 문제는 매우 중요하다. 농업 생산량은 경제의 다른 어떤 부문보다도 날씨 변화에 민감하므로 기후변화에 매우 취약한 영역처럼 보일 수 있다. 그러나 기후변화는 천천히 일어나기 때문에 적응을 통해 농업의 기후변화에 대한 취약성을 완화하고 부정적인 영향을 줄일 수 있다.

   기후변화에 대응해 농업은 적응을 어떤 방식으로, 그리고 얼마나 해야 할까? 기후변화 때문에 여름은 더 더워지고, 겨울은 더 추워지며, 가뭄은 더 빈번해져 생산량이 급격히 줄고, 그래서 식량 가격이 급등하게 될까? 아니면 점진적인 적응을 통해 그 영향을 완화할 수 있을까? 농부는 무엇을 언제 어디서 심을지 유연하게 결정하고, 기업은 기후 탄력적인 새로운 품종을 개발하며, 정부는 신품종 개발과 관개 방법 연구에 자금을 지원하고 신기술 채택에 보조금을 지급할까?

   과거의 경험을 보면, 우리가 어느 정도 적응할 가능성은 매우 크다. 그러나 얼마나 잘 적응할 수 있을지, 그리고 기후변화가 농업에 어떤 영향을 끼칠지는 예측하기 어렵다. 실제로 농업은 기후변화가 경제 전반에 끼치는 영향을 예측하는 것이 얼마나 어려운지를 극명히 보여주는 대표적인 사례이기도 하다. 현시점에서 우리가 말할 수 있는 것은, 적응은 기후변화의 영향을 줄이는 데 상당한 도움이 될 수 있으므로 이를 원활하게 하는 기술 변화를 촉진, 가속하기 위해 우리가 할 수 있는 일을 해야 한다는 것이다.

2. 허리케인, 폭풍, 그리고 해수면 상승

지구온난화는 광범위한 홍수를 초래할 수 있다. 온도 상승은 허리케인과 폭풍의 빈도와 강도, 그리고 해수면 상승과 밀접하게 관련돼 있다. 대기 온도가 높아지면 허리케인과 폭풍에 더 많은 에너지가 공급돼 이들이 더욱 파괴적으로 변할 수 있다. 또한 기온이 상승하면 바닷물이 따뜻해지면서 부피가 커지고, 빙하(glacier)가 녹아 해수면이 상승할 수 있다. 자, 대규모 홍수가 증가할 것인가? 그렇다면 얼마나 증가할까?

첫 번째 질문에 대한 답은 "그렇다"이다. 우리는 홍수 발생 범위가 확대될 것으로 예상해야 한다. 지구온난화로 인해 허리케인 빈도와 강도가 증가하고, 해수면이 상승해서 홍수 위험을 높일 것이다. 하지만 두 번째 질문인 홍수가 얼마나 증가할지에 대한 답은 아직 모른다.

왜 우리는 모르는 걸까? 먼저, '4. 해수면이 상승하는 이유'(226쪽)에서 살펴본 것처럼 해수면이 얼마나 상승할지 불확실성이 크다는 점을 상기하자. 물론 기온 상승 정도에 따라 달라지겠지만, 설령 향후 수십 년간의 평균온도 상승을 정확히 예측할 수 있다고 해도 해수면이 어떻게 변화할지는 여전히 불확실하다. 마찬가지로, 온도가 얼마나 상승할지 예측할 수 있다고 해도 허리케인이 얼마나 더 빈번해지고 강력해질지는 알기 어렵다. 따라서 결론은, 앞으로 홍수가 얼마나 심각한 문제가 될지 아직 알 수 없다는 것이다. 또한 홍수의 위협은 지역에 따라 다를 텐데, 방글라데시나 동남아시아 저지대 국가에서는 큰 위협일 수 있지만, 캐나다 중부와 같은 내륙 고지에서는 그리 심각한 문제는 아닐 것이다.[8]

홍수가 얼마나 큰 문제가 될지 알 수 없으니, 가만히 앉아 긴장을 풀고 어떤 일이 일어날지 지켜봐야 할까? 그렇지 않다. 정반대다. 기후변화와 마찬가지로, 불확실성 그 자체 때문에 지금 당장 행동에 나서야 한다. 불확실성은 보험 가치를 창출한다. 집이 언제 침수될지 모른다고 해서 홍수 보험에 가입할 필요가 없다는 뜻은 아니다. 홍수가 약간 심해질 수도, 훨씬 더 심해질 수도 있지만, 우리가 대비해야 하는 것은 후자의 가능성이다.

해수면 상승과 관련해서도 최악의 상황에 대비하는 것이 중요하

---

8. 특히 남태평양의 마셜제도, 통가, 바누아투와 같이 물속에 잠길 수 있는 섬나라의 경우 문제는 더욱 심각하다. 소규모 섬나라의 기후변화 취약성에 대한 종합적 분석은 미무라(Mimura, 1999)를 참조하라.

다. 해수면이 약간만 상승할 수도, 크게 상승할 수도 있는데, 지금 준비하면 최악의 상황에서 우리를 보호할 수 있다. 그렇다면 우리는 어떤 조치를 취할 수 있을까? 대표적으로 방파제, 제방 건설이 있으며, 그 외에 다른 방법도 있다. 이제 그 내용을 살펴보자.

홍수와 그 영향

해수면이 상승하고 허리케인이 더 강력해지면 해안 지역에서는 홍수가 발생할 가능성이 커진다. 어느 정도 심화될까? 아직은 알 수 없으므로 지금 할 수 있는 최선은 몇 가지 가능성을 살펴보고, 최악의 시나리오로부터 보호할 방법을 생각해보는 것이다.

어떤 가능성이 있을까? 여러 연구에서 다양한 온도 시나리오를 가정해 해수면 상승의 범위와 전 지구적 영향을 예측했고 매우 다양한 추정치를 얻었다.[9] 물론, 이러한 차이는 사용된 모형의 차이에 기인하지만, 근본적으로는 해수면 상승과 홍수 피해에 대한 불확실성을

---

9. 예를 들어, 힌켈 외(Hinkel et al., 2014)는 홍수 위험을 토지나 다른 자본에 대한 연간 예상 피해와 예상 침수 인구수로 측정하고, 2100년 전에 세계 평균 해수면이 0.25~1.23미터 상승할 경우, 적응이 없다면 전 세계 인구의 0.2~4.6퍼센트가 매년 침수 위험에 직면하며 국내총생산(GDP)은 0.3~9.3퍼센트에 달하는 손실이 발생할 것으로 보았다. 린케와 힌켈(Lincke and Hinkel, 2018)은 힌켈 외(Hinkel et al., 2014)의 연구를 바탕으로 해수면 상승 범위가 0.3미터에서 2.0미터인 다섯 가지 시나리오하에서 연안 적응 조치가 경제적으로 타당하다는 사실을 확인했다. 특히, 모든 시나리오하에서 전 세계 해안 인구 90퍼센트가 거주하는 전 세계 해안선의 13퍼센트에 대해 해안 보호 조치가 경제적으로 타당하다고 결론지었다. 그리고 예브레예바 외(Jevrejeva et al., 2018)는 2100년까지 섭씨 2.0도 상승 시 해

반영한다. 그러나 이러한 연구를 통해 얻은 공통적인 결론은 심각한 홍수와 대규모 피해가 발생할 가능성이 존재하며, 우리는 이에 대비해야 한다는 것이다.

그렇다면 이러한 위험에 대비할 수 있는 적응 조치에는 무엇이 있을까? 기후변화에 대한 우려가 제기되기 훨씬 이전부터 이뤄진 조치에서 힌트를 얻을 수 있다. 홍수는 오랫동안 전 세계 여러 지역에서 실존하는 위협이었으며, 이에 대한 적응은 다양한 방식으로 이뤄졌다. 예를 들어, 제방은 폭풍과 허리케인으로 인한 홍수를 막고, 해수면보다 낮은 토지를 보호하기 위해 오랫동안 사용돼왔다.

대표적인 초기 사례는 13세기 처음으로 대규모로 건설된 제방에서 시작된 네덜란드 홍수 방지 시스템이다.[10] 제방 건설에 사용된 자재는 변화했지만(18세기 초에는 목재를 사용했고, 지금은 모래를 쌓은 후 방수와 침식 방지를 위해 그 위에 점토를 덮는다), 제방이 없었다면 네덜란드의 많은 지역이 물속에 잠겼을 것이다.

마찬가지로, 뉴올리언스의 홍수 조절 시스템도 프랑스인들이 미

수면은 0.63미터 상승하고, (적응 조치를 취하지 않을 경우) 연간 전 세계 홍수 피해가 11조 7,000억 달러(전 세계 GDP의 13퍼센트)에 달하며, 섭씨 3.5도 상승 시 해수면은 0.86미터 상승하고, 연간 홍수 피해가 14조 3,000억 달러(GDP의 16퍼센트)에 달할 것으로 추정했다. 미국의 홍수에 관한 유사한 연구는 하우어, 에반스, 미시라(Hauer, Evans, and Mishra, 2016), 유럽의 경우 부스두카스 외(Vousdoukas et al., 2017)를 참조하라. 데스메트 외(Desmet et al., 2021)는 적응 조치 유무에 따른 향후 200년 지역별 홍수 위험을 전망했다.

10. 네덜란드에서 제방은 7세기에 처음 지어졌다. 제방(dike)이라는 단어는 원래 네덜란드어로, 바닷물의 침범을 막기 위해 쌓은 긴 성벽이나 제방을 의미한다. 네덜란드의 제방에 대한 간략한 역사는 http://dutchdikes.net/history/를 참조하라.

시시피강 홍수를 막기 위해 1717년부터 1727년까지 간단한 제방을 건설하면서 시작됐다. 오늘날 이 시스템은 약 310킬로미터(192마일)의 제방과 약 160킬로미터(99마일)의 방파제로 확대돼 한쪽은 미시시피강으로부터, 다른 한쪽은 폰차트레인호(Pontchartrain)로부터 도시를 보호하고 있다. 그리고 오랫동안 폭풍해일의 위협을 받아온 이탈리아 베네치아는 1987년부터 홍수 방지 수문을 이용해 이를 막고 있다. 홍수 위협에 대한 이러한 형태의 적응은 전 세계에서 오랜 기간에 걸쳐 이뤄졌다. 예를 들어, 지난 150년 동안 홍수에 노출된 유럽의 도시 총면적은 약 1,000퍼센트 증가했지만, 홍수로 인한 사망자와 GDP 대비 경제적 손실은 오히려 크게 줄어들었다. 유럽 외 지역에서도 홍수에 대한 취약성은 전반적으로 감소해왔다.[11]

홍수 방지 물리적 방벽

제방과 방파제는 홍수 위협에 대한 공공 적응의 한 형태로, 전 세계 곳곳의 인구 밀집 지역에서 꾸준히 건설되고 있다. 예를 들어, 미국에서는 전체 해안선의 15퍼센트에 해당하는 약 2만 3,000킬로미터 구간이 제방과 방파제로 보호되고 있다.[12] 해안선 보호는 주로 제방의 형태로 이루어지며, 방파제는 그보다 적은 비율을 차지한다.

---

11. 유럽의 홍수 관련 데이터는 파프로트니 외(Paprotny et al., 2018), 전 세계 동향은 용만 외 (Jongman et al., 2015)와 용만(Jongman, 2018)을 참조하라.

제방과는 달리, 방파제는 해안선과 평행하게 건설되며, 직접적으로 파도로부터 해안을 보호한다. 과거에는 침식을 막는 것이 주요 기능이었지만, 지금은 해안 홍수에 대한 방어벽으로 널리 활용되고 있다. 방파제의 가장 큰 장점은 강력한 해안 방어벽을 형성해 해안 홍수를 안정적으로 막을 수 있다는 것이다. 특히 수직 구조로 설계되면 제방보다 적은 공간만으로도 동일한 효과를 얻을 수 있다. 또한 방파제는 수면 위로 드러날 필요가 없으며, 완전히 물에 잠기더라도 폭풍해일을 차단할 수 있다.

방파제의 가장 큰 단점은 비용이다. 동일한 수준의 보호 효과를 얻기 위해서는 제방보다 더 많은 비용이 들어간다. [또 다른 단점은 방파제가 습지나 간조 해변(intertidal beach)과 같은 연안 서식지를 파괴할 수 있다는 것이다.] 맨해튼 남부를 둘러싸도록 계획됐던 방파제 프로젝트가 대표적인 예다(그림 1.4 참조). 2012년 허리케인 샌디(Sandy) 수준의 폭풍해일 대비를 목표로 했던 이 프로젝트의 초기 예산은 2016년 1억 7,600만 달러였으나, 이후 10억 달러까지 증가했다. 그러나 2020년 예상 비용은 1,190억 달러까지 늘어났고, 이 프로젝트는 현재 보류된 상태다.

문제는 이러한 방벽 시스템을 건설하고 유지하는 데 막대한 비용이 들며, 특히 상상 가능한 폭풍이나 허리케인으로부터 보호하도록

---

12. 기트만 외(Gittman et al., 2015)를 참조하라. 미국 해안선의 총 길이에 대한 NOAA의 공식 값은 9만 5,471마일(약 15만 4,000킬로미터)이다. 여기에는 하와이, 알래스카, 연안 섬, 오대호의 해안선이 포함된다.

설계한다면 더욱 그렇다는 것이다. 2005년 8월 허리케인 카트리나(Katrina)는 뉴올리언스의 제방을 무너뜨려 도시의 80퍼센트를 침수시켰다. 만약 더 많은 비용을 들여 제방을 더 높게 건설했다면 도시를 구할 수 있었을지도 모른다. 문제는 제방과 방파제를 얼마나 높고 튼튼하게 지어야 하는지, 그리고 얼마나 많은 비용을 들여야 하는지에 있다.

이것은 비용-편익 분석의 문제로 귀결되지만, 결코 간단하지 않다. 제방이나 방파제를 건설하는 데 드는 비용은 제방이 제공하려는 보호의 정도에 따라 달라지며, 이는 다시 위치, 높이, 적용 기술에 따라 달라질 것이다. 그래서 기술과 목표하는 보호 수준이 주어지면 이 비용을 대략 추정할 수 있다. 반면, 제방이나 방파제를 건설함으로써 얻을 수 있는 편익은 인명 손실을 포함한 피해를 예방하는 것이지만, 그 편익을 금전적으로 환산하는 것은 훨씬 더 어려운 문제다. 이 문제는 기후변화로 인한 피해를 예측하는 문제와 유사하다. '기후변화의 영향'(129쪽)에서 논의한 것처럼, 기온이 섭씨 3도 상승할 때 경제적 손실을 판단할 수 있는 이론이나 데이터는 거의 없다. 홍수에 관해서는 좀 더 많은 이론과 데이터가 있지만 여전히 많은 불확실성이 존재한다. 누구도 2005년 8월 허리케인 카트리나가 뉴올리언스에 끼친 피해는 물론, 그 강도와 발생을 예측할 수 없었다. 게다가 2005년이나 2020년에는 유효했을 폭풍해일에 대한 통계는 기후변화 때문에 수십 년 후에는 더 이상 유효하지 않을 수 있다.[13] 물리적 방벽의 최적 높이와 기술을 계산하기 위해서는 향후 발생할 폭풍과 폭풍해일에 대한 전망치가 필요한데, 이는 어려운 일이다.

이러한 어려움에도 불구하고, 비용―편익 분석에 사용할 수 있는 모형을 개발하거나, 정책 수립을 위한 대략적 기준(rules of thumb)을 세우려는 노력은 이뤄져왔다. 예를 들어, 제방은 어느 정도 높아야 할까? 일반적으로 제방의 높이는 매년 특정 확률로 도달하리라 예상되는 수위로 추정한다. 미국의 경우 그 확률은 1퍼센트로, 이에 해당하는 임계 수위로부터 보호할 수 있도록 제방의 높이를 선택한다.

물론 해수면이 상승하고 허리케인이 더 강해지면 이 임계 수위가 높아질 것이고, 이에 따라 제방도 더 높아야 할 것이다.[14] 이미 1퍼센트의 임계 수위가 상당히 증가했다는 증거가 있다. 예를 들어, 2017년 8월 허리케인 하비(Harvey)는 텍사스에서 68명의 사망자와 1,250억 달러의 피해를 남겼으며, 당시 이 사건은 텍사스주에서 3년 사이 세 번째로 발생한 '500년 만'의 홍수였다.[15]

---

13. 현재 물리적 방벽이 지어지고 있으므로, 예를 들면, 2050년 특정 지역에서 10미터 폭풍해일이 발생할 확률은 현재의 확률과 다를 가능성이 크다. 세레스, 포레스트, 켈러(Ceres, Forest, and Keller, 2017)를 참조하라.
14. 와드 외(Ward et al., 2017)는 글로벌 홍수 위험 모형을 사용해 하천 홍수 위험 감소에 적용할 수 있는 비용―편익 분석 프레임워크를 제시했다. 그러나 와드 외(Ward et al., 2015)는 이러한 모형의 한계를 지적하기도 한다. 한편, 반 단치히(van Dantzig, 1956)는 해안 홍수 방지를 위한 최초의 비용―편익 분석을 제시한 고전적 연구다.
15. 허리케인 하비의 발생 및 진화 과정과 피해에 대한 자세한 설명은 블레이크와 젤린스키(Blake and Zelinsky, 2018)를 참조하라.

홍수 위협에 대한 자연 방벽

물리적 방벽을 건설하는 것도 홍수 위협에 적응하는 중요한 방법이지만, 자연은 이미 홍수를 막기 위한 다양한 보호책을 제공하고 있다. 이러한 자연 방벽에는 폭풍해일을 완충할 수 있는 해안 습지, 모래언덕과 해변, 굴과 산호초, 해양 식생 등이 있으며, 이 모든 것이 연안 파도를 차단하고, 파력을 줄일 수 있다. 그러나 이러한 자연 방벽 중 일부는 개발 과정에서 사라지고 있다. 따라서 이러한 추세를 되돌리고 기존의 자연 방벽을 강화하는 것도 기후변화에 적응하는 또 다른 방법이다.

홍수 위험에 대한 자연 기반(nature-based) 해결책에는 자연 범람원 확대, 습지 보호 및 확장, 산호초 복원, 도시 녹지 공간 투자가 있다. 생태계 조성과 복원을 통한 홍수 방지가 공학적 방식보다 지속 가능하고, 비용 효율적이며, 친환경적인 대안이 될 수 있다는 연구 결과가 늘어나고 있다.[16] 이들 연구에 따르면, 방파제와 제방 같은 인공 구조물은 어류와 야생동물 서식지를 파괴할 수 있는 것으로 나타났다. 방파제는 바다거북의 산란지를 방해하고, 연안 습지의 내륙 이동을 막으며, 자연 퇴적물 축적을 억제할 수 있다.

이러한 부작용을 최소화하기 위해 제방을 자연 방벽과 결합해 건

---

16. 예를 들어, 용만(Jongman, 2018), 템머만 외(Temmerman et al., 2013), 레게로 외(Reguero et al., 2018)를 참조하라. 홍수 위협에 대한 자연 기반 해결책에 대한 자세한 내용은 글릭 외(Glick et al., 2014)에서 확인할 수 있다.

설할 수도 있다. 이러한 방법은 특히 도시화 지역과 해안선 사이에 충분한 공간이 있어서 폭풍해일을 줄일 수 있는 생태계가 조성된 곳에 적용할 수 있다.[17] 이러한 방식으로 자연 방벽을 개발하고 강화하면 수질 개선, 어업 생산량 증대, 관광자원과 같은 추가적인 혜택을 얻을 수 있다.[18]

템머만 외(Temmerman et al., 2013)가 밝힌 것처럼, 하구 또는 삼각주에 위치한 도시(예: 뉴올리언스, 런던)에 도시와 바다 사이에 습지나 맹그로브를 조성, 복원한다면 물을 저장할 수 있는 추가 공간을 확보하고 물의 이동 속도를 늦출 수 있다. 이는 해일의 범람을 막고, 인구 밀집 지역의 홍수 위험을 줄여준다. 암스테르담, 코트디부아르의 아비장(Abidjan), 나이지리아의 라고스(Lagos)처럼 모래 해안선 후방에 위치한 도시의 경우, 해변과 모래언덕은 해안 홍수에 대한 중요한 방어책이다. 이러한 자연 방벽을 복원, 강화하는 것은 해수면 상승과 강력한 허리케인으로 인한 홍수 위협에 적응하는 효과적인 방법이 될 수 있다.[19]

---

17. 반 베센비크 외(van Wesenbeeck et al., 2017)와 템머만 외(Temmerman et al., 2013)를 참조하라.
18. 뉴욕, 뉴올리언스, 상하이, 도쿄, 네덜란드 등에서는 강 삼각주 및 하구의 습지를 매립해 농업, 주거 또는 산업 지역으로 전환했으며, 이로 인해 습지가 제공하던 자연적인 홍수 방어 기능을 상실했다. 템머만 외(Temmerman et al., 2013)는 다양한 자연 기반 적응 전략과 이러한 전략이 효과가 있을 수 있는 지역을 정리했다.
19. 나라얀 외(Narayan et al., 2017)는 자연 습지 덕분에 허리케인 샌디로 인한 뉴욕시의 피해가 약 6억 2,500만 달러 줄었으며, 염습지(salt marsh)로 인해 뉴저지주 오션 카운티의 바너갓만(Barnegat Bay)의 연간 홍수 피해가 16퍼센트 감소한 것으로 추정했다.

사적 및 공공 적응

가계나 기업 역시 홍수 위험에 적극적으로 적응할 수 있다. 가장 간단한 방식은 건설업자나 예비 주택 구매자가 홍수 취약 지역에 주택을 짓거나 사지 않는 것이다. 해수면이 상승하고 허리케인이 빈번해지면 이러한 지역은 더욱 취약해질 것이기 때문이다. 그런데 이는 기후변화에 대한 당연한 대응임에도 왜 여전히 홍수 취약 지역에 주택이 많이 지어지고 있을까? 그 이유 중 하나는 정부가 홍수 보험에 실질적으로 보조금을 지급하고 있기 때문이다. 이 문제에 대해서는 아래에서 자세히 설명한다.

신규 건물과는 별개로, 많은 이가 이미 홍수 위험에 노출된 주택을 소유하고 있다. 이들은 이러한 위협에 적응하기 위해 무엇을 할 수 있을까? 개인이 홍수로부터 집을 보호하기 위해 할 수 있는 몇 가지 조치가 있다. 프렌치 배수구(French drain: 집의 지하실 주변에 배수관이 포함된 도랑을 설치해 지하수를 집 기초에서 멀어지게 하는 방법)와 배수펌프(sump pump)를 설치해 고인 물을 내보내는 방법이다. 프렌치 배수구와 배수펌프 개념도는 그림 7.2에 나와 있다. 기본적인 아이디어는 모든 지하수를 배수펌프로 모아 집에서 멀리 보냄으로써 지하수의 지하실 유입을 막는 것이다.

가계와 기업체가 홍수에 대한 취약성을 줄일 수 있는 다른 방법도 있다. 주택의 높이를 높이고, 방수막과 방수문을 사용하고, '습식 홍수 방지(wet-flood proofing: 전기 콘센트를 높게 설치하고 물을 흡수할 수

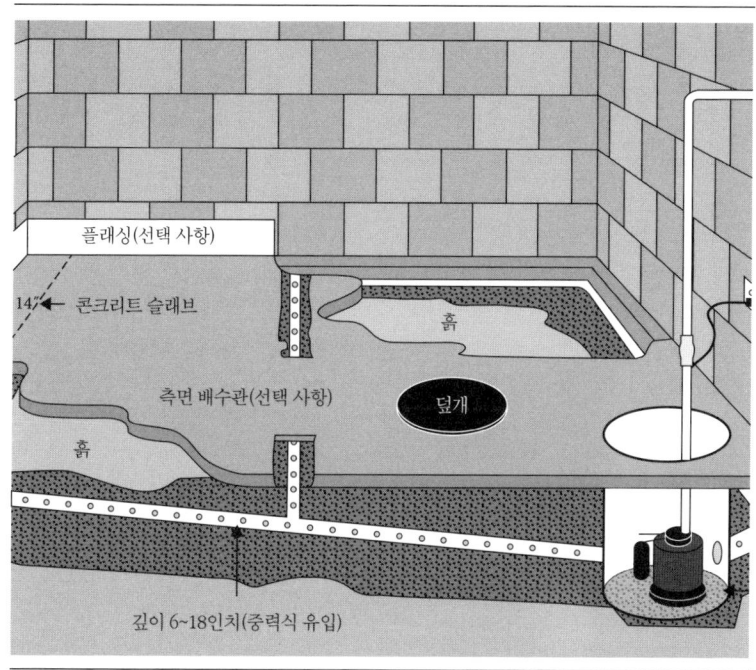

[그림 7.2] 프렌치 배수구와 배수펌프. 지하수가 지하실 주변에 설치된 구멍 뚫린 배수관으로 모이고, 배수펌프는 모인 지하수를 집 밖으로 퍼낸다.
출처: Arid Basement Waterproofing, https://www.aridbasementwaterproofing.com/solutions

있는 가구를 설치하는 것)'를 적용하고, 홍수 방벽을 만들 수 있다. 그러나 많은 주택 소유주가 이러한 방법을 알지 못하거나, 실제보다 훨씬 비싼 것으로 잘못 알고 있다. 따라서 정부는 정보를 제공하고, 건축 기준을 개선하며, 주택과 건물의 개조 비용의 일부를 보조하는 역할을 할 수 있다.[20]

---

20. 건축법 개선과 건물을 개조하는 방법에 대한 자세한 내용은 〈국립 건축 과학 연구소 보고서(National Institute of Building Sciences, 2019)〉를 참조하라.

홍수 보험에 가입하는 것도 홍수의 위협에 적응하는 확실한 적응 전략이 될 수 있다. 문제는 보험 가격의 수준, 그리고 보험의 제공 주체다. 아래에서 설명하는 것처럼, 그래서 홍수 보험은 다소 복잡하다.

홍수 보험

주택 소유자는 홍수 보험에 가입할 수 있고, 실제로 그렇게 하지만, 대규모 홍수의 경우 정부에서 보험의 일부를 제공하는 경우가 많다. '꼬리 위험(tail risk)', 즉 막대한 피해를 초래하는 극단적인 사건의 위험 때문에 어떤 방식으로든 정부 지원이 필요한 것은 사실이다. 민간 보험회사는 이러한 종류의 재앙적 위험을 감수할 수 없거나 감수하지 않으려 하기 때문이다.[21]

정부는 어떤 역할을 할 수 있을까? 현재 정부는 대규모 재난이 발생하면 여러 방식으로 지원하고 있는데, 가장 대표적인 것이 직접 지원이다.[22] 또한 미국에서는 연방 또는 주정부 차원에서 자연재해 피

---

21. 예를 들면, 네덜란드는 정부가 직접 홍수 보험을 제공하고 있다. 홍수 방벽이 없다면 네덜란드 영토의 상당 부분이 침수될 수 있으며, 인구의 60퍼센트 이상이 홍수에 취약한 지역에 살고 있다. 욘헤얀과 바리유(Jongejan and Barrieu, 2008)가 지적했듯이, 제방 등 방지 시설의 실패로 인한 홍수는 보험회사가 다루기 어려운, 피해가 크고 확률이 낮은 사건이다.
22. 예를 들어, 2002년 8월에는 독일에서 일주일 이상 계속된 폭우로 대홍수가 발생했다. 홍수 피해에 대한 보상은 정부의 재난 구호 및 재건 기금으로 충당됐다. 이른바 '재건 특별 기금(Sonderfonds Aufbauhilfe)'이라고 불리는 이 기금은 71억 유로였는데, 이는 총 직접 손실의 78퍼센트 수준이었다.

해자를 지원하기 위해 보상 기금을 설립하기도 한다[캘리포니아 지진 보험 공사(California Earthquake Authority)나 플로리다의 허리케인 재난 기금(Hurricane Catastrophe Fund)이 그 예다]. 정부는 또한 다른 1차 보험과 연계된 홍수 및 기타 자연재해보험 가입을 의무화할 수도 있다.[23] 미국의 국가 홍수 보험 프로그램(National Flood Insurance Program, NFIP)처럼 공공-민간 파트너십을 구축해 보험 보장을 촉진할 수도 있다.

연방재난관리청(FEMA)이 관리하는 NFIP는 2만 2,000개 이상의 지역사회에서 500만 개 이상의 보험을 관리하고 있으며, 보험료, 수수료, 할증료로 연간 약 46억 달러를 징수한다. NFIP 참여 지역에 있는 주택 또는 사업체 소유주는 자신의 부동산이 FEMA가 홍수 위험이 크다고 판단한 곳에 위치했다면 보험에 가입할 수 있다. (지역사회는 연방 홍수 보험에 가입하기 위한 NFIP 참여를 선택할 수 있으며, 참여 시 최소 범람원 기준을 정해야 한다.)

문제는 NFIP 또는 다른 정부 보험 프로그램이 보험료를 얼마나 부과해야 하는가다. 아마도 계리적으로 공정한 보험료(actuarially fair premium), 즉 기대 청구액과 같은 금액의 보험료가 적절하다고 말할 수 있을 것이다. 보험료는 보험금 청구 확률에 청구 시 지급하는 보험금을 곱한 값과 같아야 한다는 뜻이다. 그런데 현재 미국의 해변가

---

23. 예를 들면, 1982년부터 프랑스에서 시행된 재해보험과 화재보험을 연계하는 제도다. 마그난(Magnan, 1995)을 참조하라.

주택 소유자가 지불하는 보험료는 계리적으로 공정한 가치보다 훨씬 낮아서 실질적으로는 정부가 보조금을 지급하고 있는 셈이다. 최근 퍼스트 스트리트 재단의 연구(First Street Foundation, 2021)에 따르면, 계리적으로 공정한 가치를 반영한다면 보험료는 평균 4배 인상돼야 한다고 한다. 그렇다면 정부는 왜 보험료를 인상하지 않을까? 보험료 인상을 결코 원치 않는, 그리고 유권자인 주택 소유주의 반발을 불러일으킬 수 있기 때문이다. 또한 정치 기부금을 통해 정책에 영향을 끼치는 부동산 개발업자들의 반감을 살 수도 있다.

문제를 더욱 복잡하게 만드는 것은 실제 보험료를 계산하기가 어렵다는 것이다. 청구 확률과 지급할 보험금을 알아야 하지만, '100년에 한 번 발생하는' 대규모 홍수에 대해서는 이러한 수치를 알 수가 없다. (민간 보험회사가 이러한 위험을 감수하지 않으려는 이유이기도 하다.) 여기에 재난 구호를 제공해야 한다는 정부의 역할까지 더해지면, 정부가 전체 또는 일부를 지원하는 보험은 실질적으로 취약 지역의 건설에 보조금을 지급하는 셈이다.

미국에서는 연방정부가 주요 폭풍 및 홍수 복구 비용의 약 70퍼센트를 부담하고 있으며, 이러한 보조금이 없었다면 건설되지 않았을 홍수 취약 지역에 많은 주택과 사업체가 건설됐다.[24] 당신은 어쩌면 NFIP나 다른 정부 지원 프로그램이 빈곤층을 돕기 위해 도입됐다

---

24. 가울(Gaul, 2019)에 따르면, 미국에서는 홍수 위험성이 높은 지역에 3조 달러 상당의 부동산이 건설된 것으로 추정된다.

고 생각할지도 모르겠지만, 벤샤하르와 로그(Ben-Shahar and Logue, 2016)의 분석에 따르면, 보조금은 빈곤층보다는 해변가 주택을 소유할 가능성이 큰 부유층 가구에 불균형적으로 지급되고 있다.

현재 미국이나 다른 지역에서는 홍수 위험이 높은 지역에 건축을 사실상 장려하는 경제적 유인이 존재한다. 따라서 이러한 유인을 바꾸는 것이 기후변화로 인한 폭풍과 해수면 상승에 적응하는 방법이 될 수 있다. 다른 조치도 가능하다. 토지 사용 규제와 건축 기준은 홍수 위험이 큰 지역의 토지 사용을 제한하거나, 홍수에 대비한 특정 건축 규칙을 의무화할 수 있다. 그러나 현행 규제가 충분치 않으므로 이를 강화한다면 홍수 위험이 큰 지역에서의 신규 건축을 줄이는 데 도움이 될 수 있다.

이러한 맥락에서 경제적 유인을 바꾸는 것은 당연한 일처럼 보인다. 그러나 보조금과 완화된 토지 사용 규제로 혜택을 받는 개발업자의 영향력과 보험료 인상을 원치 않는 유권자 때문에 정치적으로는 무척 어려운 일이다. 기후 정책의 많은 측면이 정치적으로 어렵게 마련이다. 그러나 여전히 필요하기에 어떤 식으로든 이러한 정치적 난관을 극복해야 할 것이다.

마지막으로, 지금까지는 홍수 위험만을 강조했지만 기후변화의 또 다른 영향도 있다. 바로 가뭄으로 인한 산불 위험 증가다. 이미 미국 서부 지역에서는 산불의 빈도와 강도 모두 커지고 있으며, 따라서 고위험 지역에 주택 건설이 감소할 것이라고 예상할 수 있다. 하지만 오히려 더 많은 주택이 그 지역에 건설되고 있는 실정이다. 그 이유

중 하나는 미국에서는 공공 소방 지출을 통해 건축에 암묵적으로 보조금을 지급하기 때문이다.[25] 이러한 보조금을 없애고 주택 소유자나 건축업자가 비용의 일부라도 부담하게 하는 것이 화재 위험 증가에 적응하는 하나의 방법이 될 수 있다.

아시아의 홍수 위험

많은 국가, 특히 미국의 경우 홍수에 대한 취약성을 줄이기 위해 비교적 수월하게 다양한 조치를 취할 수 있다. 제방은 침수 지역의 홍수를 미리 막는 데 오랫동안 사용돼왔으며, 방파제는 건설 및 유지 비용이 많이 들긴 하지만 홍수로부터 해안 도시를 보호하는 데 유용하다. 또한 해일로부터 보호 기능을 제공하는 해안 습지, 모래언덕, 산호초와 같은 자연 방벽을 강화하거나, 최소한 보전할 수 있다. 주택과 건물은 프렌치 배수구, 배수펌프, 홍수 방벽 등을 통해 홍수에 대한 취약성을 줄이도록 개조할 수 있다. 그리고 정부는 계리적으로 공정한 보험료 수준에 맞게 홍수 보험료를 책정함으로써 홍수 위험 지역 건설에 암묵적으로 지급하고 있는 보조금을 없앨 수 있다.

그러나 일부 국가, 특히 아시아에서는 적응 조치가 쉽지 않다. 예를 들어, 방글라데시는 그 국토의 대부분이 해발 5미터의 낮은 지대

---

25. 베일리스와 붐하우어(Baylis and Boomhower, 2019)는 이 보조금의 현재 가치가 주택 가치의 20퍼센트를 넘을 것으로 추정했다.

에 위치하고 있다. 해수면 상승이 아니더라도 방글라데시는 거의 매년 홍수를 일으키는 몬순과 갑자기 찾아오는 사이클론에 시달리고 있으며, 2019년에는 약 130만 가구가 홍수 피해를 입었다. 만약 해수면이 상승한다면 방글라데시의 홍수 피해는 더 극심해질 수 있다. 그렇다면 무엇을 할 수 있을까? 방글라데시는 지난 20년 동안 사이클론 대피소와 해안선 일부에 방파제를 건설해 어느 정도 진전을 이뤘다. 그러나 충분하지 않았고 일부 프로젝트는 실패했다. 한 가지 예로, 흙으로 둘러싼 저지대 구조물인 '폴더(polder)'가 있다. 폴더는 홍수와 염분 유입을 막고 사이클론의 영향을 줄일 수 있는 효과적인 방법으로 알려졌지만, 그 보호 효과는 제한적이었고 유지 보수가 자주 이뤄지지 않아 결국 침식됐다.

홍콩과 싱가포르와 같은 여러 아시아 해안 도시 역시 해수면 상승에 따른 홍수에 취약할 것이다. 두 도시는 폭풍 시 발생하는 대량의 지표수 유출을 처리할 수 있는 도시 배수 시스템을 개발해왔다. 이 개발은 어느 정도 성공적이었지만 엄청난 비용이 들었고, 지금 상태로는 해수면이 1미터 이상 상승한다면 그 영향을 막지 못할 것으로 보인다. 한편, 자카르타는 난개발과 부실한 배수 시스템으로 인해 홍수에 시달리고 있다. (실제로 도시가 가라앉고 있다.) 인도네시아 정부는 홍수 예방을 위해 '거대한 방파제(Giant Sea Wall)' 건설에 착수했지만, 완공 시기와 그 효과는 불확실하다.

세계 여러 연안 도시의 홍수 위험을 연구한 결과, 아시아 항구도시가 가장 취약하고 해수면 상승 시 막대한 경제적 손실을 입을 것으로 나타났다. 예를 들어, 할레가트 외(Hallegatte et al., 2013)는 2050년까지 해수면이 중간 수준(moderate level)으로 상승할 때, 홍수로 인한 손실이 가장 클 것으로 예상되는 20개 도시 중 14개가 아시아 해안 도시일 것으로 추정한다(연간 GDP의 1퍼센트에 해당하는 손실).[26] 각 도시의 적응 계획은 주로 물리적 장벽을 이용하는데, 일부 도시의 경우 정부 재정 지원이 충분하지 않은 상황이다.

홍수 위험에 적응하는 가장 쉬운 방법

홍수 위험에 적응하는 간단하고 비용이 낮은 방법도 있지만, 경우에 따라 적응이 어렵고 많은 비용이 든다. 그렇다면 적응을 기대할 수 있는 곳(따라서 홍수로 인한 잠재적 피해가 적은 곳)과 적응이 어려운 지역은 어디일까?

홍수 위험에 적응하는 가장 쉬운 방법은 우선 홍수 취약 지역의 건축 보조금을 중단하는 것이다. 이것은 논란의 여지가 결코 없다. 부유한 이가 내년 허리케인에 휩쓸릴 가능성이 있는 해변가에 별장을 짓고 싶어 하는 것은 상관없지만, 세금으로 그 별장의 비용을 지원하는 것이 과연 타당한가? (개발업자와 부유한 주택 소유자는 아마도 그렇다고 말할 테지만, 그것이 기후 정책을 주도하지 않는 소수의 견해이기를 바란다.)

---

26. 해당 도시는 광저우, 뭄바이, 콜카타, 후쿠오카-키타큐슈, 오사카-고베, 선전, 톈진, 호찌민, 자카르타, 첸나이, 잔장, 방콕, 샤먼, 나고야다. 이 중 자카르타는 특히 취약하다.

다음 단계는 더 비용이 들지만, 중요하다. 최근 뉴올리언스를 둘러싼 제방을 보수한 것처럼, 기존 제방 시스템을 수리하고 강화할 필요가 있다. (이는 인프라 투자의 일환으로 생각할 수 있다.) 그리고 미국에서는 뉴욕과 휴스턴과 같은 대도시부터 사우스캐롤라이나주 찰스턴, 버지니아주 노퍽과 같은 소규모 도시에 이르기까지 홍수 위험에 노출된 도시에 방파제 건설을 착수해야 한다. 그리고 일부 도시의 경우 기존 방파제를 강화할 필요가 있다(예: 현재 런던을 홍수로부터 보호하고 있는 템스 장벽은 해수면이 크게 상승한다면 붕괴할 수 있다). 가능하다면, 해안 홍수에 대한 자연 방벽 역시 보전하고 강화해야 한다.

그러나 일부 지역에서는 적응이 더 어려울 수 있으며, 그다음 단계가 명확하지 않을 수 있다. 앞서 다룬 아시아 해안 도시들이 그러한 예에 해당한다. 더 극단적인 예는 해수면 상승이 심화된다면 완전히 잠길 수 있는 소규모 섬나라들이다. 이들 섬나라에서는 전체 인구의 완전한 이주를 제외하고는 다른 어떤 적응 조치도 사실상 불가능할 수 있다.

3. 지구공학의 활용

우리는 해수면 상승과 강해지고 빈번해지는 허리케인으로 인한 홍수의 영향을 줄일 수 있는 여러 방법을 살펴보았다. 방파제, 제방, 그리고 이와 관련된 조치는 기후변화의 피해를 일부 줄일 수 있다. 이와는 다른 형태의 또 다른 적응 방법이 있는데, 바로 지구공학이다. 이 방법은 대기 중 이산화탄소 축적으로 인한 온난화 효과를 줄이는 것을 목표로 한다. 지구공학은 여러 가지 방식으로 수행할 수 있지만, 가장 유망한 방식은 매우 간단하다. 고도 20킬로미터에서 황(sulfur)이나 이산화황(sulfur dioxide)을 대기에 '씨앗(seed)'처럼 뿌리는 것이다. 이 '씨앗'은 최대 1년 정도 대기에 남아 있다가 황산으로 침전돼 다시 지표로 떨어진다. (따라서 '씨앗 뿌리기'는 정기적으로 반복해야 한다.) 대기에 있는 동안 입자는 햇빛을 우주로 반사해 온실효과를 감소시킨다.

대기 중 이산화탄소는 변하지 않고 그대로 남아 있게 된다. 이산화황이 하는 일은 대기가 더 많은 햇빛을 반사해 이산화탄소로 인한 온난화 효과 일부를 상쇄하는 것이다. 보다 기술적인 용어로는 이산화황은 지구 대기의 반사율, 즉 알베도(albedo)를 증가시킨다.[27]

지구공학은 비용이 많이 들 것 같지만, 실제로는 그렇지 않다. 물론, 이산화황은 결국 황산의 형태로 대기에서 떨어지기 때문에 매년 또는 그보다 더 자주 '씨앗 뿌리기'를 반복해야 한다. 하지만 '씨앗 뿌리기' 자체의 비용은 낮다. 그리고 이러한 낮은 비용은 다른 장점, 감축을 어렵게 하는 무임승차자 문제를 부분적으로나마 해소해준다. 인도와 같은 국가는 상당한 비용을 들여 자체적으로 감축하는 대신

---

27. 알베도는 0에서 1까지의 척도로 측정되며, 0은 무반사율(모든 빛이 흡수됨)을, 1은 완전 반사율(흡수되는 빛이 없음)을 의미한다. 지구 대기의 평균 알베도는 약 0.30으로 추정된다.

다른 국가의 감축에 '무임승차'할 유인이 있다. 하지만 지구공학은 시행하는 데 많은 비용이 들지 않기 때문에 모든 국가의 참여가 필요 없으며 일부 국가만으로도 효과적으로 수행할 수 있다.

황이나 황 화합물을 대기에 뿌리는 방식을 성층권 에어로졸 주입(Stratospheric Aerosol Injection, SAI)이라고 한다. 그러나 다른 에어로졸을 사용하거나, 아예 다른 방식도 있다(그림 7.3 참조). 예를 들어, 해양 구름 밝게 하기(Marine Cloud Brightening)는 바다 위 저층 구름에 바다 소금이나 관련 화합물을 뿌려 구름의 반사도를 높인다. 다른 접근 방식인 권운 얇게 만들기(Cirrus Cloud Thinning)는 에어로졸을 뿌려 고도가 높은 권운의 밀도를 낮춰 더 많은 열이 우주로 빠져나가도록 한다. 그러나 이러한 다른 방법도 흥미롭지만, 현재로서는 SAI가 가장 실현 가능성이 높은 것으로 여겨지고 있으며, 여기서는 이것에 초점을 맞춘다.[28] IPCC는 2014년과 2018년 보고서에서 지구공학이 유망하다고 봤지만, 비용(아래에서 설명)은 현재 불확실하다고 지적한 바 있다. [IPCC는 지구공학이라는 용어 대신 '태양복사 관리(solar radiation management)'라는 용어를 사용한다.]

지구공학은 기후변화 문제에 대한 만병통치약이 결코 아니다. 첫째, 몇 가지 잠재적 문제가 있다. 온난화 효과를 줄일 수는 있지만, 이

---

28. 다른 방법으로는 우주 기반 반사체, 대류권 에어로졸, 농작물이나 기타 지표면의 반사도를 높이는 것이 있다. 그러나 이러한 방식은 현재 실현 가능성이 낮은 것으로 평가된다. 예를 들어, 크라비츠, 맥마틴(Kravitz and MacMartin, 2020)과 〈미국 국립 과학 및 의학 아카데미 보고서(National Academies of Sciences and Medicine, 2021)〉를 참조하라.

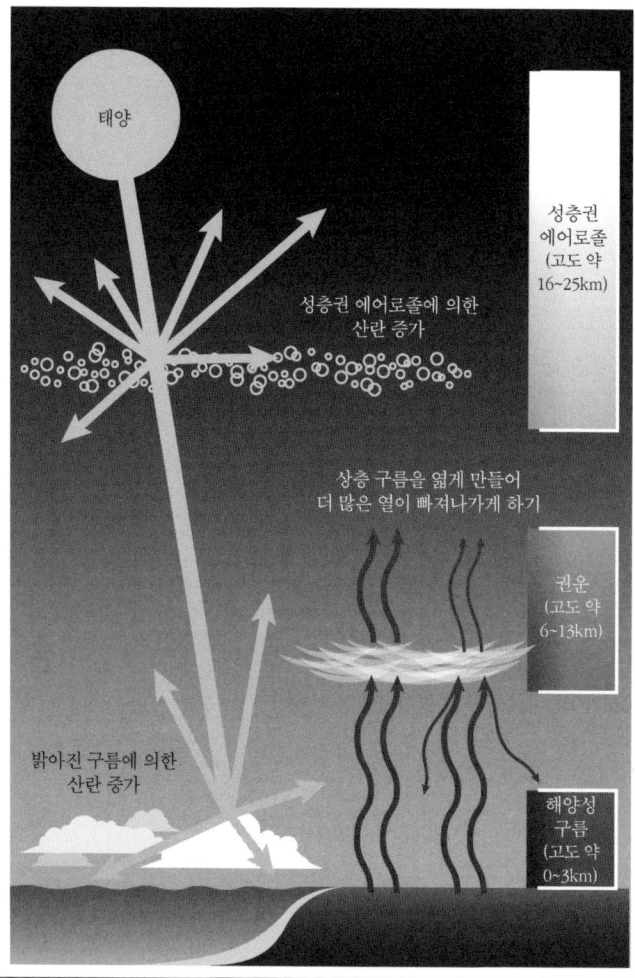

[그림 7.3] 지구공학의 여러 방식. 가장 유망한 방법은 성층권 에어로졸 주입(SAI)으로, 황 또는 황 화합물을 고도 약 20킬로미터 상공에서 대기에 '뿌리는' 것이다. 좀 더 가설적인 방법으로는 낮은 구름에 씨앗을 뿌려 반사율을 높이는 해양 구름 밝게 하기, 에어로졸을 뿌려 고도가 높은 권운의 밀도를 낮추는 권운 얇게 하기 등이 있다.
출처: 〈미국 국립 과학 및 의학 아카데미 보고서(2021)〉, p.32

산화탄소 축적 자체를 줄이지는 않기 때문에 이산화탄소 농도는 계속 증가한다. (나중에 설명하겠지만) 이는 심각한 문제인데, 추가된 이산화탄소가 전 세계 바다의 산성화를 초래할 위험이 있기 때문이다.

또한 이산화탄소 배출량을 줄이지 않는다면, 대기 중 '씨앗 뿌리기'를 무한정 계속해야 한다. 중단한다면 지구 평균온도가 다시 상승할 것이기 때문이다. '씨앗 뿌리기'가 계속돼야 한다는 점에서 사람들은 대체로 지구공학을 온난화 문제에 대한 임시방편으로 간주한다. 지구공학을 이용해 온도 상승을 섭씨 1~2도 이내로 억제하되, 나중에는 결국 이산화탄소 순 배출을 영(0)으로 줄이는 것이다. 아래에서 섭씨 1도의 온난화를 막기 위해 이 기술이 어떻게 사용되는지 살펴보자.

작동 방식

가장 많이 연구되고 가장 실용적으로 간주되는 방식은 성층권에 황산(H_2SO_4) 구름을 만드는 것이다. 이 구름은 햇빛 일부를 차단해 복사 강제력을 감소시킴으로써 대기 중 이산화탄소로 인한 온난화 효과를 줄일 수 있다. 이 효과는 대규모 화산 폭발 후에 발생하는 현상과 유사하다. 실제로 1991년 피나투보 화산과 같은 대규모 화산 폭발은 지구 평균온도를 (일시적이지만) 크게 낮춘 바 있다.[29]

---

29. 지구공학과 화산 폭발의 연관성에 대한 자세한 논의는 로복(Robock, 2000)을 참조하라.

황산 구름을 만드는 다른 방법도 있지만, 이산화황(SO_2)을 사용하는 것이 가장 많은 주목을 받고 있으며, 현재 가장 유망한 것으로 여겨지고 있다. 이산화황은 일단 대기에 방출되면 물과 결합해 황산 에어로졸(droplets)을 형성한다. 따라서 대기에 다량의 이산화황을 살포하고서 그냥 내버려두기만 해도 필요한 반응이 저절로 발생한다. 게다가 유황(따라서 이산화황)은 매우 저렴하므로 비용도 많이 들지 않는다. 하지만 먼저 6개월에서 1년 동안 대기 중에 머물 수 있을 만큼 충분히 높은 고도(약 20킬로미터)에 충분한 양의 이산화황을 살포하는 방법을 찾아야 한다. 당신은 어쩌면 그 답이 단순히 비행기 몇 대를 투입하거나, 필요하다면 그냥 더 만들면 된다고 생각할 수도 있다.

문제는, 현재 사용 중인 비행기는 12킬로미터 이하의 고도에서 비행하도록 설계됐다는 점이다. 즉, 훨씬 더 높은 고도에서 비행할 수 있는 새로운 비행기를 설계, 제작해야 한다. 이러한 비행기가 출시되기까지 비용은 얼마나 들고, 얼마나 오래 걸릴까? 비용 추정치는 다양하지만, 비행기를 사용할 수 있게 되려면 최소 10년, 최대 15년이 걸릴 것으로 알려져 있다.[30]

자, 그럼 지금 당장 이산화황을 주입할 수 있는 비행기가 준비돼 있다고 하자. 그리고 온난화를 아예 없애는 것이 아니라, 지구 평균

---

30. 일부에서는 이산화황을 주입하기 위해 비행기 대신 풍선을 사용하자는 제안도 있다[데이비슨 외(Davidson et al., 2012)]. 그러나 풍선은 효율성이 훨씬 떨어지고 비용이 높다는 것이 현재의 견해다. 로복 외(Robock et al., 2009)는 비행기를 사용할 경우의 장점을 상세히 논의한다.

온도의 상승을 섭씨 1도 줄이는 것(따라서 섭씨 3도의 기온 상승을 섭씨 2도 상승으로 줄이는 것)이 목표라고 가정하자. 이 경우, 얼마나 많은 비행기가 필요하고, 어떻게 사용해야 할까?

스미스와 와그너(Smith and Wagner, 2018), 스미스, 다이케마, 키스(Smith, Dykema, and Keith, 2018), 키스, 와그너, 자벨(Keith, Wagner, and Zabel, 2017)의 추정과 〈IPCC 보고서(IPCC, 2018)〉에 따르면, 섭씨 1도 온도 상승 억제를 위해서는 성층권에서 약 1,000만 톤의 이산화황(수증기와 반응하면 황산 약 1억 5,000만 톤)을 유지해야 할 것으로 추정한다. 그렇다면 어떻게 1,000만 톤의 이산화황을 성층권에 주입할 수 있을까? 한 가지 방법은 (비행기 엔진 내에서) 약 500만 톤의 용융 유황(molten sulfur)을 연소해 발생되는 1,000만 톤의 이산화황을 고도 20킬로미터에서 방출하는 것이다.[31] 그리고 이산화황과 황산은 결국 소산하므로 에어로졸 구름을 유지하려면 이산화황을 6~12개월마다 반복해서 주입해야 한다.

성층권에 1,000만 톤의 이산화황을 반복적으로 주입하려면, 크기에 따라 많게는 300대의 새 비행기가 필요하며, 거의 쉬지 않고 운항해야 한다. 하지만 좋은 소식은 1,000만 톤을 한꺼번에 살포할 필요는 없다는 점이다. 대기 중 이산화탄소 농도의 증가와 그에 따른 기온 상승이 수십 년에 걸쳐 천천히 일어날 것이기 때문이다. 우리의 관심사는 2030년이나 2040년이 아니라, 세기말까지 지구 평균온도

---

31. 질량 기준, 황산 1,500만 톤=이산화황 1,000만 톤=유황 500만 톤

가 섭씨 3도 상승하는 것을 막는 것이다.

　새로운 비행기를 설계하고, 시험하고, 제작하는 데 10~15년이 걸리는 것을 감안하면, 실제 이산화황 주입은 2035년쯤 시작될 수 있으며, 이후 20~30년에 걸쳐 천천히 늘리면 된다. 스미스와 와그너(Smith and Wagner, 2018)는 10만 톤의 황을 싣고 20만 톤의 이산화황을 살포할 수 있는 6대의 새 비행기를 매년 제작해 취항하는 완만한 시나리오를 제시한다. 10년 후 60대의 비행기는 연간 200만 톤의 이산화황을 주입할 수 있게 된다. 연간 1,000만 톤의 이산화황를 주입하려면 비행기 300대가 필요하겠지만, 이 과정은 점진적으로 이뤄져도 된다. 이는 지구공학이 문제를 당장 해결하는 것이 아니라, 예상보다 빠르게 이산화탄소 농도와 온도가 상승한다면 미래에 선택할 수 있는 방법 중 하나임을 의미한다.

비용은 얼마일까?

만약 우리가 고도 20킬로미터 상공을 비행할 수 있는 충분한 수의 비행기를 이미 가지고 있다면, 1,000만 톤의 이산화황을 성층권에 주입하는 비용은 매우 낮을 것이다. 비행기를 운영하는 비용과 황에 드는 비용만 필요하니 말이다. 하지만 우리는 필요한 비행기를 보유하고 있지 않으며, 이 점이 실제 비용을 불확실하게 만든다.

　일부 연구에서는 기존 항공기 개조만으로 필요한 고도에서 이산화황을 살포할 수 있으므로 총비용이 매우 낮을 것이라고 한다. 그러나 대부분 연구는 이 작업을 수행할 수 있는 비행기를 별도로 설계, 제작해야 한다고 가정한다.[32] 비행기 설계, 제작에 얼마나 많은 비용이 들까? 그리고 얼마나 걸릴까? 두 번째 질문은 쉽다. 필요한 수의 비행기를 설계, 제작하는 데 약 10~15년이 걸릴 것이다. 단, 비용에 관해서는 대략적인 추정치가 있는데, 그 차이가 상당히 크다.

비행기를 개발, 제작하는 비용에 대한 불확실성을 고려할 때, 지구공학이 매우 비싸다고 해야 할까? 아니, 정반대다. 가장 높은 추정치의 2배를 친다고 해도 온도 상승을 섭씨 1도 줄이는 데 필요한 지구공학의 비용은 매우 낮은 수준이다. 얼마나 낮을까? 비행기의 상각비를 포함한 연간 총비용의 추정치는 200억 달러[스미스와 와그너(Smith and Wagner, 2018)]에서 400억 달러[드 브리스, 얀센스, 훌쇼프(de Vries, Janssens, and Hulshoff, 2020)], 그리고 약 1,100억 달러[로복 외(Robock et al., 2009)]로 다양하다.[33] 따라서 연간 비용은 (넓은 범위이기는 하지만) 200억~2,000억 달러로 보는 것이 합리적일 것이다.

---

32. 맥클렐런, 키스, 앱트(McClellan, Keith, and Apt, 2012)는 기존 항공기를 개조하면 이 작업을 수행할 수 있다고 주장한다. 그러나 스미스와 와그너(Smith and Wagner, 2018)는 다양한 발사 방법을 검토한 결과, 기존 항공기에는 필요한 고도와 적재 용량을 모두 갖춘 비행기가 없으므로 새로운 비행기 설계가 필요하다고 결론지었다. 이 연구는 부분적으로 저자들이 13개의 상업용 항공우주업체와 나눈 대화에 의존하고 있으며, 새로운 비행기가 15년 안에 개발 및 생산될 수 있다고 가정하고 있다.
33. 로복(Robock, 2020)은 이러한 비용 추정치를 요약하고 각 경우에서 항공기 개발 및 건설 비용이 20년에 걸쳐 상각될 것이라고 가정하며, 드브리스, 얀센스, 훌쇼프(de Vries, Janssens, and Hulshoff, 2020)의 탑재 비용 추정치를 사용해 비교한다. 키스, 와그너, 자벨(Keith, Wagner, and Zabel, 2017)의 비용 추정치도 이 범위와 일치한다.

여기서 가장 높은 추정치인 연간 2,000억 달러를 가정해보자. 이는 엄청난 금액처럼 보일 수 있지만, 우리가 직면한 기후변화의 심각성과 이에 대처하는 다른 방법과 비교하면 그렇지 않다. 여기서 목표는 지구 평균온도 상승을 섭씨 1도 줄이는 것이며, 2020년의 세계 GDP가 약 90조 달러였다는 점을 고려하면, 연간 2,000억 달러는 GDP의 약 0.2퍼센트에 불과하다.[34] 이는 매우 작은 비용이다. 이를 지구 평균온도가 섭씨 2도 이상 상승하는 것을 막는 데 필요한 탄소세에 드는 비용과 비교해보자. 이에 대한 불확실성이 있지만, 섭씨 2도 목표를 달성할 수 있을 정도로 이산화탄소 배출을 줄이려면 톤당 100달러 정도의 글로벌 탄소세가 필요할 것이다. 2020년 전 세계 이산화탄소 배출량이 약 370억 톤임을 감안하면, 이 탄소세는 4조 달러에 달하며, 이는 전 세계 GDP의 4퍼센트에 해당한다. 이는 지구공학 비용의 약 20배에 달하는 금액이다.

간단히 말해, 지구공학은 지구 평균온도의 급격한 상승을 방지하는 매우 비용 효율적인 방법이 될 수 있다. 최근 가장 높은 추정치의 약 2배인 연간 2,000억 달러의 비용이 든다고 가정하더라도 이는 탄소세와 같은 다른 정책의 비용에 비해 매우 낮은 수준이다. 그리고

---

34. 비교를 위해, 1998년 미국 에너지 정보국은 지구 평균온도 상승을 섭씨 3도로 억제하기 위해 교토 의정서 준수에 드는 비용이 GDP의 약 2퍼센트에 이를 것으로 추산했다(EIA, 1998). 〈IPCC의 보고서(IPCC, 2007, 2014)〉에서 수집한 국가별 비용 연구 추정치에서도 이 비용은 GDP의 약 2퍼센트로 나타났다. 또한 지구공학의 사용은 미래의 기온 상승에 대한 불확실성을 제한할 수 있으며, 이는 핀다이크(Pindyck, 2014)에서 설명한 것처럼 그 자체로도 가치가 있다.

실제 비용은 연간 2,000억 달러보다는 200억 달러에 가까울 수도 있다. 다만, 지구공학의 비용이 저렴하다고 해서 이것이 기후변화에 대한 해답이라는 의미는 아니며, 아래에서 설명하는 것처럼 몇 가지 심각한 문제가 있다. 그러나 실행 가능성과 비용 효율성 측면에서 볼 때, 이 기술은 우리의 '기후 도구 상자(climate toolbox)'에 포함해야 할 수단임은 분명하다.

지구공학의 문제점

지구공학은 논란의 대상임이 분명하다. 적잖은 환경운동가들은 이를 혐오스럽게 여기기도 하지만, 이는 대개 잘못된 이유에서 그렇다. 그들의 우려는 지구공학을 비롯한 다른 형태의 적응 조치가 감축을 위해 우리가 해야 할 일을 회피하게 하는 구실이 될 수 있다는 데에서 기인한다. 더 저렴하고 쉬운 대안이 있다면 굳이 배출량을 줄이기 위해 노력과 상당한 비용을 들일 이유가 없지 않겠느냐는 것이다. 이러한 우려에는 분명 일말의 진실이 있지만, 나는 감축을 포기해야 한다고 주장한 적이 없다. 대신, 지구공학은 온실가스 감축과 병행하면서 우리가 고려하고 사용할 준비를 해둬야 할 수단이라고 생각한다.

하지만 지구공학에 대한 다른 우려도 있다. 가장 심각한 우려는 새로운 환경 문제를 일으킬 수 있다는 점이다. 그중에서도 가장 핵심이 되는 문제는 지구공학으로 온도 상승을 막는다고 하더라도 이산화탄소는 대기 중에 계속 축적되고 일부가 바다에 흡수돼 바다를 더욱 산성화할 것이라는 점이다. 아래에서 이 해양 산성화 문제를 다루겠지만, 그에 앞서 제기된 다른 환경 문제 몇 가지를 소개한다.

- **강수량에 끼치는 영향.** 지구공학이 전 세계 평균 강수량을 감소시키거나 일부 지역의 강수 패턴에 영향을 끼칠 수 있다는 우려가 있다. 이러한 우려는 1991년 피나투보 화산 폭발 이후 관측된 강수량 감소를 근거로 한다. 여러 기후 모형의 강수량 예측은 엇갈리지만, 지구공학이 온도 상승의 일부(예: 위에서 언급한 섭씨 1도)만 방지하는 데 사용된다면 그 영향은 제한적일 가능성이 크다.[35]
- **식생과 작물 수확량.** 지구공학은 수문 순환(hydrologic cycle)의 변화와 식물 생리에 대한 되먹임을 통해 식생에 영향을 끼칠 수 있다. 여러 연구가 고(高)이산화탄소, 저온 환경과 현재의 저(低)이산화탄소, 저온 환경에서 식생이 어떻게 달라지는지 비교해왔다. 지금까지의 연구는 대체로 지구공학이 전 세계 작물 수확량을 증가시킬 것으로 전망한다.[36]

---

35. 클레이돈, 크라비츠, 레너(Kleidon, Kravitz, Renner, 2015)를 참조하라. 어바인 외(Irvine et al., 2019)는 "온난화 효과를 절반으로 줄이고, 수문 순환의 강도를 복원하는" 지구공학 시나리오를 검토한다. 이는 지구공학이 모든 온난화를 상쇄하는 전형적인 시나리오와는 다르다. 그들의 모형에 따르면, 이 경우에는 온도, 수자원 가용성, 극한 온도, 또는 강수량이 악화하지 않는 것으로 나타났다.
36. 예를 들어, 폰그라츠 외(Pongratz et al., 2012), 차오(Cao, 2018), 다곤과 슈라그(Dagon and Schrag, 2019), 치푸트라, 그리니, 리(Tjiputra, Grini, Lee, 2016)를 참조하라.

- **오존층 파괴와 건강에 끼치는 영향.** 성층권 에어로졸 주입이 성층권의 화학적 변화를 일으켜 오존층을 더욱 파괴할 수 있다는 우려가 있다. 틸메스 외(Tilmes et al., 2009)와 와이젠스타인, 키스, 다이케마(Weisenstein, Keith, and Dykema, 2015)가 이 문제를 다루고 있다. 또한 성층권에 주입된 물질이 음식과 식수 공급원에 유입되면 건강에 영향을 끼칠 수 있다는 우려도 있다. 에피옹과 나이첼(Effiong and Neitzel, 2016)은 다양한 태양 복사 관리 에어로졸이 건강에 끼칠 수 있는 영향에 대한 의학 문헌을 종합적으로 검토했다.
- **거버넌스.** 지구공학이 매우 저렴하다는 사실은 큰 장점이지만, 동시에 문제이기도 하다. 누가 추진할지, 그리고 어느 정도까지 추진할지를 누가 결정할까? 저렴하기 때문에 소수의 국가나 심지어 한 국가(예: 미국)가 국제적 합의 없이 단독으로 실행할 수 있다. 지구공학을 언제, 어떻게 사용할 수 있는지 명시하는 조약이나 국제 협정 형태의 규칙이 필요할까? 지구온난화의 영향은 국가마다 다를 수 있으므로 이러한 합의에 도달하기가 어려울 수 있다.
- **정지 문제.** 지구 평균온도의 섭씨 1도 상승을 막기 위해 성층권에 약 1,000만 톤의 이산화황을 주입한다고 가정하자. (수증기와 반응해 약 1,500만 톤의 황산 에어로졸 구름을 형성한다.) 황산이 점차 사라지므로 이산화황을 계속 주입해 에어로졸 구름을 유지해야 한다. 만약 에어로졸 구름의 보충을 중단하면 어떻

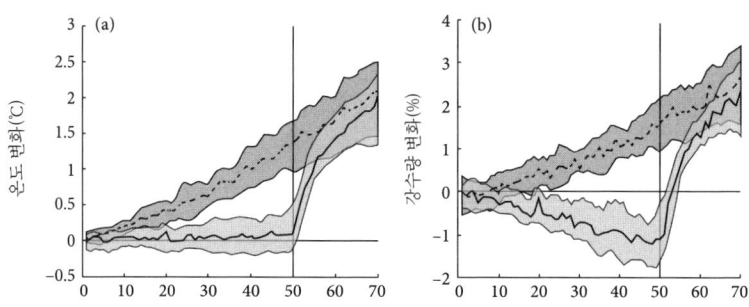

[그림 7.4] 정지 문제. 여덟 가지 기후 모형을 사용해 전 지구 평균 (a)지표면 온도와 (b)강수량의 변화를 시뮬레이션했다. 실선은 매년 1퍼센트씩 증가하는 이산화탄소 농도 효과를 상쇄하기 위해 태양복사 관리(SRM)를 사용하다 50년 차에 정지한 모의실험이다. 점선은 이산화탄소 농도가 연간 1퍼센트 증가하고, SRM이 없는 모의실험이다. 음영 영역은 모형에서 25번째에서 75번째 백분위수를 나타낸다.

출처: Intergovernmental Panel on Climate Change(2014), 《물리 과학 기초(The Physical Science Basis)》, p.634

게 될까? 대기 중 이산화탄소 농도는 변화하지 않았으므로 결과적으로 기온이 급격히 상승할 것이다. 이산화황 주입을 유지하기 위한 국제적인 약속이 없다면 이 '정지 문제(stopping problem)'는 심각한 위험이 될 수 있다. 그림 7.4는 50년 동안 이산화탄소 농도가 매년 1퍼센트씩 증가할 경우의 온난화 효과에 대응하기 위해 태양복사 관리를 사용할 때(실선), 그리고 지구공학을 사용하지 않을 때(점선)의 평균 표면 온도와 평균 강수량에 대한 여덟 가지 기후 모형 모의실험 결과를 보여준다. 태양복사 관리를 50년간 지속하다 중단하면 온도와 강수량이 태양복사 관리를 하지 않았던 경우와 동일한 수준으로 급격히 증가한다는 것을 알 수 있다.

해양 산성화

위에서 언급한 문제 외에도 다른 중요한 문제가 있다. 바로 해양 산성화다. 아직까지 이 과정이 완벽히 규명되지 않았지만, 대기 중 이산화탄소 농도가 증가함에 따라 일부 이산화탄소가 해양으로 흡수돼 해양의 평균 페하(pH)를 낮출 수 있다는 사실은 알려져 있다(즉, 바다를 '산성화'할 수 있다). 그런데 지구공학은 대기 중 이산화탄소 농도의 증가를 낮추는 것은 아니므로 해양 산성화를 막는 데 아무런 도움이 되지 않는다. 이것이 바로 이산화탄소 배출을 줄이는 것이 지구공학보다 더 나은 정책 수단이 될 수 있는 가장 강력한 근거일 것이다.[37]

여기에는 두 가지 유형의 불확실성이 있다. 첫째, 대기 중 이산화탄소 농도 증가가 해양의 평균 페하에 어느 정도 변화를 일으킬까? 둘째, 페하 감소로 인해 발생할 수 있는 경제적 및 생태학적 영향은 무엇일까?

여러 연구에서 지구 시스템 모형을 사용해 대기 중 이산화탄소 농도 증가가 해양 페하에 끼치는 영향을 예측한 바 있다. 예를 들어, 보프 외(Bopp et al., 2013)는 10개의 지구 시스템 모형 결과를 요약하며 세기말까지 평균 페하가 현재 약 8.1에서 최대 0.30 단위 하락할 수 있음을 보여준다.[38] 그리고 배출량이 크게 감소하더라도 평균 페

---

[37] 또한 성층권에서 결국 비로 떨어져 내리는 황산은 호수와 강을 산성화할 수 있다. 그러나 이는 덜 우려되는 이슈로 여겨진다.

[38] 윌리엄슨과 털리(Williamson and Turley, 2012)의 논의도 참조하라. pH 7.0은 중성이므로 8.1은 약염기성(또는 알칼리성)이다. 산업혁명 이전에는 pH가 약 8.2였으므로 이미 0.10 단위가 낮아졌다.

하는 최소 0.1 단위까지 떨어질 수 있을 것으로 본다.

세기말까지 평균 페하가 0.30 단위 하락한다고 가정해보자. 그 영향은 무엇일까? 기온 상승이나 다른 기후변화가 어떤 영향을 끼칠지 모르는 것과 마찬가지로, 우리는 아직 모른다. 여러 추정과 예측이 있었고, 그 결과는 매우 다양하다. 예를 들어, 콜트와 냅(Colt and Knapp, 2016)은 문헌 검토와 함께 2200년까지의 '해양 산성화 재앙'에 대한 영향을 평가했다. 그들의 시나리오에서는 "대기 중 이산화탄소 농도는 2100년 직후 1,000피피엠에 도달하고, 2200년 직후 약 2,000피피엠으로 안정화되며, 평균 해양 페하 수준은 세기당 약 0.3단위 감소해 2100년에는 7.8, 2200년에는 7.5가 된다". 연구진은 이러한 페하 감소로 인해 발생하는 경제적 손실이 2100년 GDP의 약 0.1퍼센트에 불과할 것으로 추정한다. 하지만 IPCC의 예측(IPCC, 2014)과 같은 다른 예측은 훨씬 더 비관적인 전망을 제시한다.

어떻게 다뤄야 할까?

이 책의 서두에서 설명했듯이, 우리가 고려할 수 있는 모든 정책 중에서 지구공학은 가장 논란이 많은 분야다. 많은 환경보호론자들은 극도로 위험하다고 생각하며 처음부터 거부한다. 이는 부분적으로는 해양 산성화에 대한 우려 때문이기도 하지만, 일반적으로는 환경을 변화시키는 모든 행위가 위험하므로 피해야 한다는 것이다. 일부 환경 운동가들은 온실가스 배출을 피해야 하는 것처럼 황 화합물을 대기에 뿌리는 것도 마찬가지로 피해야 한다고 본다.

일부 환경 운동가들은 지구공학(및 방파제와 같은 다른 형태의 적응)의 부정적인 영향에 대한 우려 외에도, 우리가 기후변화에 적응하는 것으로 결정하면 더 이상 사회가 감축을 위한 값비싼 조치에 자원을 투입하지 않을 것이라고 주장한다. 이는 타당한 지적이며, 우리가 기온과 해수면 상승을 막을 수 있을 만큼 빨리, 그리고 충분히 감축할 수 있다면 더욱 타당할 것이다. 하지만 우리는 배출량을 빨리, 그리고 충분히 줄일 수 있을지 알 수 없다. 오히려 내가 이 책에서 주장한 것과 같이, 세계가 지구 평균온도가 섭씨 2도 이상 상승하지 않도록 필요한 조치를 취할 가능성은 매우 낮다. 불가능하지는 않지만, 가능성은 매우 낮다. 그렇기에 우리는 매우 나쁜 기후 결과에 대비하기 위해 할 수 있는 모든 일을 해야 한다는 것이다.

그렇다면 지구공학을 어떻게 다뤄야 할까? 앞서 설명한 것처럼 그에 대한 우려는 분명히 존재한다. 그러나 동시에 전 세계 감축 노력이 실패할 때를 대비해 준비해야 할 저렴하고 효과적인 도구가 될 수 있다. 아직 충분히 높은 고도에서 황 화합물을 대기에 뿌릴 수 있는 능력이 없기 때문에 지구공학은 현재로서는 불가능하다. 또한 대기 중 이산화탄소 농도는 아직 지구공학이 필요한 수준이 아니다. 하지만 이 분야에서 더 많은 연구를 수행해야 한다는 공감대가 형성되고 있으며, 이를 신속히 진행해야 한다. 이 연구는 비황(non-sulfur) 기반 에어로졸 방법, 강수량에 끼치는 영향, 오존층 파괴, 그리고 해양 산성화에 관한 연구를 포함할 것이다. 또한 미래에 이를 실행해야 할 때 필요한 비행기를 설계, 제작하는 작업을 지금부터 시작해야 한다.

4. 적응은 기후 문제를 해결할 수 있을까?

물론 아니다! 적응이 기후변화에 대한 우리의 취약성을 얼마나 줄여줄지는 모르지만, 도움이 될 것은 분명하더라도 문제를 완전히 없애지 못하리라는 점은 꽤 확실하다. 해수면 상승의 사례에서 보았듯이, 홍수 위험에 노출된 지역에서의 건설 보조금 지원을 중단하고, 제방과 방파제를 강화하거나 건설하며, 주택을 개보수해 홍수 위험에 대비할 수 있다. 하지만 이러한 조치만으로는 홍수 피해를 완벽하게 막을 수 없다. 해수면이 1~2미터 상승하고 허리케인의 강도가 지금보다 더 높아진다면, 특히 해수면에 가까운(심지어 해수면보다 낮은) 지역에서의 홍수는 여전할 것이다. 방글라데시, 태국, 베트남, 또는 물에 잠길 수 있는 일부 섬나라에서는 홍수로 인한 피해가 심각할 수 있다. 한편, 지구공학에 관해서는 우리가 살펴본 것처럼 해양 산성화와 같은 위험을 수반하므로 앞으로 보다 많은 연구가 필요하다.

한편, 우리는 적응이 다양한 중요한 방식으로 도움이 될 수 있다는 것을 이제는 안다. 앞서 보았듯이, 적응은 농업에 심대한 영향을 끼쳤는데 미국의 경우 서쪽으로 이주하는 과정에서 발생한 기후 '변화'에도 불구하고 작물 수확량을 늘릴 수 있게 해주었다. 또한 제방과 방파제는 넓은 지역을 침수로부터 보호하는 데 이미 성공적으로 사용됐다. 네덜란드는 제방이 없었다면 국토의 상당 부분이 물에 잠겼을 것이다. 그리고 지구공학은 잠재적 위험이 분명 존재하지만 도움이 될 수 있으며, 온도 상승이 우리가 지금 예상하는 것보다 크다면 최소한 임시방편은 될 수 있을 것이라고 믿을 충분한 이유가 있다.

그렇다면 기후변화에 대한 적응 가능성이 온실가스 감축이라는 중요한 과제를 등한시하게 하는 것이 아닐까? 반드시 그럴 필요는 없다. 적응을 종합적인 기후 정책의 일부로 간주한다면 말이다. 그리고 적응이 온실가스를 빠르게 줄여야 한다는 정치적 압력을 다소 낮추더라도 적응의 중요성을 간과하거나 실행을 위한 조치를 뒤로 미루는 것은 결코 현명한 일이 아니다. 최선의 노력에도 불구하고 지구 평균온도가 섭씨 2도 이상 상승할 가능성이 높은 현실에서 그 극심한 영향을 줄일 수 있는 수단이 아무것도 없는 상황에 우리 자신을 스스로 내몰아서는 안 된다.

적응 조치의 일부는 가계와 기업에 의해 자발적으로 이뤄질 것이다. 하지만 해안 방벽이나 지구공학 같은 대규모 적응 조치는 연방·주·지방 정부 차원에서 이뤄져야 한다. 그리고 이러한 조치에는 시간이 걸리므로 성공적인 적응을 위해 필요한 계획과 연구 개발을 조속히 시작해야 한다.

5. 기후의 미래

반복의 우려를 무릅쓰고 나는 섭씨 2도 이상의 온도 상승을 막을 수 있을 만큼 감축하는 것이 불가능하다고 주장하는 것은 아니라는 점을 다시 한번 강조한다. 다만, 앞으로 어떠한 국제적 합의가 이뤄질지, 그리고 합의가 이뤄지지 않으면 각국이 배출량을 어느 정도 줄일지 결코 알 수 없다. 어쩌면 상당한 국제적 합의를 이루고 배출을 크게 줄일 수도 있겠지만, 그러한 가능성에만 의존해서는 안 된다. 그리고 설사 배출량이 급격하고 빠르게 줄어들 것이라고 확신할 수 있다고 해도 그것이 온도 변화, 해수면 상승, 그리고 기후의 다른 측면에 어떤 결과를 가져올지 알 수 없다. 결국 문제는 우리 사회가 준비되지 않은 상태로 위험을 감수하는 것이 과연 옳은가다. 나는 그렇게 하는 것은 정말 큰 실수일 것이라고 주장해왔다.

그렇다면 우리는 어디쯤 서 있는 걸까? 이 책에서 내가 주장한 내용을 간단히 정리해보겠다.

(1) 그렇다. 우리는 가능한 한 효율적으로(즉, 비용 효율적으로) 감축을 위해 최선을 다해야 한다. 탄소세나 배출권 거래제, 정부 보조금 및 규제, 대기나 발전소 배기가스에서 이산화탄소 포집으로 이를 달성할 수 있다.

(2) 하지만 여기서 '우리'는 전 세계를 의미한다. 미국, 영국, 유럽은 감축하지만 다른 국가가 그렇지 않다면 우리 모두의 상황

이 나빠질 것이며 미래도 그리 밝지 않을 것이다. 우리는 전 세계 배출량을 줄여야 하며, 이를 위해서는 국제적인 합의가 필요하다. 그리고 이 합의는 강제될 수 있어야 한다.

(3) 이러한 국제적 합의가 있더라도 온도 상승을 섭씨 2도 이내로 막을 수 있다고 확신할 수는 없다. 우리는 대기 중 이산화탄소 농도가 계속 증가할 것이며, 그래서 온도가 상승할 가능성이 크다는 현실을 직시해야 한다. 운이 좋다면 기온이 그렇게 많이 오르지는 않겠지만, 운이 나쁘면 섭씨 3도 또는 섭씨 4도까지 기온이 상승할 수도 있다.

(4) 온도가 섭씨 3도 이상 상승하면 경제에 어떤 영향을 끼칠까? 그리고 해수면과 허리케인의 강도에 어떤 영향을 끼칠까? 가장 중요한 질문인 기온과 해수면 상승이 향후 수십 년 동안 GDP와 후생의 다른 측면에 끼칠 전반적인 영향은 무엇일까? 우리는 모른다. 운이 좋으면 영향이 미미할 수도 있지만, 운이 나쁘면 그 피해는 극심할 수 있다.

(5) 우리는 매우 운이 나빠서 기후 재앙으로 향할 가능성에 대비해야 한다. 그래서 우리는 지금까지보다 더 많은 적응 조치를 취할 필요가 있다. 그러나 어떤 종류의 적응(지구공학을 포함해)은 더 많은 연구가 필요하며, 계획과 초기 실행 단계(방파제, 지구공학)에 시간이 걸릴 것이다. 즉, 지금부터 연구 개발에 투자하고, 적시에 효과적으로 적응하기 위해 필요한 여러 조치를 당장 취해야 한다.

기후 또는 다른 재앙

우리가 우려하는 것은 기후 재앙의 위험이며, 이는 단순히 높은 온도 상승이 아니라 경제와 사회 후생 전반에 끼치는 최악의 결과를 의미한다. 하지만 재앙에 대해 일단 생각하기 시작하면, 우리는 기후 외에도 사회와 인류 후생에 큰 피해를 줄 수 있는 다른 잠재적 재앙이 있음을 깨닫게 된다. 어떤 종류의 재앙이 더 있을까? 이 책을 우울하게 마무리할지도 모르는 위험을 무릅쓰고 몇 가지 예를 들어본다.

- **팬데믹.** COVID-19에 대해 들어보았는가? 스페인 독감은? 질병통제예방센터(CDC)는 앞으로 더 많은 전염병이 발생할 수 있다고 경고한다. 우리는 COVID-19를 통해 놀라운 속도로 백신을 개발하는 방법을 포함해 많은 것을 배웠다. 이는 다음 전염병이 닥쳤을 때 도움이 될 것이지만, 다음 전염병은 훨씬 더 치명적일 수 있다.
- **생물 테러.** 탄저균이나 사린(sarin)에 대해 들어보았는가? 테러리스트는 새로운 생물학적·화학적 무기를 가지게 될까? 아직은 알 수 없지만, 생물학적 테러 공격은 많은 사망자와 공황 수준의 충격을 초래할 것이다.
- **핵 테러.** 그 영향은 무엇일까? 아마도 100만 명 이상의 사망자가 발생할 수 있으며, 추가 사태를 막기 위해 막대한 자원이 투입돼야 하므로 전 세계 무역, 경제활동이 축소돼 상당한 수준

의 GDP 감소를 야기할 것이다.

- **핵전쟁.** 이미 핵무기를 보유한 국가들은 비축량을 늘리고 있으며, 앞으로 더 많은 국가가 핵무기를 보유할 가능성도 있다. 현존하는 핵무기만으로도 지구상의 모든 인간을 몇 번이고 전멸시킬 수 있다. 그 무기들이 실제로 사용될까? 좋은 질문이다.

- **사이버 전쟁.** 사이버 전쟁은 에너지, 금융 시스템, 나아가 사회 기반 시설에 큰 피해를 줄 수 있다. 우리는 이미 이러한 사례(다행히도 제한적)를 경험했는데, 대규모로 발생한다고 상상해 보라.

- **다른 재앙적 위험.** 상상력을 발휘해보자. 감마선 폭발, 소행성의 지구 충돌, 인공지능이나 나노 기술의 예기치 못한 결과 등 발생 가능성은 적지만 모두 재앙이라 부를 만한 사건이다.

우리는 기후변화에 많은 관심을 기울이고 있으며, 당연히 그래야 한다. 기후변화는 종종 인류에 대한 실존적 위협으로 간주되며, 실제로 그럴 가능성이 있다. 이 책 전반에 걸쳐 강조했듯이, 재앙적인 기후 결과는 현존하는 가능성이다. 그러나 다른 존재적 위협도 가능성이 있으며, 우리는 여기에도 주목할 필요가 있다. 이런 다른 위협들은 상대적으로 주목을 덜 받고 있고, 우리는 이를 간과하는 경향이 있다. 앞서 언급한 잠재적 재앙 중 하나 이상이 기후변화보다 먼저 발생하고 더 큰 피해를 초래할 수도 있음에도 우리는 이를 예방하거

나 대비하는 데 충분한 노력을 기울이고 있지 않다.[39]

우리는 왜 이러한 잠재적 재앙을 막기 위해 더 많은 노력을 기울이지 않을까? 그리고 기후변화는 많은 주목을 받고 있음에도 불구하고 기후 재앙을 막기 위해 더 많은 노력을 하지 않는 이유는 무엇일까? 나는 우리 개인과 사회가 본질적으로 근시안적이기 때문이라고 생각한다. 즉, 우리는 먼 미래의 비용과 편익을 매우 높은 비율로 할인한다. 기후변화는 심각한 피해를 줄 수 있지만, 올해는 아니며 아마도 앞으로 수십 년 동안도 아닐 것이다. 우리 대부분에게 기후변화는 너무 먼 미래의 일이기 때문에 생각하지 않으려 한다. 그리고 세금과 같은 불쾌한 것을 싫어하는 정치인들도 그 시기가 충분히 멀어 무시할 수 있다.

기후 또는 다른 재앙의 위험은 본질적으로 장기적인 문제이며, 따라서 이에 대처하기 위해서는 장기적인 시각이 필요하다. 쉽지는 않겠지만, 우리 시민과 정치인은 타고난 근시안적인 성향을 극복하고, 앞으로 다가올 수십 년에 더 많은 관심을 기울여야 할 것이다.

---

39. 이러한 다른 잠재적 재앙을 예방하기 위해 더 많은 자원을 투입해야 한다는 주장은 포즈너(Posner, 2004)를 비롯한 여러 학자가 제기한 바 있다. 그렇다면 이러한 잠재적 재앙 중 가장 우선순위를 둬야 하는 것은 무엇일까? 이 질문에 대한 분석은 마틴과 핀다이크(Martin and Pindyck, 2015, 2021)를 참조하라.

6. 더 읽어보기

이 책 전반에 걸쳐 나는 우리의 최선의 노력에도 불구하고 이산화탄소 배출이 빠르게 감소하기는 어려우며, 지구 평균온도는 널리 인용되는 섭씨 2도를 초과해 상승할 수도 있다는 사실을 강조했다. 이는 해수면 상승, 빈번하고 강력한 허리케인과 폭풍, 그리고 여타 부정적인 기후 영향에 직면할 수 있음을 의미한다. 따라서 이러한 가능성에 대비하기 위해 우리는 적응에 투자해야 한다고 주장했다. 적응은 다양한 형태로 이뤄지며, 이 장에서는 열과 가뭄에 강한 작물의 개발과 도입, 해수면 상승과 강력한 허리케인으로 인한 홍수에 대비할 수 있는 제방과 방파제 건설, 온난화 효과를 줄이기 위한 지구공학의 활용에 초점을 맞췄다. 그러나 이 논의는 매우 간략했으며, 이와 관련된 읽을거리는 다양하다.

- 앞서 설명했듯이, 적어도 미국에서는 농업 분야에서 기후변화에 대한 적응은 거의 200년 동안 꾸준히 진행돼왔다. 사람들이 서부로 이동하면서 온도와 강우 변동성이 높은 지역에서 작물을 재배해야 했기 때문이다. 적응은 새 품종의 개발과 도입, 그리고 기술을 통한 생산성 향상을 통해 이뤄졌다. 올름스테드와 로드(Olmstead and Rhode, 2008)의 저서는 농업의 기술적 변화 역사를 기록하고 있으며, 멜로(Mellor, 2017)는 저소득 또는 중간소득 국가의 농업 개발과 그 영향을 다룬다. 앞으로 수십 년

동안 농업에서 어떤 혁신을 기대할 수 있을까? 이에 대한 흥미로운 예측을 담은 답변은 리(Lee, 2019)의 책에서 확인할 수 있다.

- 해수면이 어느 정도까지 상승할지 상당한 불확실성이 있지만, 우리는 이 가능성에 대비해야 하며, 강하고 빈번한 허리케인으로 인한 홍수 위험에도 대비해야 한다. 한 가지 방법은 방파제나 제방과 같은 물리적 방벽을 건설하는 것이다. 하지만 해안 습지, 사구, 산호초, 해양 식생과 같은 자연 방벽도 보호하고 강화해야 한다. 홍수 위협에 대한 자연 기반 해결책에 대해서는 글릭 외(Glick et al., 2014)를 참조하라. 허리케인 하비(Harvey)가 어떻게 형성되고, 텍사스 일부 지역을 어떻게 황폐하게 만들었는지는 블레이크와 젤린스키(Blake and Zelinsky, 2018)를 참조하라.

- 나는 정부 보험 프로그램의 보험료가 공정한 수준보다 낮기 때문에 사실상 해당 프로그램이 홍수나 산불 취약 지역의 주택과 사업체 건설을 보조하는 것이라고 주장했다. 가울(Gaul, 2019)의 책과 〈퍼스트 스트리트 재단 보고서(First Street Foundation, 2021)〉를 참조하라. 또한 퍼스트 스트리트 재단 웹 사이트(https://firststreet.org)는 미국 내 모든 도시와 카운티의 홍수 위험을 계산할 수 있는 온라인 도구를 제공하고, 보험료와 계리학적 위험 간 불일치를 보여준다.

- 건축법을 변경하고 주택과 건물을 개조함으로써 홍수에 대

한 취약성을 줄이는 방법에 대해 간략하게 논의했다. 이에 대한 보다 자세한 설명은 〈미국 국립 건축 과학 연구소 보고서(National Institute of Building Sciences, 2019)〉를 참조하라.

- 바렛(Barrett, 2008)은 지구공학에 대한 초기 소개와 이것이 중요한 정책 수단이 될 수 있는지를 설명한다. 지구공학의 개요와 그 작동 방식, 그리고 해결해야 할 문제를 포함한 논의는 어바인 외(Irvine et al., 2016), 스미스, 다이케마, 키스(Smith, Dykema, and Keith, 2018), 키스와 어바인(Keith and Irvine, 2019), 로복(Robock, 2020)을 참조하라. 지구공학의 예상 비용에 대해서는 스미스와 와그너(Smith and Wagner, 2018)를 참조하라. 지구공학의 가능성, 문제점 및 전망에 대한 일반적인 논의는 콘퍼런스 자료집인 기후 협약에 관한 〈하버드 프로젝트 보고서(Harvard Project on Climate Agreements, 2019)〉와 최근 출간된 〈미국 국립 과학 및 의학 아카데미 보고서(National Academies of Sciences and Medicine, 2021)〉를 참조하라.

- 최근 발간된 〈미국의 국가 기후 평가(National Climate Assessment)〉는 미국이 이미 경험한 기후변화의 영향을 개관한다. 미국 지구 변화 연구 프로그램(U.S. Global Change Research Program, 2018)을 참조하라.

- 기후변화는 지난 수천 년 동안 이미 발생했으며, 특히 마지막 빙하기 이후 광범위한 온난화가 대표적 사례다. 인간은 이러한 변화뿐만 아니라 세계 각지로 이주하면서 발생한 지역적 기

후 차이에도 적응해야 했다. 적응에 관한 역사적 기록은 미래의 기후변화에 인간이 과연 적응할 수 있을지를 예측하는 데 도움이 될 수 있다. 유럽의 농부들이 지난 수천 년간의 온난화에 어떻게 적응했는지에 대한 흥미로운 설명은 패건(Fagan, 2008)의 책에서 찾을 수 있으며, 역사적 기록을 바탕으로 한 적응의 정량적 측정에 대한 개요는 마세티와 멘델손(Massetti and Mendelsohn, 2018)의 연구를 참고하라.

- 나는 우리가 더 많은 노력을 기울여야 할 다른 잠재적 재앙이 있다는 것을 설명하면서 글을 마무리했다. 포스너(Posner, 2004)와 보스트롬, 치코르비치(Bostrom and Ćirković, 2008)의 책에서는 여러 잠재적 재앙에 대해 다루고 있는데, 밤잠을 설치게 할 정도다. 핵 테러리즘에 대한 자세한(그리고 무서운) 내용은 앨리슨(Allison, 2004)을 참조하라.

감사의 글

이 책을 쓰는 과정에서 운이 좋게도 많은 동료와 친구들이 멋진 아이디어와 제안, 의견을 주었다. 특히 고(故) 마틴 와이츠먼(Martin Weitzman)에게 큰 빚을 지고 있는데, 그가 없었다면 이 책은 결코 빛을 보지 못했을 것이다. 마틴은 세계 최고의 환경경제학자 중 한 명으로, 그의 논문과 저서는 환경경제학 전반, 특히 기후변화 경제학의 토대가 됐다. 사실 그는 환경경제학 분야의 연구로 가장 잘 알려졌지만, 경제학의 다른 분야에도 중요한 공헌을 했다. 2019년 8월 27일 마틴이 세상을 떠났을 때, 세계는 가장 독창적이고 생산적인 사상가 한 명을 잃었다.

본래 나는 기후변화에 관한 정책 중심의 학술 논문을 쓸 계획이었다. 이에 관한 상세한 개요를 작성해 동료들과 공유했고, 그 과정에서 유용한 의견과 제안을 많이 받았는데, 마틴은 다른 사람들이 생각하지 못한 방향으로 나를 이끌었다. 그는 내 구상이 학술 논문보다는 단행본에 적합할 것이라고 했다. 사실, 논문으로 쓸 생각은 당장 던져버리고 반드시 책으로 쓸 것을 강름하다시피 했다. 그 책이 어떻게 구성돼야 하는지 훌륭한 아이디어와 함께 말이다. 이에 대해 마틴과 논쟁을 했었을 수도 있지만, 지금까지 경제학의 많은 주제에 대해 논쟁을 벌였음에도 단 한 번도 그의 생각을 바꾸지 못했던 것처럼 마틴의 말이 결국 옳을 것임을 알았기에, 결국 책으로 쓰게 됐다.

그 밖에도 많은 이들이 다양한 방식으로 이 책에 기여했다. 길버트 멧캐프(Gilbert Metcalf)는 원고의 초고에 대해 매우 상세한 의견을 제시하고 수정해야 할 여러 가지 오류를 지적해주었다. 딕 슈말렌시(Dick Schmalensee)는 원고를 한 줄 한 줄 검토하면서 여러 오류를 발견하고 유용한 제안을 많이 해주었다. 삼림 벌채의 사회적 비용 연구를 함께 했던 세르지오 프랭클린(Sergio Franklin)은 삼림이 이산화탄소 순 배출량에 끼치는 영향에 관한 장에 폭넓은 의견을 주었다. 존 도이치(John Deutch)와도 자세한 의견을 주고받으며 폭넓은 논의를 통해 책의 여러 부분, 특히 원자력에 관한 부분을 수정했다. 세르지오 베르갈리(Sergio Vergalli)도 원고를 한 줄 한 줄 검토하고 상세한 의견을 주었다. 앨런 올름스테드(Alan Olmstead)는 1850년대 미국의 밀 생산에 관한 그림 7.1과 함께 농업에서의 적응에 관해 좋은 제안을 해주었다. 크리스티앙 골리에(Christian Gollier), 제프 힐(Geoff Heal), 맷 코첸(Matt Kotchen), 척 맨스키(Chuck Manski), 리처드 뉴얼(Richard Newell), 그리고 카스 선스타인(Cass Sunstein)은 초안을 읽고 개선 방안에 대해 많은 제안을 해주었다. 또한 에

드워드 드루고켄키(Edward Dlugokencky), 스테파니 두트키에비치(Stephanie Dutkiewicz), 크리스 포레스트(Chris Forest), 케네스 길링햄(Kenneth Gillingham), 헨리 저코비(Henry Jacoby), 크리스 니텔(Chris Knittel), 밥 리터먼(Bob Litterman), 존 린치(John Lynch), 세르게이 팔체프(Sergey Paltsev), 론 프린(Ron Prinn), 말라 라다크리슈난(Mala Radhakrishnan), 존 라일리(John Reilly), 안드레이 소콜로프(Andrei Sokolov), 수전 솔로몬(Susan Solomon), 롭 스태빈스(Rob Stavins), 짐 스톡(Jim Stock), 존 스터먼(John Sterman), 리처드 톨(Richard Tol), 그리고 게르놋 바그너(Gernot Wagner)는 매우 유용한 코멘트와 제안을 주었다.

또한 MIT의 '전 지구적 변화에 관한 과학과 정책 공동 프로그램(Joint Program on the Science and Policy of Global Change)'에서도 많은 도움을 받았다. 이 공동 프로그램은 인간 활동이 온실가스 배출(과 다른 대기 및 수질 오염 물질)에 어떻게 영향을 끼치는지 모의실험을 하는 경제 전망 및 정책 분석 분석 모형을 개발해왔다. 그리고 모형의 결과는 대기에서 발생하는 물리적 과정의 변화를 추정할 수 있는 MIT 지구 시스템 모형(MIT Earth System Model)에 입력 자료로 사용되는데, 세르게이 팔체프와 안드레이 소콜로프는 이 모형을 여러 차례 실행해 대규모 이산화탄소 배출의 영향을 분석해주었다.

연구 조교 고용 재원을 지원해준 밥 리터먼에게 감사드린다. 잭 배로타(Jack Barotta)는 이 프로젝트의 초기 단계에서 연구 조교로 일하면서 태양 지구공학 및 기타 형태의 적응에 관한 정보를 수집하는

데 도움을 주었다. 또한 이 책은 지난 2년 동안 귀중한 연구 지원을 제공한 미레이 오무르탁(Miray Omurtak)에게 큰 빚을 지고 있다. 그녀는 온도 경로 모의실험을 위한 MATLAB 프로그램 작성부터 이산화탄소 및 메테인 배출 모형에 대한 여러 접근법 조사, 국가별 배출량과 농도 데이터베이스 구축, 적응을 위한 여러 방식의 장단점과 비용 등 이 책의 모든 부분에 참여했다. 그녀의 도움이 없었다면 이 책을 완성할 수 없었을 것이다.

마지막으로, 이 책에 나타날 수 있는 크고 작은 모든 오류에 대한 책임은 당연히 전적으로 나에게 있다.

참고 문헌

Aldrin, Magne, Marit Holden, Peter Guttorp, Ragnhild Bieltvedt Skeie, Gunnar Myhre, and Terje Koren Berntsen. 2012. "Bayesian Estimation of Climate Sensitivity Based on a Simple Climate Model Fitted to Observations of Hemispheric Temperatures and Global Ocean Heat Content." *Environmetrics*, 23.

Aldy, Joseph E., Alan J. Krupnick, Richard G. Newell, Ian W. H. Parry, and William A. Pizer. 2010. "Designing Climate Mitigation Policy." *Journal of Economic Literature*, 48(4): 903–934.

Aldy, Joseph E., and Richard J. Zeckhauser. 2020. "Three Prongs for Prudent *Climate Policy*." National Bureau of Economic Research Working Paper 26991.

Allen, Myles R., and David J. Frame. 2007. "Call Off the Quest." *Science*, 318: 582–583.

Allen, Myles R., Jan S. Fuglestvedt, Keith P. Shine, Andy Reisinger, Raymond T. Pierrehumbert, and Piers M. Forster. 2016. "New Use of Global Warming Potentials to Compare Cumulative and Short-Lived Climate Pollutants." *Nature Climate Change*, 6(8): 773–776.

Allison, Graham. 2004. Nuclear Terrorism: The Ultimate Preventable Catastrophe. Henry Holt & Company.

Alvarez, Ramón A., Daniel Zavala-Araiza, David R. Lyon, David T. Allen, Zachary R. Barkley, Adam R. Brandt, et al. 2018. "Assessment of Methane Emissions from the U.S. Oil and Gas Supply Chain." *Science*, 361(6398): 186–188.

Amazon Fund. 2010. "Amazon Fund Activity Report 2010." Brazilian National Development Bank Report.

Amazon Fund. 2019. "Amazon Fund Activity Report 2019." Brazilian National Development Bank Report.

Andrews, Timothy, Jonathan M. Gregory, David Paynter, Levi G. Silvers, Chen Zhou, Thorsten Mauritsen, Mark J. Webb, Kyle C. Armour, Piers M. Forster, and Holly Titchner. 2018. "Accounting for Changing Temperature Patterns Increases Historical Estimates of Climate Sensitivity." *Geophysical Research Letters*, 45(16): 8490–8499.

Annan, J. D., and J. C. Hargreaves. 2006. "Using Multiple Observationally-Based Constraints to Estimate Climate Sensitivity." *Geophysical Research Letters*, 33(6): 1–4.

Arrow, Kenneth J., and Anthony C. Fisher. 1974. "Environmental Preservation, Uncertainty, and Irreversibility." *The Quarterly Journal of Economics*, 88(2): 312–319.

Auffhammer, Maximilian. 2018. "Quantifying Economic Damages from Climate Change." *Journal of Economic Perspectives*, 32(4): 33–52.

Auffhammer, Maximilian, Solomon M. Hsiang, Wolfram Schlenker, and Adam Sobel. 2013. "Using Weather Data and Climate Model Output in Economic Analyses of Climate Change." *Review of Environmental Economics and Policy*, 7: 181–198. Baccini, A., S. J. Goetz, W. S. Walker, N. T. Laporte, Mindy Sun, Damien Sulla-Menashe, Joe Hackler, P. S. A. Beck, Ralph Dubayah, M. A. Friedl, et al. 2012. "Estimated Carbon Dioxide Emissions from Tropical Deforestation Improved by Carbon-Density Maps." *Nature Climate Change*, 2(3): 182–185.

Barrett, Scott. 2008. "The Incredible Economics of Geoengineering." *Environmental and Resource Economics*, 39: 45–54.

Bastin, Jean-Francois, Yelena Finegold, Claude Garcia, Danilo Mollicone, Marcelo Rezende, Devin Routh, Constantin M. Zohner, and Thomas W. Crowther. 2019. "The Global Tree Restoration Potential." *Science*,

365(6448): 76-79.

Baylis, Patrick, and Judson Boomhower. 2019. "Moral Hazard, Wildfires, and the Economic Incidence of Natural Disasters." National Bureau of Economic Research Working Paper 26550.

Ben-Shahar, Omri, and Kyle D. Logue. 2016. "The Perverse Effects of Subsidized Weather Insurance." *Stanford Law Review*, 68: 571-626.

Blake, Eric S., and David A. Zelinsky. 2018. "Hurricane Harvey." National Hurricane Center Tropical Cyclone Report AL092017.

Blanc, Elodie, and Wolfram Schlenker. 2017. "The Use of Panel Models in Assessments of Climate Impacts on Agriculture." *Review of Environmental Economics and Policy*, 11(2): 258-279.

Blue Ribbon Commission on America's Nuclear Future. 2012. "Report to the Secretary of *Energy*." Blue Ribbon Commission Technical Report.

Bopp, Laurent, Laure Resplandy, James C. Orr, Scott C. Doney, John P. Dunne, M. Gehlen, P. Halloran, Christoph Heinze, Tatiana Ilyina, Roland Seferian, et al. 2013. "Multiple Stressors of Ocean Ecosystems in the 21st Century: Projections with CMIP5 Models." *Biogeosciences*, 10(10): 6225-6245.

Bostrom, Nick, and Milan Ćirković, ed. 2008. *Global Catastrophic Risks*. Oxford University Press.

Brown, Patrick T., and Ken Caldeira. 2017. "Greater Future Global Warming Inferred from Earth's Recent *Energy* Budget." *Nature*, 552(7683): 45.

Burke, Marshall, and Kyle Emerick. 2016. "Adaptation to Climate Change: Evidence from U.S. Agriculture." *American Economic Journal: Economic Policy*, 8(3): 106-140.

Burke, Marshall, John Dykema, David B. Lobell, Edward Miguel, and Shanker Satyanath. 2015. "Incorporating Climate Uncertainty into Estimates of Climate Change Impacts." *Review of Economics and Statistics*, 97(2): 461-471.

Cain, Michelle, John Lynch, Myles R. Allen, Jan S. Fuglestvedt, David J.

Frame, and Adrian H. Macey. 2019. "Improved Calculation of Warming-Equivalent Emissions for Short-Lived Climate Pollutants." *Climate and Atmospheric Sciences*, 2(29): 1-7.

Cai, Yongyang, and Thomas S. Lontzek. 2019. "The Social Cost of Carbon with Economic and Climate Risks." *Journal of Political Economy*, 127(6): 2684-2734.

Cao, Long. 2018. "The Eeffects of Solar Radiation Management on the Carbon Cycle." *Current Climate Change Reports*, 4(1): 41-50.

Ceres, Robert L., Chris E. Forest, and Klaus Keller. 2017. "Understanding the Detectability of Potential Changes to the 100-Year Peak Storm Surge." *Climatic Change*, 145(1): 221-235.

Chen, Cuicui, and Richard Zeckhauser. 2018. "Collective Action in an Asymmetric World." *Journal of Public Economics*, 158: 103-112.

Cline, William R. 2020. "Transient Climate Response to Cumulative Emissions (TCRE) As A Reduced-Form Climate Model." Economics International, Inc. Working Paper 20-02.

Coady, David, Ian Parry, Nghia-Piotr Le, and Baoping Shang. 2019. "Global Fossil Fuel Subsidies Remain Large: An Update Based on Country-Level Estimates." International Monetary Fund Working Paper 19/89.

Colt, Stephen G, and Gunnar P. Knapp. 2016. "Economic Effects of an Ocean Acidification Catastrophe." *American Economic Review*, 106(5): 615-619.

Cox, Peter M., Chris Huntingford, and Mark S. Williamson. 2018. "Emergent Constraint on Equilibrium Climate Sensitivity from Global Temperature Variability." *Nature*, 553(7688): 319.

Crowther, Thomas W., Henry B. Glick, Kristofer R. Covey, Charlie Bettigole, Daniel S. Maynard, Stephen M. Thomas, Jeffrey R. Smith, Gregor Hintler, Marlyse C. Duguid, Giuseppe Amatulli, et al. 2015. "Mapping Tree Density at a Global Scale." *Nature*, 525(7568): 201-205.

Dagon, Katherine, and Daniel P. Schrag. 2019. "Quantifying the Effects of

Solar Geoengineering on Vegetation." *Climatic Change*, 153(1-2): 235-251.

d'Annunzio, Rémi, Marieke Sandker, Yelena Finegold, and Zhang Min. 2015. "Projecting Global Forest Area Towards 2030." *Forest Ecology and Management*, 352: 124-133.

Davidson, Peter, Chris Burgoyne, Hugh Hunt, and Matt Causier. 2012. "Lifting Options for Stratospheric Aerosol Geoengineering: Advantages of Tethered Balloon Systems." *Philosophical Transactions of the Royal Society A: Mathematical, Physical and Engineering Sciences*, 370(1974): 4263-4300.

Dell, Melissa, Benjamin F. Jones, and Benjamin A. Olken. 2012. "Temperature Shocks and Economic Growth: Evidence from the Last Half Century." *American Economic Journal: Macroeconomics*, 4: 66-95.

Dell, Melissa, Benjamin F. Jones, and Benjamin A. Olken. 2014. "What Do We Learn from the Weather? The New Climate-Economy Literature." *Journal of Economic Literature*, 52(3): 740-798.

Deschênes, Olivier, and Michael Greenstone. 2007. "The Economic Impact of Climate Change: Evidence from Agricultural Output and Random Fluctuations in Weather." *American Economic Review*, 97(1): 1-15.

Deschênes, Olivier, and Michael Greenstone. 2011. "Climate Change, Mortality, and Adaptation: Evidence from Annual Fluctuations in Weather in the US." *American Economic Journal: Applied Economics*, 3: 152-185.

Desmet, Klaus, Robert E. Kopp, Scott A. Kulp, Dávid Krisztián Nagy, Michael Oppenheimer, Esteban Rossi-Hansberg, and Benjamin H. Strauss. 2021. "Evaluating the Economic Cost of Coastal Flooding." *American Economic Journal: Macroeconomics*.

Dessler, A. E., and P. M. Forster. 2018. "An Estimate of Equilibrium Climate Sensitivity from Interannual Variability." *Journal of Geophysical*

Research: Atmospheres, 123(16): 8634–8645.

de Vries, Iris E., M. Janssens, and S. J. Hulshoff. 2020. "A Specialised Delivery System for Stratospheric Sulphate Aerosols (Part 2): Financial Cost and Equivalent CO_2 Emissions." Climatic Change, 162(1): 87–103.

Diaz, Delavane, and Frances Moore. 2017. "Quantifying the Economic Risks of Climate Change." Nature Climate Change, 7: 774–782.

Dixit, Avinash K., and Robert S. Pindyck. 1994. Investment Under Uncertainty. Princeton University Press.

Effiong, Utibe, and Richard L. Neitzel. 2016. "Assessing the Direct Occupational and Public Health Impacts of Solar Radiation Management with Stratospheric Aerosols." Environmental Health, 15(1): 7.

Emanuel, Kerry. 2018. What We Know about Climate Change. Cambridge, MA: MIT Press.

Energy Information Administration. 1998. "Comparing Cost Estimates for the Kyoto Protocol." U.S. Government Report 09-45.

Fagan, Brian. 2008. The Great Warming: Climate Change and the Rise and Fall of Civilizations. New York: Bloomsbury Press.

First Street Foundation. 2021. "The Cost of Climate: America's Growing Flood Risk." First Street Foundation Technical Report.

Fisher, Anthony C., W. Michael Hannemann, Michael J. Roberts, and Wolfram Schlenker. 2012. "The Economic Impacts of Climate Change: Evidence from Agricultural Output and Random Fluctuations in Weather: Comment." American Economic Review, 102(7): 3749–3760.

Food and Agriculture Organization. 2020. "State of the World's Forests." United Nations Report.

Franklin, Sergio L., Jr., and Robert S. Pindyck. 2018. "Tropical Forests, Tipping Points, and the Social Cost of Deforestation." Ecological Economics, 153: 161–171.

Frederick, Shane. 2006. "Valuing Future Life and Future Lives: A Framework for Understanding Discounting." *Journal of Economic Psychology*, 27: 667–680.

Freeman, Mark C., Gernot Wagner, and Richard Zeckhauser. 2015. "Climate Sensitivity Uncertainty: When Is Good News Bad?" *Philosophical Transactions* A, 373: 1–15.

Fuss, Sabine. 2017. "The 1.5 C Target, Political Implications, and the Role of BECCS." In *Oxford Research Encyclopedia of Climate Science*.

Fuss, Sabine, Chris D. Jones, Florian Kraxner, Glen Philip Peters, Pete Smith, Massimo Tavoni, Detlef Peter van Vuuren, Josep G. Canadell, Robert B. Jackson, J. Milne, et al. 2016. "Research Priorities for Negative Eemissions." *Environmental Research Letters*, 11(11): 115007.

Gates, Bill. 2021. *How to Avoid a Climate Disaster*. New York: Knopf.

Gaul, Gilbert M. 2019. *The Geography of Risk: Epic Storms, Rising Seas, and the Cost of America's Coasts*. Sarah Crichton Books.

Gibbs, Holly K., Sandra Brown, John O. Niles, and Jonathan A. Foley. 2007. "Monitoring and Estimating Tropical Forest Carbon Stocks: Making REDD a Reality." *Environmental Research Letters*, 2(4): 045023.

Gillett, Nathan P., Vivek K. Arora, Damon Matthews, and Myles R. Allen. 2013. "Constraining the Ratio of Global Warming to Cumulative CO2 Emissions Using CMIP5 Simulations." *Journal of Climate*, 26(18): 6844–6858.

Gillingham, Kenneth, William Nordhaus, David Anthoff, Geoffrey Glanford, Valentina Bosetti, Peter Christensen, Haewon McJeon, and John Riley. 2018. "Modeling Uncertainty in Integrated Assessment of Climate Change: A Multimodel Comparison." *Journal of the Association of Environmental and Resource Economists*, 5(4): 791–826.

Gittman, Rachel K., F. Joel Fodrie, Alyssa M. Popowich, Danielle A. Keller, John F. Bruno, Carolyn A. Currin, Charles H. Peterson, and Michael F. Piehler. 2015. "Engineering Away our Natural Defenses: An Analysis of Shoreline Hardening in the U.S." *Frontiers in Ecology and the Environment*, 13(6): 301-307.

Glick, Patty, John Kostyack, James Pittman, Tania Briceno, and Nora Wahlund. 2014. "Natural Defenses from Hurricanes and Floods: Protecting America's Communities and Ecosystems in an Era of Extreme Weather." National Wildlife Federation Report.

Gollier, Christian. 2001. *The Economics of Risk and Time*. Cambridge, MA: M.I.T. Press.

Gollier, Christian. 2013. *Pricing the Planet's Future*. Princeton University Press.

Gollier, Christian. 2019. *Le Climat après la Fin du Mois*. Paris, France: Presses Universitaires de France.

Greenstone, Michael, Elizabeth Kopits, and Ann Wolverton. 2013. "Developing a Social Cost of Carbon for Use in U.S. Regulatory Analysis: A Methodology and Interpretation." *Review of Environmental Economics and Policy*, 7(1): 23-46.

Hallegatte, Stephane, Colin Green, Robert J. Nicholls, and Jan Corfee-Morlot. 2013. "Future Flood Losses in Major Coastal Cities." *Nature Climate Change*, 3(9): 802-806.

Hansen, James, Makiko Sato, Paul Hearty, Reto Ruedy, Maxwell Kelley, Valerie Masson-Delmotte, Gary Russell, George Tselioudis, Junji Cao, Eric Rignot, et al. 2016. "Ice Melt, Sea Level Rise and Superstorms: Evidence from Paleoclimate Data, Climate Modeling, and Modern Observations that 2 °C Global Warming Could Be Dangerous." *Atmospheric Chemistry and Physics*, 16(6): 3761-3812.

Harris, Nancy L., Sandra Brown, Stephen C. Hagen, Sassan S. Saatchi, Silvia Petrova, William Salas, Matthew C. Hansen, Peter V. Potapov, and Alexander Lotsch. 2012. "Baseline Map of Carbon Emissions from Deforestation in Tropical Regions." *Science*, 336(6088): 1573-1576.

Harvard Project on Climate Agreements. 2019. "Governance of the

Deployment of Solar Geoengineering." Harvard University Report.
Hassler, John, Per Krusell, and Conny Olovsson. 2018. "The Consequences of Uncertainty: Climate Sensitivity and Economic Sensitivity to the Climate." *Annual Review of Economics*, 10: 189-205.
Hauer, Mathew E., Jason M. Evans, and Deepak R. Mishra. 2016. "Millions Projected to Be at Risk from Sea-Level Rise in the Continental United States." *Nature Climate Change*, 6(7): 691-695.
Hawkins, Ed, and Rowan Sutton. 2009. "The Potential to Narrow Uncertainty in Regional Climate Predictions." *Bulletin of the American Meterological Society*, 90: 1095-1107.
Heal, Geoffrey. 2017a. "The Economics of the Climate." *Journal of Economic Literature*, 55(3): 1-18.
Heal, Geoffrey. 2017b. "What Would It Take to Reduce U.S. Greenhouse Gas Emissions 80 Percent by 2050?" *Review of Environmental Economics and Policy*, 11(2): 319-335.
Heal, Geoffrey. 2020. "Economic Aspects of the *Energy* Transition." National Bureau of Economic Research Working Paper 27766.
Heal, Geoffrey, and Antony Millner. 2014. "Uncertainty and Decision Making in Climate Change Economics." *Review of Environmental Economics and Policy*, 8(1): 120-137.
Health Effects Institute. 2020. "State of Global Air 2020." Health Effects Institute Special Report.
Hegerl, Gabriele C., Thomas J. Crowley, William T. Hyde, and David J. Frame. 2006. "Climate Sensitivity Constrained by Temperature Reconstructions over the Past Seven Centuries." *Nature*, 440: 1029-1032.
Hepburn, Cameron, Ella Adlen, John Beddington, Emily A. Carter, Sabine Fuss, Niall Mac Dowell, Jan C. Minx, Pete Smith, and Charlotte K. Williams. 2019. "The Technological and Economic Prospects for CO_2 Utilization and Removal." *Nature*, 575(7781): 87-97.

High-Level Commission on Carbon Prices. 2017. *Report of the High-Level Commission on Carbon Prices*. Washington, D.C. : World Bank.

Hinkel, Jochen, Daniel Lincke, Athanasios T. Vafeidis, Mahé Perrette, Robert James Nicholls, Richard S. J. Tol, Ben Marzeion, Xavier Fettweis, Cezar Ionescu, and Anders Levermann. 2014. "Coastal Flood Damage and Adaptation Costs under 21st Century Sea-Level Rise." *Proceedings of the National Academy of Sciences*, 111(9): 3292–3297.

Holland, Stephen P., Erin T. Mansur, and Andrew J. Yates. 2020. "The Electric Vehicle Transition and the Economics of Banning Gasoline Vehicles." National Bureau of Economic Research Working Paper 26804.

Holland, Stephen P., Jonathan E. Hughes, Christopher R. Knittel, and Nathan C. Parker. 2015. "Some Inconvenient Truths About Climate Change Policy: The Distributional Impacts of Transportation Policies." *Review of Economics and Statistics*, 97(5): 1052–1069.

Hope, C. W. 2006. "The Marginal Impact of CO_2 from PAGE 2002: An Integrated Assessment Model Incorporating the IPCC's Five Reasons for Concern." *The Integrated Assessment Journal*, 6: 19–56.

Houghton, John. 2015. *Global Warming: The Complete Briefing*, 5th Ed. Cambridge University Press.

Houghton, R. A., Brett Byers, and Alexander A. Nassikas. 2015. "A Role for Tropical Forests in Stabilizing Atmospheric CO_2." *Nature Climate Change*, 5(12): 1022–1023.

Hsiang, Solomon, and Robert E. Kopp. 2018. "An Economist's Guide to Climate Change Science." *Journal of Economic Perspectives*, 32(4): 3–32.

Interagency Working Group on Social Cost of Carbon. 2013. "Technical Support Document: Technical Update of the Social Cost of Carbon for Regulatory Impact Analysis." U.S. Government.

Intergovernmental Panel on Climate Change. 2007. *Climate Change 2007*.

Cambridge University Press.

Intergovernmental Panel on Climate Change. 2014. *Climate Change 2014*. Cambridge University Press.

Intergovernmental Panel on Climate Change. 2018. *Global Warming of 1.5 ℃ (Special Report)*. World Meteorological Organization and United Nations Environment Program.

Intergovernmental Panel on Climate Change. 2021. *Climate Change 2021: The Physical Science Basis*. Cambridge University Press.

International *Energy* Agency. 2019. "Nuclear Power in a Clean *Energy* System." International *Energy* Agency Technical Report.

Irvine, Peter J., Ben Kravitz, Mark G. Lawrence, and Helene Muri. 2016. "An Overview of the Earth System *Science* of Solar Geoengineering." *Wiley Interdisciplinary Reviews: Climate Change*, 7(6): 815–833.

Irvine, Peter, Kerry Emanuel, Jie He, Larry W. Horowitz, Gabriel Vecchi, and David Keith. 2019. "Halving Warming with Idealized Solar Geoengineering Moderates Key Climate Hazards." *Nature Climate Change*, 9(4): 295–299.

Jacobsen, Mark, Christopher R. Knittel, James Sallee, and Arthur van Benthem. 2020. "Sufficient Statistics for Imperfect Externality-Correcting Policies." *Journal of Political Economy*, 128(5): 1826–1876.

Jarvis, Stephen, Olivier Deschenes, and Akshaya Jha. 2019. "The Private and External Costs of Germany's Nuclear Phase-Out." National Bureau of Economic Research Working Paper 26598.

Jevrejeva, Svetlana, L. P. Jackson, Aslak Grinsted, Daniel Lincke, and Ben Marzeion. 2018. "Flood Damage Costs under the Sea Level Rise with Warming of 1.5 C and 2 C." *Environmental Research Letters*, 13(7): 074014.

Jongejan, Ruben, and Pauline Barrieu. 2008. "Insuring Large-Scale Floods in the Netherlands." *The Geneva Papers on Risk and Insurance—Issues and Practice*, 33(2): 250–268.

Jongman, Brenden. 2018. "Effective Adaptation to Rising Flood Risk." *Nature Communications*, 9(1): 1–3.

Jongman, Brenden, Hessel C. Winsemius, Jeroen C. J. H. Aerts, Erin Coughlan De Perez, Maarten K. Van Aalst, Wolfgang Kron, and Philip J. Ward. 2015. "Declining Vulnerability to River Floods and the Global Benefits of Adaptation." *Proceedings of the National Academy of Sciences*, 112(18): E2271–E2280.

Keery, John S., Philip B. Holden, and Neil R. Edwards. 2018. "Sensitivity of the Eocene Climate to CO_2 and Orbital Variability." *Climate of the Past*, 14(2): 215–238.

Keith, David, and Peter Irvine. 2019. "The *Science* and Technology of Solar Geoengineering: A Compact Summary." In *Governance of the Deployment of Solar Geoengineering*. Cambridge, MA: Harvard Project on Climate Agreements.

Keith, David W., and John M. Deutch. 2020. "*Climate Policy* Enters Four Dimensions." In *Securing Our Economic Future*, ed. Melissa S. Kearney and Amy Ganz. The Aspen Institute.

Keith, David W., Geoffrey Holmes, David St Angelo, and Kenton Heidel. 2018. "A Process for Capturing CO_2 from the Atmosphere." *Joule*, 2(8): 1573–1594.

Keith, David W., Gernot Wagner, and Claire L. Zabel. 2017. "Solar Geoengineering Reduces Atmospheric Carbon Burden." *Nature Climate Change*, 7(9): 617–619.

Keohane, Nathaniel O. 2009. "Cap and Trade Rehabilitated: Using Tradeable Permits to Control U.S. Greenhouse Gases." *Review of Environmental Economics and Policy*, 3(1): 42–62.

King, Mervyn. 2016. *The End of Alchemy: Money, Banking, and the Future of the Global Economy*. New York: W. W. Norton & Company.

Kleidon, Axel, Ben Kravitz, and Maik Renner. 2015. "The Hydrological Sensitivity to Global Warming and Solar Geoengineering Derived from

Thermodynamic Constraints." *Geophysical Research Letters*, 42(1): 138–144.

Knoblauch, Christian, Christian Beer, Susanne Liebner, Mikhail Grigoriev, and Eva-Maria Pfeiffer. 2018. "Methane Production as Key to the Greenhouse Gas Budget of Thawing Permafrost." *Nature Climate Change*, 8: 309–312.

Knutti, Reto, Maria A. A. Rugenstein, and Gabriele C. Hegerl. 2017. "Beyond Equilibrium Climate Sensitivity." *Nature Geoscience*, 10: 727–744.

Kolstad, Charles D. 1996. "Fundamental Irreversibilities in Stock Externalities." *Journal of Public Economics*, 60: 221–233.

Kolstad, Charles D. 2010. *Environmental Economics, 2nd Edition*. New York: Oxford University Press.

Kolstad, Charles D., and Frances C. Moore. 2020. "Estimating the Economic Impacts of Climate Change Using Weather Observations." *Review of Environmental Economics and Policy*, 14(1): 1–24.

Koonin, Steven E. 2021. *Unsettled: What Climate Science Tells Us, What It Doesn't, and Why It Matters*. Dallas: BenBella Books.

Kopits, Elizabeth, Alex Marten, and Ann Wolverton. 2013. "Incorporating 'Catastrophic' Climate Change into Policy Analysis." *Climate Policy*, 14(5): 637–664.

Kopp, Robert E., Radley M. Horton, Christopher M. Little, Jerry X. Mitrovica, Michael Oppenheimer, D. J. Rasmussen, Benjamin H. Strauss, and Claudia Tebaldi. 2014. "Probabilistic 21st and 22nd Century Sea-Level Projections at a Global Network of Tide-Gauge Sites." *Earth's Future*, 2(8): 383–406.

Kotchen, Matthew J. 2018. "Which Social Cost of Carbon? A Theoretical Perspective." *Journal of the Association of Environmental and Resource Economists*, 5(3): 673–694.

Kotchen, Matthew J. 2021. "The Producer Benefits of Implicit Fossil Fuel Subsidies in the United States." *Proceedings of the National Academy* of Sciences, 118(14).

Kravitz, Ben, and Douglas G. MacMartin. 2020. "Uncertainty and the Basis for Confidence in Solar Geoengineering Research." *Nature Reviews Earth & Environment*, 1(1): 64–75.

Krekel, Daniel, Remzi Can Samsun, Ralf Peters, and Detlef Stolten. 2018. "The Separation of CO_2 from Ambient Air—A Techno-Economic Assessment." *Applied Energy*, 218: 361–381.

Krissansen-Totton, Joshua, and David C. Catling. 2017. "Constraining Climate Sensitivity and Continental versus Seafloor Weathering Using an Inverse Geological Carbon Cycle Model." *Nature Communications*, 8: 15423.

Larson, E., C. Greig, J. Jenkins, E. Mayfield, A. Pascale, C. Zhang, J. Drossman, R. Williams, S. Pacala, R. Socolow, E. J. Baik, R. Birdsey, R. Duke, R. Jones, B. Haley, E. Leslie, K. Paustian, and A. Swan. 2020. "Net-Zero America: Potential Pathways, Infrastructure, and Impacts." Princeton University Interim Report.

Lee, Shen Ming. 2019. *Hungry For Disruption: How Tech Innovations Will Nourish 10 Billion By 2050*. New Degree Press.

Le Quéré, Corinne, Robert B. Jackson, Matthew W. Jones, Adam J. P. Smith, Sam Abernethy, Robbie M. Andrew, Anthony J. De-Gol, David R. Willis, Yuli Shan, Josep G. Canadell, et al. 2020. "Temporary Reduction in Daily Global CO_2 Emissions During the COVID-19 Forced Confinement." *Nature Climate Change*, 10(7): 647–653.

Lewis, Nicholas, and Judith Curry. 2018. "The Impact of Recent Forcing and Ocean Heat Uptake Data on Estimates of Climate Sensitivity." *Journal of Climate*, 31(15): 6051–6071.

Libardoni, Alex G., and Chris E. Forest. 2013. "Correction to 'Sensitivity of Distributions of Climate System Properties to the Surface Temperature Data Set'." *Geophysical Research Letters*, 40(10): 2309–2311.

Li, Canbing, Haiqing Shi, Yijia Cao, Yonghong Kuang, Yongjun Zhang,

Dan Gao, and Liang Sun. 2015. "Modeling and Optimal Operation of Carbon Capture from the Air Driven by Intermittent and Volatile Wind Power." *Energy*, 87: 201–211.

Lincke, Daniel, and Jochen Hinkel. 2018. "Economically Robust Protection against 21st Century Sea-Level Rise." *Global Environmental Change*, 51: 67–73.

Litterman, Bob. 2013. "What Is the Right Price for Carbon Emissions?" *Regulation*, 36(2): 38–43.

Lohmann, Ulrike, and David Neubauer. 2018. "The Importance of Mixed-Phase and Ice Clouds for Climate Sensitivity in the Global Aerosol-Climate Model ECHAM6-HAM2." *Atmospheric Chemistry and Physics*, 18(12): 8807–8828.

Lomborg, Bjorn. 2020. *False Alarm: How Climate Change Panic Costs Us Trillions, Hurts the Poor, and Fails to Fix the Planet*. New York: Basic Books.

Lynch, John, Michelle Cain, Raymond Pierrehumbert, and Myles Allen. 2020. "Demonstrating GWP*: A Means of Reporting Warming-Equivalent Emissions that Captures the Contrasting Impacts of Short- and Long-Lived Climate Pollutants." *Environmental Research Letters*, 15(044023).

Magnan, Serge. 1995. "Catastrophe Insurance System in France." *Geneva Papers on Risk and Insurance: Issues and Practice*, 474–480.

Manski, Charles F. 2013. *Public Policy in an Uncertain World: Analysis and Decisions*. Harvard University Press.

Manski, Charles F. 2020. "The Lure of Incredible Certitude." *Economics & Philosophy*, 36(2): 216–245.

Markandya, Anil, and Paul Wilkinson. 2007. "Electricity Generation and Health." *The Lancet*, 370(9591): 979–990.

Martin, Ian W. R., and Robert S. Pindyck. 2015. "Averting Catastrophes: The Strange Economics of Scylla and Charybdis." *American Economic*

Review, 105(10): 2947-2985.

Martin, Ian W. R., and Robert S. Pindyck. 2021. "Welfare Costs of Catastrophes: Lost Consumption and Lost Lives." *The Economic Journal*, 131(634): 946-969.

Massetti, Emanuele, and Robert Mendelsohn. 2018. "Measuring Climate Adaptation: Methods and Evidence." *Review of Environmental Economics and Policy*, 12(2): 324-341.

Matthews, H. Damon, Kirsten Zickfeld, Reto Knutti, and Myles R. Allen. 2018. "Focus on Cumulative Emissions, Global Carbon Budgets and the Implications for Climate Mitigation Targets." *Environmental Research Letters*, 13(1).

Matthews, H. Damon, Nathan P. Gillett, Peter A. Scott, and Kirsten Zickfeld. 2009. "The Proportionality of Global Warming to Cumulative Carbon Emissions." *Nature*, 459(11): 829-833.

McClellan, Justin, David W. Keith, and Jay Apt. 2012. "Cost Analysis of Stratospheric Albedo Modification Delivery Systems." *Environmental Research Letters*, 7(3): 034019.

Mellor, John W. 2017. *Agricultural Development and Economic Transformation: Promoting Growth with Poverty Reduction*. Palgrave Studies in Agricultural Economics and Food Policy.

Mendelsohn, Robert, William D. Nordhaus, and Daigee Shaw. 1994. "The Impact of Global Warming on Agriculture: A Ricardian Analysis." *American Economic Review*, 84(4): 753-771.

Mengel, Matthias, Anders Levermann, Katja Frieler, Alexander Robinson, Ben Marzeion, and Ricarda Winkelmann. 2016. "Future Sea Level Rise Constrained by Observations and Long-Term Commitment." *Proceedings of the National Academy of Sciences*, 113(10): 2597-2602.

Metcalf, Gilbert E. 2009. "Market-Based Policy Options to Control U.S. Greenhouse Gas Emissions." *Journal of Economic Perspectives*, 23(2).

Metcalf, Gilbert E. 2019. Paying for Pollution: Why a Carbon Tax is Good for America. New York: Oxford University Press.

Mimura, Nobuo. 1999. "Vulnerability of Island Countries in the South Pacific to Sea Level Rise and Climate Change." *Climate Research*, 12(2-3): 137-143.

Morgan, M. Granger, Parth Vaishnav, Hadi Dowlatabadi, and Ines L. Azevedo. 2017. "Rethinking the Social Cost of Carbon Dioxide." *Issues in Science and Technology*, 43-50.

Müller, Ulrich K., James H. Stock, and Mark W. Watson. 2019. "An Econometric Model of International Long-Run Growth Dynamics." National Bureau of Economic Research Working Paper 26593.

Mullins, Jamie T., and Prashant Bharadwaj. 2021. "Weather, Climate, and Migration in the United States." National Bureau of Economic Research Working Paper 28614.

Narayan, Siddharth, Michael W. Beck, Paul Wilson, Christopher J. Thomas, Alexandra Guerrero, Christine C. Shepard, Borja G. Reguero, Guillermo Franco, Jane Carter Ingram, and Dania Trespalacios. 2017. "The Value of Coastal Wetlands for Flood Damage Reduction in the Northeastern USA." *Scientific Reports*, 7(1): 1-12.

National Academies of Sciences, Engineering, and Medicine. 2021. *Reflecting SunLight: Recommendations for Solar Geoengineering Research and Research Governance*. Washington, D.C.: The National Academies Press.

National Academy of Sciences. 2017. Valuing Climate Damages: Updating Estimation of the Social Cost of Carbon Dioxide. Washington, D.C.: National Academies Press.

National Institute of Building Sciences. 2019. "National Hazard Mitigation Saves: 2019 Report." National Institute of Building Sciences Technical Report.

National Research Council. 2015. *Climate Intervention: Carbon Dioxide*

Removal and Reliable Sequestration. Washington, D.C.: National Academies Press.

Nordhaus, William D. 1991. "To Slow or Not to Slow: The Economics of the Greenhouse Effect." *Economic Journal*, 101: 920–937.

Nordhaus, William D. 1993. "Optimal Greenhouse Gas Reductions and Tax Policy in the 'DICE' Model." *American Economic Review*, 83: 313–317.

Nordhaus, William D. 2008. *A Question of Balance: Weighing the Options on Global Warming Policies*. Yale University Press.

Nordhaus, William D. 2013. *The Climate Casino*. Yale University Press.

Nordhaus, William D. 2015. "Climate Clubs: Overcoming Free-Riding in International Climate Policy." *American Economic Review*, 105(4): 1339–1370.

Nordhaus, William D. 2018. "Projections and Uncertainties about Climate Change in an Era of Minimal Climate Policies." *American Economic Journal: Economic Policy*, 10(3): 333–360.

Nordhaus, William D. 2019. "Climate Change: The Ultimate Challenge for Economics." *American Economic Review*, 109(6): 1991–2014.

Nordhaus, William D, and Andrew Moffat. 2017. "A Survey of Global Impacts of Climate Change: Replication, Survey Methods, and a Statistical Analysis." National Bureau of Economic Research Working Paper 23646.

Occidental Petroleum Corporation. 2020. "Pathway to Net-Zero." Occidental Climate Report 2020.

Olmstead, Alan L., and Paul W. Rhode. 2008. *Creating Abundance: Biological Innovation and American Agricultural Development*. Cambridge University Press.

Olmstead, Alan L., and Paul W. Rhode. 2011a. "Adapting North American Wheat Production to Climatic Challenges, 1839–2009." *Proceedings of the National Academy of Sciences*, 108(2): 480–485.

Olmstead, Alan L., and Paul W. Rhode. 2011b. "Responding to Climatic

Challenges: Lessons from U.S. Agricultural Development." In *The Economics of Climate Change: Adaptations Past and Present*. 169-94. University of Chicago Press.

Olsen, Roman, Ryan Sriver, Marlos Goes, Nathan Urban, H. Damon Matthews, Murali Haran, and Klaus Keller. 2012. "A Climate Sensitivity Estimate Using Bayesian Fusion of Instrumental Observations and an Earth System Model." *Journal of Geophysical Research: Atmospheres*, 117(4).

Paltsev, Sergey, Andrei Sokolov, Henry Chen, Xiang Gao, Adam Schlosser, Erwan Monier, Charles Fant, Jeffery Scott, Qudsia Ejaz, Evan Couzo, et al. 2016. "Scenarios of Global Change: Integrated Assessment of Climate Impacts." MIT Joint Program on Global Change Report 291.

Paprotny, Dominik, Antonia Sebastian, Oswaldo Morales-Nápoles, and Sebastiaan N. Jonkman. 2018. "Trends in Flood Losses in Europe over the Past 150 Years." *Nature Communications*, 9(1): 1985.

Peters, G. P., S. J. Davis, and R. Andrew. 2012. "A Synthesis of Carbon in International Trade." *Biogeosciences*, 9: 3247-3276.

Phaneuf, Daniel J., and Till Requate. 2017. *A Course in Environmental Economics: Theory, Policy, and Practice*. Cambridge, U.K.: Cambridge University Press.

Pindyck, Robert S. 1993. "Investments of Uncertain Cost." *Journal of Financial Economics*, 34(1): 53-76.

Pindyck, Robert S. 2000. "Irreversibilities and the Timing of Environmental Policy." *Resource and Energy Economics*, 22: 233-259.

Pindyck, Robert S. 2007. "Uncertainty in Environmental Economics." *Review of Environmental Economics and Policy*, 1(1): 45-65.

Pindyck, Robert S. 2011a. "Fat Tails, Thin Tails, and Climate Change Policy." *Review of Environmental Economics and Policy*, 5(2): 258-274.

Pindyck, Robert S. 2011b. "Modeling the Impact of Warming in Climate

Change Economics." In *The Economics of Climate Change: Adaptations Past and Present*, ed. G. Libecap and R. Steckel. University of Chicago Press.

Pindyck, Robert S. 2012. "Uncertain Outcomes and Climate Change Policy." *Journal of Environmental Economics and Management*, 63: 289–303.

Pindyck, Robert S. 2013a. "Climate Change Policy: What Do the Models Tell Us?" *Journal of Economic Literature*, 51(3): 860–872.

Pindyck, Robert S. 2013b. "The *Climate Policy* Dilemma." *Review of Environmental Economics and Policy*, 7(2): 219–237.

Pindyck, Robert S. 2013c. "Pricing Carbon When We Don't Know the Right Price." *Regulation*, 36(2): 43–46.

Pindyck, Robert S. 2014. "Risk and Return in the Design of Environmental Policy." *Journal of the Association of Environmental and Resource Economists*, 1(3): 395–418.

Pindyck, Robert S. 2017a. "Taxes, Targets, and the Social Cost of Carbon." Economica, 84(335): 345–364.

Pindyck, Robert S. 2017b. "The Use and Misuse of Models for *Climate Policy*." *Review of Environmental Economics and Policy*, 11(1): 100–114.

Pindyck, Robert S. 2019. "The Social Cost of Carbon Revisited." *Journal of Environmental Economics and Management*, 94: 140–160.

Pindyck, Robert S. 2021. "What We Know and Don't Know about Climate Change, and Implications for Policy." In *Environmental and Energy Policy and the Economy, Volume 2*, ed. M. Kotchen, J. Stock, and C. Wolfram. University of Chicago Press.

Pindyck, Robert S., and Daniel L. Rubinfeld. 2018. *Microeconomics, Ninth Edition*. New York: Pearson.

Pongratz, Julia, David B. Lobell, L. Cao, and Ken Caldeira. 2012. "Crop Yields in a Geoengineered Climate." *Nature Climate Change*, 2(2):

101–105.

Posner, Richard A. 2004. *Catastrophe: Risk and Response*. New York: Oxford University Press.

Rafaty, Ryan, Geoffroy Dolphin, and Felix Pretis. 2020. "Carbon Pricing and the Elasticity of CO_2 Emissions." *Energy* Policy Research Group, University of Cambridge Working Paper 2035.

Ramankutty, Navin, Holly K. Gibbs, Frédéric Achard, Ruth Defries, Jonathan A. Foley, and R. A. Houghton. 2007. "Challenges to Estimating Carbon Emissions from Tropical Deforestation." *Global Change Biology*, 13(1): 51–66.

Ranjan, Manya, and Howard J. Herzog. 2011. "Feasibility of Air Capture." *Energy* Procedia, 4: 2869–2876.

Reguero, Borja G., Michael W. Beck, David N. Bresch, Juliano Calil, and Imen Meliane. 2018. "Comparing the Cost Effectiveness of *Nature-Based and Coastal Adaptation: A Case Study from the Gulf Coast of the United States*." *PloS One*, 13(4).

Robock, Alan. 2000. "Volcanic Eruptions and Climate." *Reviews of Geophysics*, 38(2): 191–219.

Robock, Alan. 2020. "Benefits and Risks of Stratospheric Solar Radiation Management for Climate Intervention (Geoengineering)." *The Bridge*, 50: 59–67.

Robock, Alan, Allison Marquardt, Ben Kravitz, and Georgiy Stenchikov. 2009. "Benefits, Risks, and Costs of Stratospheric Geoengineering." *Geophysical Research Letters*, 36(19).

Roe, Gerard H., and Marcia B. Baker. 2007. "Why is Climate Sensitivity So Unpredictable?" *Science*, 318: 629–632.

Romm, Joseph. 2018. *Climate Change: What Everyone Needs to Know*. New York: Oxford University Press.

Rudik, Ivan. 2020. "Optimal Climate Policy When Damages are Unknown." *American Economic Journal: Economic Policy*, 12: 340–373.

Sanz-Pérez, Eloy S., Christopher R. Murdock, Stephanie A. Didas, and Christopher W. Jones. 2016. "Direct Capture of CO_2 from Ambient Air." *Chemical Reviews*, 116(19): 11840–11876.

Schaefer, Hinrich. 2019. "On the Causes and Consequences of Recent Trends in Atmospheric Methane." *Current Climate Change Reports*, 5: 259–274.

Schlenker, Wolfram, and Michael J. Roberts. 2009. "Nonlinear Temperature Effects Indicate Severe Damages to U.S. Crop Yields under Climate Change." *Proceedings of the National Academy of Sciences*, 106(37): 15594–15598.

Schuur, Edward A. G., A. David McGuire, C. Schädel, Guido Grosse, J. W. Harden, Daniel J. Hayes, Gustaf Hugelius, Charles D. Koven, Peter Kuhry, David M. Lawrence, et al. 2015. "Climate Change and the Permafrost Carbon Feedback." *Nature*, 520(7546): 171–179.

SDSN 2020. 2020. "Zero Carbon Action Plan." Sustainable Development Solutions Network Technical Report.

Sherwood, S., M. J. Webb, J. D. Annan, K. C. Armour, P. M. Forster, J. C. Hargreaves, G. Hegerl, S. A. Klein, K. D. Marvel, E. J. Rohling, M. Watanabe, T. Andrews, P. Braconnot, C. S. Bretherton, G. L. Foster, Z. Hausfather, A. S. von der Heydt, R. Knutti, T. Mauritsen, J. R. Norris, C. Proistosescu, M. Rugenstein, G. A. Schmidt, K. B. Tokarska, and M. D. Zelinka. 2020. "An Assessment of Earth's Climate Sensitivity Using Multiple Lines of Evidence." *Reviews of Geophysics*, 58(3).

Shindell, D. T., J. S. Fuglestvedt, and W. J. Collins. 2017. "The Social Cost of Methane: Theory and Applications." *Faraday Discussions*, 200: 429–451.

Skeie, Ragnhild Bieltvedt, Terje Koren Berntsen, Magne Tommy Aldrin, Marit Holden, and Gunnar Myhre. 2018. "Climate Sensitivity Estimates—Sensitivity to Radiative Forcing Time Series and Observational Data." *Earth System Dynamics*, 9(2): 879–894.

Smith, Jordan P., John A. Dykema, and David W. Keith. 2018. "Production of Sulfates Onboard an Aircraft: Implications for the Cost and Feasibility of Stratospheric Solar Geoengineering." *Earth and Space Science*, 5(4): 150–162.

Smith, Pete, Julio Friedmann, et al. 2017. "Bridging the Gap: Carbon Dioxide Removal." United Nations Environment Programme, The Emissions Gap Report 2017, Chapter 7.

Smith, Wake, and Gernot Wagner. 2018. "Stratospheric Aerosol Injection Tactics and Costs in the First 15 Years of Deployment." *Environmental Research Letters*, 13(12): 1–11.

Sokolov, Andrei, Sergey Paltsev, Henry Chen, Martin Haigh, Ronald Prinn, and Erwan Monier. 2017. "Climate Stabilization at 2℃ and Net Zero Carbon Emissions." MIT Joint Program on Global Change Report 309.

Solomon, Susan, Gian-Kasper Plattner, Reto Knutti, and Pierre Friedlingstein. 2009. "Irreversible Climate Change due to Carbon Dioxide Emissions." *Proceedings of the National Academy of Sciences*, 106(6): 1704–1709.

Solomon, Susan, Martin Manning, Melinda Marquis, Dahe Qin, et al. 2007. *Climate Change 2007 – The Physical Science Basis: Working Group I Contribution to the Fourth Assessment Report of the IPCC*. Vol. 4, Cambridge University Press: New York.

Sovacool, Benjamin K., Rasmus Andersen, Steven Sorensen, Kenneth Sorensen, Victor Tienda, Arturas Vainorius, Oliver Marc Schirach, and Frans Bjørn-Thygesen. 2016. "Balancing Safety with Sustainability: Assessing the Risk of Accidents for Modern Low-Carbon Energy Systems." *Journal of Cleaner Production*, 112: 3952–3965.

Stammer, Detlef, Anny Cazenave, Rui M. Ponte, and Mark E. Tamisiea. 2013. "Causes for Contemporary Regional Sea Level Changes." *Annual Review of Marine Science*, 5: 21–46.

Stavins, Robert. 2019. "The Future of U.S. Carbon-Pricing Policy." National

Bureau of Economic Research Working Paper 25912.

Stern, Nicholas. 2013. "The Structure of Economic Modeling of the Potential Impacts of Climate Change Has Grafted Gross Underestimation onto Already Narrow Science Models." *Journal of Economic Literature*, 51(3): 838-859.

Stern, Nicholas. 2015. *Why Are We Waiting? The Logic, Urgency, and Promise of Tackling Climate Change*. Cambridge, MA: MIT Press.

Stocker, Thomas F., Dahe Qin, Gian-Kasper Plattner, Melinda Tignor, Simon K. Allen, Judith Boschung, Alexander Nauels, Yu Xia, Vincent Bex, Pauline M. Midgley, et al. 2013. "Climate Change 2013—The Physical *Science* Basis: Working Group I Contribution to the Fifth Assessment Report of the IPCC." *Intergovernmental Panel on Climate Change*, 1535.

Stock, James H. 2019. "Climate Change, *Climate Policy*, and Economic Growth." In *NBER Macroeconomics Annual.* , ed. Martin S. Eichenbaum, Erik Hurst, and Jonathan A. Parker. University of Chicago Press.

Temmerman, Stijn, Patrick Meire, Tjeerd J. Bouma, Peter M. J. Herman, Tom Ysebaert, and Huib J. De Vriend. 2013. "Ecosystem-Based Coastal Defence in the Face of Global Change." *Nature*, 504(7478): 79-83.

Ter Steege, Hans, Nigel C. A. Pitman, Daniel Sabatier, Christopher Baraloto, Rafael P. Salomão, Juan Ernesto Guevara, Oliver L. Phillips, Carolina V. Castilho, William E. Magnusson, Jean-François Molino, et al. 2013. "Hyperdominance in the Amazonian Tree Flora." *Science*, 342(6156).

Tilmes, Simone, Rolando R. Garcia, Douglas E. Kinnison, Andrew Gettelman, and Philip J. Rasch. 2009. "Impact of Geoengineered Aerosols on the Ttroposphere and Sstratosphere." *Journal of Geophysical Research: Atmospheres*, 114(D12).

Tjiputra, J. F., A. Grini, and H. Lee. 2016. "Impact of Idealized Future Stratospheric Aerosol Injection on the Large-Scale Ocean and Land

Carbon Cycles." *Journal of Geophysical Research: Biogeosciences*, 121(1): 2-27.

Tol, Richard S. J. 2002a. "Estimates of the Damage Costs of Climate Change, Part I: Benchmark Estimates." *Environmental and Resource Economics*, 21: 47-73.

Tol, Richard S. J. 2002b. "Estimates of the Damage Costs of Climate Change, Part II: Dynamic Estimates." *Environmental and Resource Economics*, 21: 135-160.

Tol, Richard S. J. 2018. "The Economic Impacts of Climate Change." *Review of Environmental Economics and Policy*, 12(1): 4-25.

Ulph, Alistair, and David Ulph. 1997. "Global Warming, Irreversibility and Learning." *The Economic Journal*, 107(442): 636-650.

United Nations Environment Programme. 2020. "Emissions Gap Report 2020." United Nations Environment Programme.

U.S. Global Change Research Program. 2018. *The Climate Report: The National Climate Assessment—Impacts, Risks, and Adaptation in the United States.* Melville House: New York. van Dantzig, David. 1956. "Economic Decision Problems for Flood Prevention." *Econometrica*, 24(3): 276-287.

van den Bremer, Ton S., and Frederick van der Ploeg. 2021. "The Risk-Adjusted Carbon Price." *American Economic Review*, 111(9): 2782-2810.

van Wesenbeeck, Bregje K., Wiebe de Boer, Siddharth Narayan, Wouter R. L. van der Star, and Mindert B. de Vries. 2017. "Coastal and Riverine Ecosystems as Adaptive Flood Defenses under a Changing Climate." *Mitigation and Adaptation Strategies for Global Change*, 22(7): 1087-1094.

Vermeer, Martin, and Stefan Rahmstorf. 2009. "Global Sea Level Linked to Global Temperature." *Proceedings of the National Academy of Sciences*, 106(51): 21527-21532.

Vousdoukas, Michalis I., Lorenzo Mentaschi, Evangelos Voukouvalas, Martin Verlaan, and Luc Feyen. 2017. "Extreme Sea Levels on the Rise Along Europe's Coasts." *Earth's Future*, 5(3): 304–323.

Wagner, Gernot, and Martin L. Weitzman. 2015. *Climate Shock: The Economic Consequences of a Hotter Planet*. Princeton University Press.

Ward, Philip J., Brenden Jongman, Jeroen C. J. H. Aerts, Paul D. Bates, Wouter J. W. Botzen, Andres Diaz Loaiza, Stephane Hallegatte, Jarl M. Kind, Jaap Kwadijk, Paolo Scussolini, et al. 2017. "A Global Framework for Future Costs and Benefits of River-Flood Protection in Urban Areas." *Nature Climate Change*, 7(9): 642–646.

Ward, Philip J., Brenden Jongman, Peter Salamon, Alanna Simpson, Paul Bates, Tom De Groeve, Sanne Muis, Erin Coughlan De Perez, Roberto Rudari, Mark A. Trigg, et al. 2015. "Usefulness and Limitations of Global Flood Risk Models." *Nature Climate Change*, 5(8): 712–715.

Watson, James E. M., Tom Evans, Oscar Venter, Brooke Williams, Ayesha Tulloch, Claire Stewart, Ian Thompson, Justina C. Ray, Kris Murray, Alvaro Salazar, et al. 2018. "The Exceptional Value of Intact Forest Ecosystems." *Nature Ecology & Evolution*, 2(4): 599–610.

Weisenstein, D. K., D. W. Keith, and J. A. Dykema. 2015. "Solar Geoengineering Using Solid Aerosol in the Stratosphere." *Atmospheric Chemistry and Physics*, 15(20): 11835–11859.

Weitzman, Martin L. 2009. "On Modeling and Interpreting the Economics of Catastrophic Climate Change." *Review of Economics and Statistics*, 91: 1–19.

Weitzman, Martin L. 2011. "Fat-Tailed Uncertainty and the Economics of Climate Change." *Review of Environmental Economics and Policy*, 5(2): 275–292.

Weitzman, Martin L. 2014a. "Can Negotiating a Uniform Carbon Price Help to Internalize the Global Warming Externality?" *Journal of the*

Association of Environmental and Resource Economists, 1(1): 29−49.

Weitzman, Martin L. 2014b. "Fat Tails and the Social Cost of Carbon." *American Economic Review*, 104(5): 544−546.

Weitzman, Martin L. 2015. "Internalizing the Climate Externality: Can a Uniform Price Commitment Help?" *Economics of Energy & Environmental Policy*, 4(2): 37−50.

Weitzman, Martin L. 2017. "On a World Climate Assembly and the Social Cost of Carbon." Economica, 84: 559−586.

Williamson, Phillip, and Carol Turley. 2012. "Ocean Acidification in a Geoengineering Context." *Philosophical Transactions of the Royal Society A*, 370: 4317−4342.

Zickfeld, Kirsten, and Tyler Herrington. 2015. "The Time Lag Between a Carbon Dioxide Emission and Maximum Warming Increases with the Size of the Emission." *Environmental Research Letters*, 10(3): 1−3.

Zickfeld, Kirsten, Michael Eby, Andrew J. Weaver, Kaitlin Alexander, Elisabeth Crespin, Neil R. Edwards, et al. 2013. "Long-Term Climate Change Commitment and Reversibility: An EMIC Intercomparison." *Journal of Climate*, 26(16): 5782−5809.

경제학으로 본 생존과 회복의 기후 극복 해법
적응하라
기후위기는 멈추지 않는다

초판 1쇄 인쇄 | 2025년 6월 12일
초판 1쇄 발행 | 2025년 6월 25일

지은이 | 로버트 핀다이크
옮긴이 | 이지웅
펴낸이 | 전준석
펴낸곳 | 시크릿하우스
주소 | 서울특별시 마포구 독막로3길 51, 402호
대표전화 | 02-6339-0117
팩스 | 02-304-9122
이메일 | secret@jstone.biz
블로그 | blog.naver.com/jstone2018
페이스북 | @secrethouse2018
인스타그램 | @secrethouse_book
출판등록 | 2018년 10월 1일 제2019-000001호

ISBN 979-11-94522-17-1 03320

- 이 책은 저작권법에 따라 보호받는 저작물이므로 무단전재와 무단복제를 금지하며, 이 책의 전부 또는 일부를 이용하려면 반드시 저작권자와 시크릿하우스의 서면 동의를 받아야 합니다.
- 값은 뒤표지에 있습니다. 잘못된 책은 구입처에서 바꿔드립니다.